中国科协全国学会工作指导系列

学会内控制度编制指引
XUEHUI NEIKONGZHIDU BIANZHI ZHIYIN

中国科协学会服务中心 编

中央民族大学出版社
China Minzu University Press

图书在版编目（CIP）数据

学会内控制度编制指引／中国科协学会服务中心编 .—北京：中央民族大学出版社，2023.11

ISBN 978-7-5660-2266-0

Ⅰ.①学… Ⅱ.①中… Ⅲ.①财务管理 Ⅳ.①F275

中国国家版本馆CIP数据核字（2023）第240254号

学会内控制度编制指引

编　　者	中国科协学会服务中心
责任编辑	舒　松
封面设计	布拉格
出版发行	中央民族大学出版社
	北京市海淀区中关村南大街27号　邮编：100081
	电　话：(010)68472815(发行部)　传真：(010)68932751(发行部)
	(010)68932218(总编室)　　　　(010)68932447(办公室)
经 销 者	全国各地新华书店
印 刷 厂	北京鑫宇图源印刷科技有限公司
开　　本	787×1092　1/16　　印张：17
字　　数	270千字
版　　次	2023年11月第1版　2023年11月第1次印刷
书　　号	ISBN 978-7-5660-2266-0
定　　价	65.00元

版权所有　翻印必究

编委会

主　任　刘亚东
副主任　朱文辉　刘桂荣

编写组

主　编：叶　龙
副主编：詹国秀　王海林　马志刚
成　员：李　伟　吴　菲　彭　超　袁维艳
　　　　赵　钰　袁少龙　刘　霜　田　梦
　　　　郭媛媛　袁营营　刘　莉

前言
FOREWORD

为全面贯彻党的二十大精神以及中央关于群团改革的决策部署，落实中国科协事业发展"十四五"规划要求，进一步加强对全国学会的财务指导和服务，推动全国学会内控制度的建立与完善，搭建内部财务监督体系，让内部控制有法可依、有章可循，让财会监督在促进全国学会健康有序发展中发挥积极作用，中国科协学会服务中心组织编写《学会内控制度编制指引》。

本指引从内控制度编制的角度，为全国学会搭建了一个内控编制框架，梳理了一套内控编制流程，列示了400多项潜在风险，并针对风险点给出了"一对一"的控制措施，最终提供了14项学会常见业务的内控制度模板。期待全国学会能够按照本指引的步骤、流程、方法，并结合学会工作特色，建立一套符合自身管理需求的内控制度体系，为中国特色一流学会的建设夯实基础。

本指引的顺利出版凝聚了各位编委、专家和被调研学会的集体智慧，他们以严谨的态度，敬业的精神，提出了许多宝贵的意见和建议，编写组同志反复修改，数易其稿，为本指引的编撰付出了辛勤的汗水。由于初次尝试如此详细地阐述内控制度编制过程、提示风险，其中一定有遗漏或不够周详之处，恳请大家批评指正，多提宝贵意见，我们会将您的建议和意见纳入后续版本的编写，力求使本指引在不断地完善与提升当中真正成为帮助学会的工具之书。

中国科协学会服务中心
2022 年 6 月

目录
CONTENTS

《学会内控制度编制指引》编写的背景与意义 ………… 001

第一章 学会内控制度编制概述 ………………………… 001

 第一节 什么是内部控制 ……………………………… 001

  一、内控并非新鲜事 ………………………………… 001

  二、内控是一个动态发展的过程 …………………… 001

  三、内控涉及所有的过程与环节 …………………… 002

 第二节 学会为什么要实施内部控制 ………………… 002

  一、保障学会健康发展 ……………………………… 002

  二、保障学会有序发展 ……………………………… 003

  三、促进学会战略和经营目标实现 ………………… 003

 第三节 学会内控制度编制的整体思路 ……………… 004

  一、梳理业务流程,绘制业务流程 ………………… 004

  二、分析风险点,找到解决措施,编制风险控制矩阵 …… 006

  三、借助制度让内控落地 …………………………… 006

 第四节 学会内控基本框架 …………………………… 006

  一、为何需要内控基本框架 ………………………… 006

  二、学会内控基本框架介绍 ………………………… 007

  三、立方体的正面:内控内容 ……………………… 008

  四、立方体的侧面:内控对象 ……………………… 015

  五、立方体的上面:内控目标 ……………………… 015

  六、外圆环:内部控制的运行机制 ………………… 017

  七、动力支撑(隐形的三角形)…………………… 018

第二章　预算业务内控制度建设 …… 024
 一、预算业务内控概述 …… 024
 二、预算业务流程 …… 026
 三、预算业务环节风险点分析矩阵 …… 028

第三章　收入支出内控制度建设 …… 035
第一节　收入内控制度建设 …… 036
 一、收入内控概述 …… 036
 二、会费收入业务流程与风险分析 …… 037
 三、大型学术交流活动业务流程与风险分析 …… 042

第二节　支出内控制度建设 …… 048
 一、支出内控概述 …… 048
 二、支出业务流程 …… 049
 三、支出业务环节风险点分析矩阵 …… 051

第三节　分支机构收支内控制度建设 …… 056
 一、分支机构收支内控概述 …… 056
 二、分支机构收支业务流程 …… 057
 三、分支机构业务环节风险点分析矩阵 …… 059

第四节　财政项目资金内控制度建设 …… 063
 一、财政项目资金内控概述 …… 063
 二、财政项目资金业务流程 …… 065
 三、财政项目资金业务环节风险点分析矩阵 …… 067

第四章　资产内控制度建设 …… 070
第一节　资产内控概述 …… 070
 一、认识资产 …… 070
 二、资产内控的范围 …… 072
 三、资产全过程内控框架 …… 072

第二节　货币资金内控制度建设 …… 075
 一、货币资金内控概述 …… 075
 二、货币资金内控主要风险 …… 076
 三、货币资金内控应遵循的原则和具体措施 …… 078

第三节 固定资产内控制度建设 ······ 080
一、固定资产内控概述 ······ 080
二、固定资产业务流程 ······ 081
三、固定资产业务环节风险点分析矩阵 ······ 083

第四节 无形资产内控制度建设 ······ 087
一、无形资产内控概述 ······ 087
二、无形资产业务流程 ······ 088
三、无形资产业务环节风险点分析 ······ 090

第五节 对外投资内控制度建设 ······ 091
一、对外投资内控概述 ······ 091
二、对外投资业务流程 ······ 093
三、对外投资业务环节风险点分析矩阵 ······ 095

第五章 税务风险内控制度建设 ······ 098
一、税务风险内控概述 ······ 098
二、税务风险内控业务流程 ······ 099
三、税务风险管理业务环节风险点分析矩阵 ······ 102

第六章 合同与票据内控制度建设 ······ 106

第一节 合同内控制度建设 ······ 106
一、合同内控概述 ······ 106
二、合同业务流程 ······ 108
三、合同业务环节风险点分析矩阵 ······ 110

第二节 票据内控制度建设 ······ 116
一、票据内控概述 ······ 116
二、票据业务流程 ······ 117
三、票据业务环节风险点分析矩阵 ······ 119

第七章 会计档案与印章内控制度建设 ······ 123

第一节 会计档案内控制度建设 ······ 123
一、会计档案概述 ······ 123
二、会计档案业务流程 ······ 125

三、会计档案业务环节风险点分析矩阵 ……………………… 127
第二节 印章内控制度建设 ……………………………………… 131
　一、印章概述 ………………………………………………… 131
　二、印章业务流程 …………………………………………… 133
　三、印章业务环节风险点分析矩阵 ………………………… 135

第八章 财务报告与监督内控制度建设 …………………………… 137

第一节 财务报告内控制度建设 ………………………………… 137
　一、财务报告内控概述 ……………………………………… 137
　二、财务报告业务流程 ……………………………………… 141
　三、财务报告业务环节风险点分析矩阵 …………………… 143
第二节 内控制度实施的监督与评价 …………………………… 148
　一、监督与评价的对象 ……………………………………… 148
　二、监督与评价的步骤 ……………………………………… 148
　三、整改与持续改进 ………………………………………… 150

第九章 信息系统与业财融合 ………………………………………… 152

第一节 信息系统概述 …………………………………………… 152
　一、认识信息系统 …………………………………………… 152
　二、信息系统的功能 ………………………………………… 152
第二节 业财融合概述 …………………………………………… 154
　一、认识业财融合 …………………………………………… 154
　二、业财的四项融合 ………………………………………… 154
第三节 业财融合：信息系统解决方案 ………………………… 156
　方案一：全面预算落地之困与信息系统破局 ……………… 156
　方案二：全流程收入管理系统让领导实时看汇报 ………… 158
　方案三：业财一体化项目管理系统保障项目顺利结项 …… 159
第四节 信息系统实践中的问题与建议 ………………………… 160
　一、信息系统实践中的常见问题 …………………………… 160
　二、建立信息系统的几点建议 ……………………………… 161

第十章　内控制度化建设

第一节　内控制度概述
一、制度的特点 …………………………………………… 163
二、制度与内部控制的关系 ……………………………… 164

第二节　制度编制框架说明
一、制度总则部分的说明 ………………………………… 164
二、制度具体内容部分的说明 …………………………… 165
三、制度附则部分的说明 ………………………………… 165

附录1　内控制度编制基础框架参考 ……………………… 167
一、预算业务内控制度基础框架 ………………………… 167
二、收入内控制度基础框架 ……………………………… 174
三、支出内控制度基础框架 ……………………………… 180
四、分支机构收支内控制度基础框架 …………………… 191
五、财政项目资金内控制度基础框架 …………………… 195
六、货币资金内控制度基础框架 ………………………… 199
七、固定资产内控制度基础框架 ………………………… 204
八、对外投资内控制度基础框架 ………………………… 208
九、税务风险内控制度基础框架 ………………………… 212
十、合同内控制度基础框架 ……………………………… 219
十一、票据管理内控制度基础框架 ……………………… 229
十二、会计档案内控制度基础框架 ……………………… 236
十三、印章内控制度基础框架 …………………………… 241
十四、财务报告内控制度基础框架 ……………………… 243

附录2　内控制度编写的法规依据 ………………………… 249

参考文献 …………………………………………………… 252

《学会内控制度编制指引》
编写的背景与意义

古人云："求木之长者，必固其根本；欲流之远者，必浚其泉源。"

学会长治久安的"根本"在内控制度，"必固其根本"是希望学会要在内控制度的建设上舍得下功夫，看不见的地基越牢固，看得见的建筑才稳固；学会健康发展的"淤泥污秽"是风险，"必浚其泉源"是提醒学会遇到问题要不怕麻烦做溯源分析，到问题的源头去预防和控制，表面的问题也许反映的是一项制度的缺失。

近年来，政府三令五申强调学会应加强内控制度建设。

- 2014年，民政部从反腐倡廉的角度印发《关于加强社会组织反腐倡廉工作的意见》（民发〔2014〕227号），要求从制度层面落实社会组织财务管理、规范商业行为。
- 2016年，中共中央办公厅、国务院办公厅印发《关于改革社会组织管理制度促进社会组织健康有序发展的意见》（中办发〔2016〕46号），提出政府各部门对社会组织资金要联合监管，要求民政、财政部门应积极推动社会组织建立健全内控管理机制。
- 2018年，中国科协办公厅印发《关于中国科协所属全国学会进一步加强财务管理的若干规定》（科协办发计字〔2018〕22号），要求全国学会严格执行财务内部控制制度，围绕收入管理、支出管理、项目管理、资产管理、合同管理等经济业务活动进行流程梳理和风险评估，逐一针对风险点建立健全各项内部控制制度。

上述文件的印发为学会全面开展内控制度建设提供了政策支撑，指明了行动方向。本指引希望从内控制度的具体编制层面提供一些指引和借鉴，主要构架为：第一章学会内控制度编制概述，主要从学会内控制度建设的动因、思路出发，介绍具有中国特色的"学会内控基本框架模型"；第二章到第九章是本指引重点，侧重以学会业务活动为切入点，覆盖预算、收支、资产、纳税、合同与票据、会计档案与印章、财务报告与监督、信息系统八个版块，按照梳理业务流程、明确业务环节、分析风险隐患、提出防控措施、落实岗位职责、建立内控制度的主脉络，将学会运营中需要遵守的财税相关法律法规，审计评估中常见的财税问题，进行了全面系统地整理，共梳理业务流程258项，列示风险点402项，提出防控措施402项；第十章内控制度化建设，是内控建设的最终成果——内控制度，简要介绍了制度的特点，制度编制的主要框架结构；附录部分列举了预算业务等14项学会常见业务的内控制度模板的基础框架，之所以没有把制度模板放入正文，是想告诉广大学会，制度并非从模板而来，一项制度的生成务必要从业务中来，务必要历经了解业务、整理业务涉及法规、梳理业务流程图、分析业务风险点、明确风险防范措施、落实岗位职责、生成制度条款等工作步骤，这样才可以避免业务与制度"两张皮"现象。

　　另外，需要特别提醒的是，从长期实践来看，内控制度建设道路还很崎岖，实践效果并不十分理想，究其原因有三点值得关注：一是内控制度建设是一个复杂的工程。内控制度贯穿于学会运营管理的各个环节，是一项内容繁多、程序复杂的系统工程，学会构建内控制度并不是一件简单容易的事，很多学会在这方面既花费了大量精力、财力，还没取得较好的内控效果。二是内控制度建设是一项系统工程，需要全员参与。实践中此项任务大多落在财务人员身上，缺少"一把手"领导的统一动员、全员配合。三是内控制度只有使用才有价值。内控制度既要本着从业务实践中来，也要回到实践中去规范和指导业务，当外部法规或内部管理要求发生变动时，内控制度要随时补充、调整、修订，确保制度对业务的规范与指导作用。因此，内控制度建设是一个常做常新的工程，伴随学会的一生。然而，内控制度建设不是一蹴而就的产物，应是随着学会业务的发展循序渐进地完善，随着学会规模的壮大不断地提升，这样建立起来的内控制度与实际工作联系紧密，更能满足学会业务管理的需求。

　　因此，编写本指引的指导思想可以归纳为三点：一是问题导向，以解决学会实际管理需求为目标，揭露内控风险，提供防范建议。二是赋能提升，以提高学会内控管理能力为最终目标，提供内控制度的编制思路和基础框架。三是在问题导向和赋能提升的有机结合中，将与学会相关的法律法规、规范文件、管理要求、审计风险尽可能全面地展现在读者面前，这些风险与防范措施具有一定的普遍性和通用性，学会在实际工作中可参考使用。

当然，我们也清醒地意识到，学会日新月异的创新与发展，新问题、新风险必然会层出不穷，本指引不可能做到真正的全面，就像学会的内控制度，它也应是一个循序完善的过程。希望本指引能成为学会内控制度建设路上的"引路人""陪伴者"，更多地借鉴制度建设的思路和方法，并请学会结合自身实际情况添加、调整、修改，切莫生搬硬套，或是简单复制。本指引只是内控制度建设的开始，而非终结。

最后，在本指引编写和出版的过程中，我们虽然已经努力做到字斟句酌，通体打磨，但可能还有一些不当之处，敬请广大读者批评指正。

叶龙

2022年6月

第一章　学会内控制度编制概述

第一节　什么是内部控制

内部控制（简称"内控"）是学会为实现控制目标，通过制定制度、实施措施和执行程序，对经济活动的风险进行防范和管控。

一、内控并非新鲜事

内控源自管理本能。对"人"来讲就是人的本能，是对内心的自我约束，表现在行为上就是职业道德的遵守，对个人承诺（工作）的负责，并尊敬自己从事的职业。内控对组织而言也并不是一个全新的工作安排，其产生是伴随着组织的成立而产生的，无时无刻不在服务着组织的管理需要。组织成立之前，发起人就制定了组织的第一个内控制度：章程。组织成立之后，伴随组织对使命、愿景与目标的追求，自然而然地催生出诸多内部控制方法，如岗位分工、相互牵制、授权审批、定期汇报、稽查监督等，将这些内部控制方法运用在具体的经济活动中就形成了内控制度，如费用报销制度、资金管理制度、固定资产管理制度等。

二、内控是一个动态发展的过程

相对于结果，内控更关注过程。内控不是一套静态的管理制度，也不是某个一成不变的控制措施，而是动态的管理过程。要在明确控制目标的基础上，识别出影响目标实现的有关风险，并找出关键控制点，进而围绕这些关键控制点制定相应的控制措施并实施这些控制措施,对相关运行情况进行监督与评价,根据发现的问题进一步完善相应的控制措施。如今,组织生存环境瞬息万变,内控也是一个随着内外部环境的变化而不断发展变化、在运行中不断完善与夯实的动态过程。因此,内控之路只有起点,没有终点,内控制度建设永远在路上。

三、内控涉及所有的过程与环节

在内部控制中,没有哪个环节是可有可无的,也没有哪个环节是不存在风险的。实际上,正是一些不起眼的地方最容易出纰漏。所以,内部控制必须覆盖组织运营的所有环节、所有过程。除此之外,内控还涉及这些过程与环节的事前、事中与事后控制。事前控制是一种预防性控制,控制者事先通过调查研究,预测风险点及其发生概率,设计预防措施、关键控制点与保护性措施。事中控制是控制者在实际执行有关控制目标或标准的过程中,及时获得实际状况的信息反馈,以及时发现问题、解决问题。事后控制则是控制者在实际行动发生以后,分析、比较实际业绩与控制目标或标准之间的差异,然后采取相应的措施防错纠偏,并给予造成差错者以适当的处罚。这三个阶段对内控实施而言都是必不可少的。随着科学技术的进步,模拟预测能力和实时监控能力大大提升,现在的内部控制越发向事前控制和事中控制偏移,力争把问题扼杀在萌芽阶段。

第二节 学会为什么要实施内部控制

学会各项运营活动只有在完善的内部控制体系之下,在合规合法的基础上运行,才能实现规避风险的目标,有效的内部控制可以给学会带来以下两个方面的价值。

一、保障学会健康发展

学会要想长治久安,健康发展是基本保障。健康的标准之一就是遵守法律法规,现实中一些学会无意中触犯了法律,比如对新修订的法律法规不了解；或由于业务拓展，对新涉及的法律法规不了解；或因人员调换，新人不了解相关的法律法规；甚至因为疏忽而触犯了法律法规。内控制度的一个重要作用在于明确法律法规的边界，对重大的法律风险，通过设置控制点，多级审核、交叉检查等控制手段，规范相关人员的业务行为，保证学会在法律法规规定的范围内运营。

二、保障学会有序发展

"企者不立，跨者不行。"学会运营一样不能害"企跨"之病，必须遵守有序发展的基本规律。有时业务发展过快，对外合作过多，管理者容易被眼前的业绩蒙蔽，看不到随业务潜行的风险，这时就要刻意慢一慢，看看管理是否能跟得上，相关内控制度是否已经建立，相关风险是否得到控制。例如，外单位想与学会合作设立分支机构，那么，分支机构运营中可能存在的风险是否已经明晰？对方合作的目的是商业目的还是非营利目的？未来开展的活动是否属于学会章程规定的业务范围？分支机构运营的潜在风险是否已明确在《分支机构管理制度》当中？类似问题都需要提前想清楚、规范好，这势必会拖慢合作业务开展的进程。因此，"效率"经常成为弱化或逾越内部控制的第一理由。此外，控制风险就必然会付出成本，这些成本往往看不到任何收益或价值，而延误业务开展的损失则摆在眼前。于是，一些管理者便常常以影响效率、控制成本为由，反对内部控制措施的推行，但随着学会规模越大，运营时间越长，品牌积累的名誉价值越高，这时的风险不仅会造成学会资金损失，更严重的是名誉损失，甚至关乎学会的生死存亡。

三、促进学会战略和经营目标实现

体系化的内部控制要求学会的管理制度要在实际业务流程中得到有效贯彻与执行，相应的权限、岗位职责要在流程执行过程中实现有效分离，流程中要设置风险控制点，以保证风险控制措施得到有效执行。行之有效的内部控制有利于学会实现战略目标的分解，将复杂抽象的战略目标分解和固化到实际的业务环节和流程中，以保证管理层的要求能够分解落实到各部门、各岗位的实际行动中，确保各项指令得到有效落实。

第三节　学会内控制度编制的整体思路

一、梳理业务流程，绘制业务流程

(一) 什么是业务流程

业务流程是机构为达到预定目标需要开展一系列的工作，这一系列的工作以内部预先设定的标准并按照先后顺序执行的流程。每个业务流程都由起点开始，到终点结束，过程中会涉及不同的职能部门和若干业务环节。

(二) 先做流程梳理和绘制业务流程图的原因

流程梳理是学会科学管理的重要手段，流程梳理的过程是对学会运作的各个环节、路径、节点、涉及的资料文档以及它们之间的逻辑关系等进行概括与表达的过程，是洞悉学会运作过程，从中发现潜在风险并对风险进行控制的起点和基础。

业务流程图是将制度细化为一系列流程，用流程图、文字描述及相关表单模板来展现业务循环过程。学会通过绘制清晰的业务流程图，可以实现常规业务活动的标准化，可以让参与其中的每个部门、每名员工都一目了然地知道办事的程序、涉及的部门、相关责任和权利；对执行人员来讲，只需循规蹈矩地完成应该履行的职责，降低各方沟通成本，提升工作效率和效果；对管理者来说，可将工作中形成的好经验固化下来，并且通过流程图更容易发现内部控制中的不足之处和风险点，从而有助于对内部控制的持续改进。

(三) 如何绘制业务流程图

学会绘制业务流程图至少应该满足以下内容：

1. 所有业务必须有相应的业务流程。
2. 确保将每一个业务循环划分到各个部门，并明确其职责。

3. 必须涵盖所有的控制点。

4. 必须依据实际工作流程编制。

5. 必须具备可操作性，杜绝只有规定，没有操作办法。

6. 所有业务流程必须配以流程图的方式展现，并做一个简要的业务流程介绍。

标准业务流程最重要的意义是任何一个人根据这个规定处理同样的事情，必须得到同样的结果，即不会给操作人员造成理解上的偏差。

绘制业务流程图的常规步骤，如图 1-1 所示。

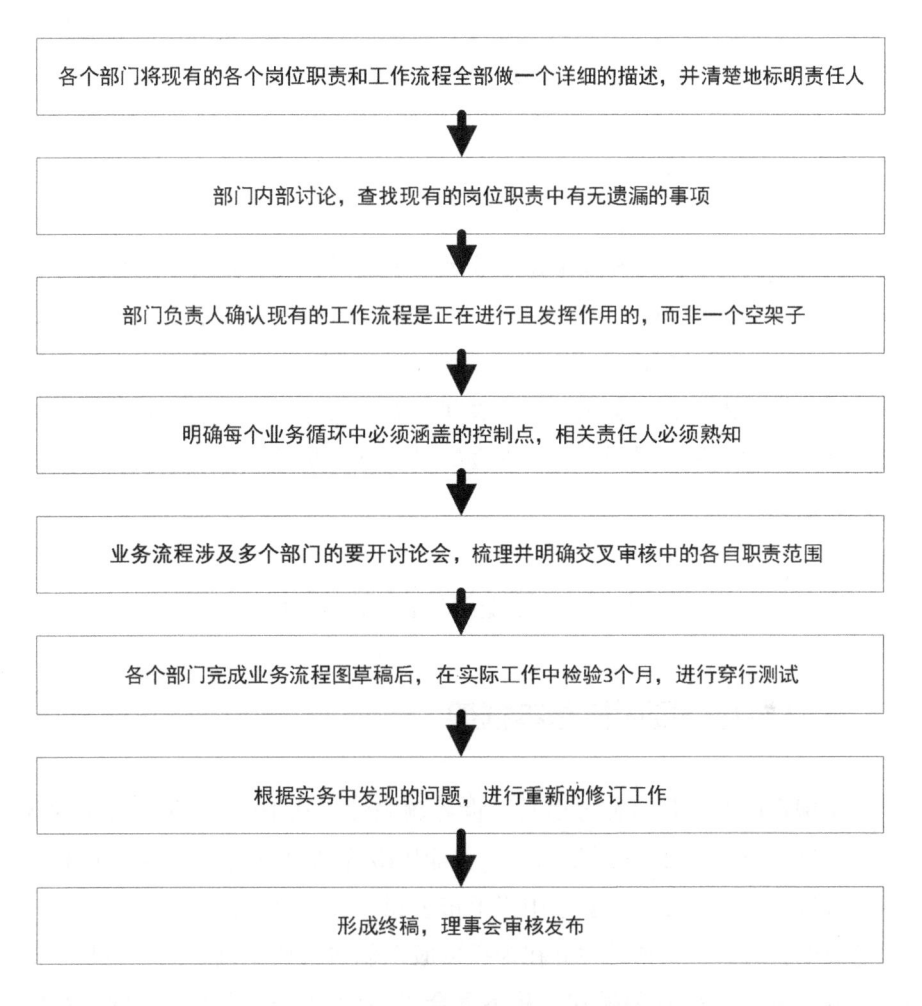

```
┌─────────────────────────────────────────────────────────────────┐
│ 各个部门将现有的各个岗位职责和工作流程全部做一个详细的描述，并清楚地标明责任人 │
└─────────────────────────────────────────────────────────────────┘
                              ↓
┌─────────────────────────────────────────────────────────────────┐
│ 部门内部讨论，查找现有的岗位职责中有无遗漏的事项                    │
└─────────────────────────────────────────────────────────────────┘
                              ↓
┌─────────────────────────────────────────────────────────────────┐
│ 部门负责人确认现有的工作流程是正在进行且发挥作用的，而非一个空架子      │
└─────────────────────────────────────────────────────────────────┘
                              ↓
┌─────────────────────────────────────────────────────────────────┐
│ 明确每个业务循环中必须涵盖的控制点，相关责任人必须熟知               │
└─────────────────────────────────────────────────────────────────┘
                              ↓
┌─────────────────────────────────────────────────────────────────┐
│ 业务流程涉及多个部门的要开讨论会，梳理并明确交叉审核中的各自职责范围   │
└─────────────────────────────────────────────────────────────────┘
                              ↓
┌─────────────────────────────────────────────────────────────────┐
│ 各个部门完成业务流程图草稿后，在实际工作中检验3个月，进行穿行测试      │
└─────────────────────────────────────────────────────────────────┘
                              ↓
┌─────────────────────────────────────────────────────────────────┐
│ 根据实务中发现的问题，进行重新的修订工作                          │
└─────────────────────────────────────────────────────────────────┘
                              ↓
┌─────────────────────────────────────────────────────────────────┐
│ 形成终稿，理事会审核发布                                         │
└─────────────────────────────────────────────────────────────────┘
```

图 1-1　学会内控制度编制业务流程图

二、分析风险点，找到解决措施，编制风险控制矩阵

风险控制矩阵针对内部控制框架中的各项控制内容，列示每个业务流程涉及业务环节的流程描述、责任部门、涉及单据、主要风险点和控制措施，是对业务环节的集体复盘和反思，其价值在于不断发现业务流程中的潜在风险点，并找出行之有效的解决措施，并将工作中的好经验好方法固化下来，风险控制矩阵才是内控管理的核心与灵魂，是组织的"大脑"和"智囊团"，只有让这个大脑勤于思考，善于沉淀，将日常的点滴智慧聚沙成塔，聚水成涓，组织的内控管理体系才会更趋向完善。

三、借助制度让内控落地

制度是法律、法规和政策在企业运营中的具体化，是要求组织的全体成员共同遵守的规章和行为准则。如果说内部控制是"因"，制度就是"果"。管理制度是标准业务流程、风险控制矩阵、部门职责的文字化体现，也是组织内控管理思想的外在表现，更是内部控制真正发挥作用的有力抓手。制度清晰地展现了业务处理的具体操作步骤、要求和规范，是员工的必修课。

第四节　学会内控基本框架

一、为何需要内控基本框架

美国在内控管理研究方面具有世界领先性，从 1992 年发布的《内部控制整体框架》到 2017 年发布的《企业风险管理框架》，二十多年的持续研究升级迭代，形成了一套适用于上市公司、大型企业的成熟框架。但十分遗憾的是，这些框架是建立在为投资股东创造价值基础之上，是基于商业逐利目标的内控管理模式，并不适合以非营利或公益为目标的社会组织——学会。

此外，西方内部控制理念在中国推行十多年，实践发现很多西方成功的内控管理经验在中国的土壤上很难扎根，明显水土不服，这是中西方几千年的文化差异所致，简单的"拿来主义"并不能迅速解决中国学会内部管理的问题。

因此，探索一套具有中国特色和非营利组织特点的学会内控基本框架，指导学会快速启动内控制度建设，补上内部管理短板，成为当今学会的迫切需求。

二、学会内控基本框架介绍

学会内控基本框架由三部分构成：内方、外圆和隐形的三角形。如图1-2 所示。

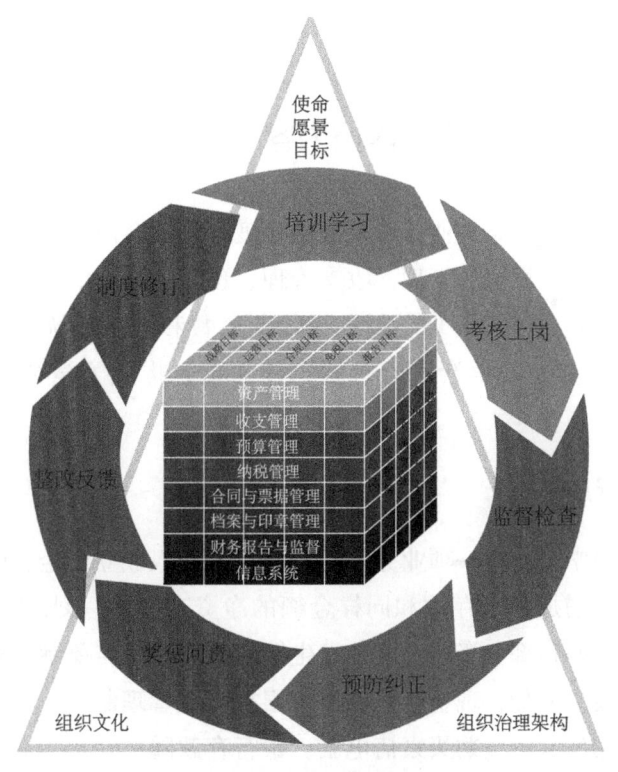

图 1-2 中国学会内控基本框架模型

"内方"代表的是学会运营过程中全体人员必须遵守的由外部法律法规和内部规章组成的内控制度,立方体分明的棱角代表了制度的边界,不容触犯。正所谓无以规矩不成方圆,内控制度就是测量学会规范性的"规"和"矩",也是学会内部管理水平的"标志性建筑"。"外圆"代表内控制度有效运行的保障机制,从内控制度的培训学习开始,依次经历考核上岗、监督检查、预防纠正、奖惩问责、整改反馈、制度修订,最终再落实到新修订制度的培训学习,七个步骤形成一个周而复始、持续运行的闭环,保障内控制度(内方)的落地执行。"隐形的三角形"代表全员执行内控制度的源动力支撑,隐形的寓意在于动力源自每名员工的内心,体现在共同的使命、愿景和目标,对组织文化的认同与营造,以及以人为本的组织治理架构。换句话说,如果每人都能借助学会的平台展现个人能力,实现自我价值,学会的整体价值自然得到提升。那么,内控制度就由满足监管与合规的要求,上升到共同的愿景、使命、价值实现层面,从而被大家共同遵守执行。

三、立方体的正面:内控内容

学会内控基本框架从业务与财务的角度,将学会内部控制概括为八个相互关联的部分,即资产管理、收支管理、预算管理、纳税管理、合同与票据管理、档案与印章管理、财务报告与监督和信息系统。它们源于业务,体现在财务,与学会管理过程密不可分,构成了学会内部控制的内容。

(一)资产管理

无论哪家学会,第一项业务一定是发起人投入成立资金;财务的第一笔账,一定是增加银行存款和同样金额的净资产。这一刻,资产产生了,学会为了管理好这部分资产,避免发生管理损失,就需要制定资产管理相关的内控制度。例如,现金管理制度、银行存款管理制度。学会办公需要桌椅电脑,用发起资金购买桌椅电脑,银行存款随之转化为固定资产,同样为了固定资产不要丢失,学会需要制定固定资产管理制度。

可见,任何控制与管理都应针对实际存在的对象。随着学会运营的开展，各类资产都会随之而来，资产相关的内控制度由此产生。见图1-3。

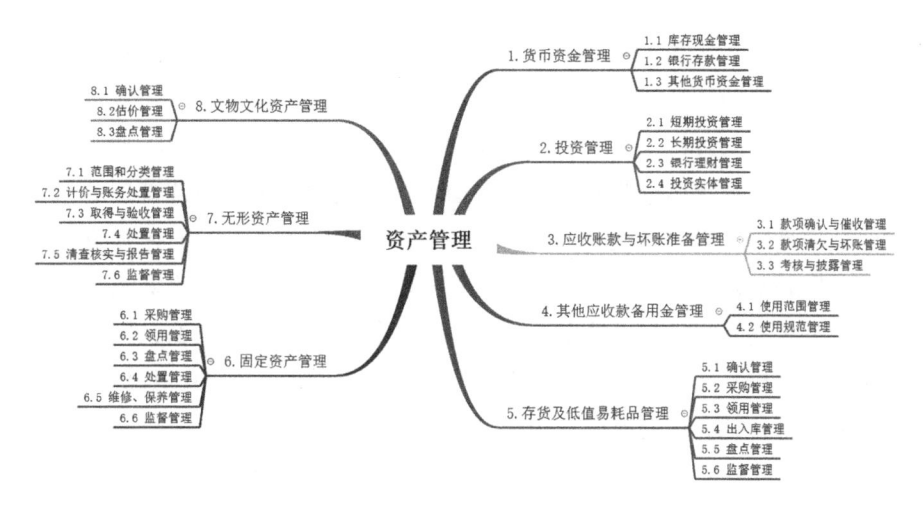

资产管理

1. 货币资金管理
   - 1.1 库存现金管理
   - 1.2 银行存款管理
   - 1.3 其他货币资金管理

2. 投资管理
   - 2.1 短期投资管理
   - 2.2 长期投资管理
   - 2.3 银行理财管理
   - 2.4 投资实体管理

3. 应收账款与坏账准备管理
   - 3.1 款项确认与催收管理
   - 3.2 款项清欠与坏账管理
   - 3.3 考核与披露管理

4. 其他应收款备用金管理
   - 4.1 使用范围管理
   - 4.2 使用规范管理

5. 存货及低值易耗品管理
   - 5.1 确认管理
   - 5.2 采购管理
   - 5.3 领用管理
   - 5.4 出入库管理
   - 5.5 盘点管理
   - 5.6 监督管理

6. 固定资产管理
   - 6.1 采购管理
   - 6.2 领用管理
   - 6.3 盘点管理
   - 6.4 处置管理
   - 6.5 维修、保养管理
   - 6.6 监督管理

7. 无形资产管理
   - 7.1 范围和分类管理
   - 7.2 计价与账务处置管理
   - 7.3 取得与验收管理
   - 7.4 处置管理
   - 7.5 清查核实与报告管理
   - 7.6 监督管理

8. 文物文化资产管理
   - 8.1 确认管理
   - 8.2 估价管理
   - 8.3 盘点管理

图1-3 学会常见资产与管理要点

（二）收支管理

学会只要运营必然产生收支，学会运营的特点决定了收入的类型，例如，会费收入、提供服务收入、捐赠收入、政府补助收入等。伴随收入的取得必然要发生相应的支出（成本），例如，收取会费就要为会员提供服务，产生会员服务成本；取得提供服务收入就要为对方提供服务，产生提供服务成本；接受捐赠就要开展公益活动，产生公益活动成本；获得政府补助收入就要完成政府项目，产生政府项目成本。与商业企业不同的是，非营利组织的非营利特性更重视收入的专款专用和支出的依据充分。这就要求学会在重视收入管理的同时，也要关注支出管理，因为支出才是收入专款专用的最好证明，更是收费定价的重要依据。收入、支出两头控制是近年来政府对学会收费管理的监管趋势，考验着学会收支管理能力和财务精细化核算能力。

学会收支管理可按收入类别细分为会费管理、经营服务管理和捐赠管理等，也可按控制对象细分为针对项目的收支管理和针对分支机构的收支管理等。

（三）预算管理

当学会收支达到一定规模，管理层需要对收支情况提前预测和过程控制时，就要借助预算管理方式。所谓预算管理，就是学会对未来业务活动和相应财务结果进行充分全面地预测和筹划，并通过对执行过程的监控和分析，及时改善和调整业务活动。全面预算是从时间轴上强调管理的系统性、适应性和效益性，是学会管理层实施内部控制的一个强有力的"抓手"。通过预算管理，管理层可以清晰地知道下一年度资金的来源渠道和去向，如果实际收支与预算不符的话，需要知道其原因是什么，原因是否在学会的可控范围之内。预算管理也是学会年度战略落地的一种保障，如果没有预算，学会可能就没有积极开展活动的压力，对学会的可持续发展起不到督促作用；对学会的信息公开来说，预算与决算的差异分析是学会向社会信息公开的重要形式，学会有责任告知会员当年收取的会费用在了哪些方面，主动接受会员的监督，从而增强学会的公信力，增加会员与学会之间的黏性。

（四）纳税管理

学会从取得第一笔收入开始就产生了纳税义务。依据税法规定，学会涉及的税种包括增值税、城建税、教育费附加、地方教育费附加、企业所得税、个人所得税、印花税、残疾人就业保障金等，持有房产的学会还涉及房产税和土地使用税。《中华人民共和国税收征管法》规定，学会作为纳税人、扣缴义务人应按税法规定的期限及时足额缴纳应纳税款，否则将被加收滞纳金和罚款。同时，学会作为非营利组织，还可享受国家为支持非营利组织设定的税收优惠。

因此，学会的纳税管理主要涉及纳税申报、缴税、账簿凭证管理、税收优惠申请等事项，管理目标包括以下四项：

1. 根据国家税收法律法规与政策，依法办理税务登记、纳税申报、代扣代缴税款等事宜。

2. 根据学会整体情况制定合理的整体税务计划，及时准确地进行税务核算、税费申报与税款缴纳。

3. 分析研究非营利行业税收优惠政策，依法享受税收优惠。

4. 确保财务人员变动时不影响纳税申报和税收优惠申请。

（五）合同与票据管理

1. 合同管理

合同又称为契约、协议，是平等的当事人之间设立、变更、终止民事权利义务关系的协议。合同作为一种民事法律行为，是当事人协商一致的产物，依法成立的合同从成立之日起生效，具有法律约束力。在目前经济环境下，合同已成为最常见的契约形式。是商品或服务交换在法律上的表现形式，是主要的行为载体、交易凭证和管理凭证，也是内部控制的重要工具。目前，有些学会防控合同法律风险意识还不够强，存在不签订合同，或签订书面合同不严谨，订立随意的情况。如合同金额不加约定，或者虽有约定，但是否含税没有列明；合同权利义务条款约定不明确；甚至合同条款相互矛盾、相互抵触。一旦签订上述合同会给学会带来不同的风险。

2. 票据管理

票据是财务收支的法定凭证和会计核算的原始凭证，适用于会计核算并接受财政、审计等部门进行监督检查的重要依据和凭证。学会应建立票据管理制度，加强票据管理，明确各种票据的购买、保管、领用、核销等环节的职责权限和程序，并设登记簿进行记录，防止空白票据的遗失和被盗用。

调研发现，很多学会存在以下问题：没有建立专门的票据管理制度；会费票据开具存在违规现象，部分经营服务性收入开具会费票据，逃避缴纳增值税；票据填写不规范、随意处理票据等。这些行为都会导致法律风险，使学会陷入运营困境。许多学会管理层对于票据管理存在一定的认识误区，认为票据管理仅仅是收费、付费的凭证，没有实际作用，未充分认识到票据管理的重要性，进而导致学会财务人员对票据管理不够重视。

（六）档案与印章管理

1. 会计档案管理

《会计档案管理办法》规定："会计档案泛指单位在进行会计核算等过程中记录和反映业务往来，通过形成有价值的文字、图表等形式的会计资料。"可以从三个方面理解：一是与经济业务事项相关的，通过审核、核算、记录、归类以后所形成的电子或纸质的文字和图表；二是核算行为完成后能够做到数据准确、内容真实、信息完整，具有保存价值的会计资料；三是整理、装订或储存、利用和鉴定销毁的会计资料一定是有价值的，并且严格参照档案管理的要求，确保会计档案的完整和安全。

会计档案是检查学会过去经济活动的重要依据，是各学会档案的重要组成部分。会计档案管理在学会的日常管理工作中拥有举足轻重的地位，会计档案管理及服务水平如何，是检验学会是否能够长远发展的重要标准。

大数据时代的应运而生并没有使学会会计档案管理有较大改观。大部分学会依旧是采用传统的档案管理手段，造成查阅档案时无法快速准确检索，纸质版档案经常会出现折损、丢失，那么强化会计档案的创新性、规范化更突显重要。

另外，会计档案管理人员的业务和素质往往决定了管理工作的质量。当前，学会会计档案管理人员大部分是由财务部人员兼任，或者直接是兼职人员，而非档案专业人员任职，不利于提升会计档案管理水平。

2. 财务印章管理

印章是一种具有特殊象征意义的标记，其往往代表着某一学会和个人的身份，具备高度权威性特征。一份文书材料加盖学会印章，就标志着其内容取得了学会的认可，在获得相关职权实行的同时，也必须承担相应的责任与义务。由于印章具备上述特性，因此印章管理也成为学会内部控制的重要环节。学会应从内部控制的五大要素出发，对改善印章管理质量的路径展开探索，进而有效地规范印章管理流程，提升学会内部控制水平，最大化实现内部控制对于学会长远可持续发展的重要价值。

建立财务印章管理制度，可以增强财会人员的责任心，促使财会人员认真履行职责，较好地完成工作任务。增强印章使用风险防范意识与责任意识，确保相关人员严格按照印章管理制度中的相关规定对各类型印章进行有效管理，从而确保有效推动印章管理水平的提升，有效地规避风险。

实行印章使用登记制度，加强监督，有利于按记录检查工作，有利于在发生意外情况时按记录核对情况，正确合理地处理问题。狠抓财务印章的使用管理，可以充分发挥财会人员主人翁意识，使财务工作步入规范化的道路。将授权审批控制活动、不相容职务分离控制活动及绩效考评控制活动有效地融入印章管理活动，可以切实达成规避印章使用风险的目的。

坚持执行印章使用管理制度，可以抵制一些不合理的要求和做法，维护学会纪律和声誉。建立财务印章使用的责任制，可明确财会人员的责任，完善工效挂钩，克服违纪行为，树立良好的工作作风。

（七）财务报告与监督

1. 财务报告

财务语言有世界通用语言之称，财务报告正是这个语言的传播媒介。建立在统一会计制度基础上编写出的财务报告，可以帮助财务报告使用者快速了解学会的财务状况、业务活动情况和现金流量等信息。财务报告管理的目标就是确保财务报告的真实、准确、完整与及时，避免因虚假记载、误导性陈述、重大遗漏和未按规定及时披露而导致损失。

2. 财务监督

财务监督主要包括内部监督和外部监督。内部监督是指会计机构和会计工作人员依据会计法赋予的权力，对本单位经济业务事项的合法性、真实性和有效性进行的监察和督促。会计人员对违反本法和国家统一的会计制度规定的会计事项，有权拒绝办理或者按照职权予以纠正。

外部监督是指接受民政部门的年检、评估、抽查等，接受主管税务机关纳税稽查，接受审计署专项财政资金审计，接受业务主管部门及其他政府部门的抽查，接受税务师事务所的企业所得税汇算清缴审计、会计师事务所的财务报表审计。

内部控制中的财务监督主要是内部监督，他主要包括预算执行过程的监督管理，资产的监督管理，重大财务事项的监督管理以及会计人员的监督管理。

（八）信息系统

随着学会内控制度的逐步完善，需要管控的风险点和措施越来越明确，传统的人工控制模式和会计电算化功能已经不能满足财务人员融入内控管理的需要。随着计算机与信息处理技术的发展，信息系统领域不断更新迭代，如今的系统平台技术已日趋成熟与稳定，其关键点在于能否满足学会内部管理需求，有效地将业务流程、制度标准、财务核算嵌入信息系统中，提高信息收集、传递、分析、报告等工作的处理速度，降低员工之间的沟通成本，促进业务与财务融合（以下简称"业财融合"）。具体来说，信息系统在内控应用中应实现以下功能：

1. 加强内部流程控制，强化标准化管理

严格执行不相容岗位分离、互相牵制，对风险点进行监控管理，做到工作留痕，风险防控，有利于学会内部控制的执行，加强内部流程控制。通过财务管理信息系统，把学会相关管理制度内置到系统内，实现业务网上管理，标准网上控制，财务流程前移，提升财务管理的标准化，减少财务工作和业务执行之间的矛盾，降低学会运营风险。

2. 增强预算编报的准确性，做到实时控制预算

建立财务管理信息系统，可以在预算管理模块中设置预算数据信息，由信息系统自动统计，提高预算编制的准确性，使预算更加合理有据。同时，可以依据支出审批管理模块中的数据，进行各项费用支出比对，完成预算执行情况分析统计，对超预算指标操作进行自动提示预警，更便于学会预算管理。经费预算指标管控，特别是学会的各类课题经费预算的管理，可查询个人相关经费使用、结余等信息，使预算得到实时控制。

3. 可以实现及时甚至是即时的管理，提高财务管理效率

信息化财务管理工作主要是依靠信息技术来对财务数据进行及时甚至是即时的处理，通过网络的优势，提高财务管理效率。信息化财务管理与传统的财务管理相比，能更及时地帮助学会处理各类财务事务，降低传统手工处理财务事务时的低效率情况，让财务管理工作始终能高效地进行，促进学会更好的发展。

4. 提高决策的有效性，降低风险

财务管理信息系统能够及时对财务数据进行有效的管理和监控，让学会的决策者及时了解当下的财务现状以及市场的最新信息，从而为决策者的决定提供有效的数据参考，且能降低自身在市场变化中可能面临的风险。

5. 利于跟进大数据时代，实现数据资源共享

财务部门与各部门可通过财务管理信息系统，完成项目立项、审批、预算批复、经费下达、执行、核算、验收、结项等环节，形成资源共享，信息互通，打破部门信息孤岛，实现数据资源共享。

四、立方体的侧面：内控对象

内控对象包含了内控制度的执行主体和内控制度控制的范围，体现了内控制度对全机构、全员、全业务的全覆盖特性。

全机构覆盖是指内控制度的控制对象包括学会、学会所属分支机构和学会投资的下属实体。其中，分支机构不具有独立法人资格，其对外开展活动的法律责任由学会承担，理应受到学会的控制与监管。下属实体具有独立法人资格，但对于以非营利为目的的学会投资成立的下属实体，法规对其有特殊要求，如下属实体的经营范围应当与学会章程规定的宗旨和业务范围相适应；不得利用所举办下属实体向会员或者服务对象强制服务、强制收费；学会必须对下属实体财务情况进行监督，并定期向会员大会、理事会报告。鉴于这些特殊要求，建议学会将具备控制条件的下属实体一并纳入内控对象范围，加强监督与控制。

全员覆盖是指内控制度的控制对象包括全机构的全体人员。内控的一个原理就是通过相互牵制减少错弊，两个人犯同种错误的概率比一个人低，而且可以起到相互监督制衡的作用。这就需要调动全体人员共同参与到内控活动中来，设定岗位职责，形成各司其职、各负其责、相互牵制、相互制约的工作机制。

全业务覆盖是指内控制度的控制对象包括学会日常开展的会员活动、经营活动、公益活动、投资活动等各项业务活动，以及业务活动涉及的各项业务环节。可以说，内控制度渗透到了学会业务活动的细枝末节，在微小处发挥着控制作用。

五、立方体的上面：内控目标

目标设定是学会内控制度建设的起点，是实施内控管理、风险识别和防范的前提。在机构既定的使命和愿景范围内，管理层制定战略目标、选择战略，并在机构内自上而下设定相应的具体目标。

（一）战略目标

战略目标是高层次目标，它与主体的使命、愿景相协调。一个主体的使命从广义上确定了该主体希望实现什么。不管采用什么术语，诸如"使命""愿景"或是"目的"，重要的是理事会要能够梳理出主体之所以存在的原因。由此，学会的理事会设定战略目标，进行战略规划，并为学会确定相关的运营、合规、免税和报告目标。

（二）运营目标

运营目标关系到学会运营的有效性和效率。它们包括相关的次级运营目标，其目的在于推动学会在实现其战略目标的过程中提高运营的有效性和效率。一套与次级目标相关联的清晰的运营目标，对成功而言是至关重要的。运营目标不清晰或者构想不完善，很可能导致有限资源被浪费或误用。

（三）合规目标

学会运营必须符合相关的法律法规，这是学会运营最低的行为准则，是底线。例如，收费时不借助行政资源牟利，不强捐索捐、强行入会，举办活动不强拉赞助等违规涉企收费行为；支出时不出现违反中央八项规定精神的行为，支出取得合法票据等。

（四）免税目标

学会从事非营利事业，属于非营利组织。国家为鼓励非营利组织发展，推出多项税收优惠措施，如会费、捐赠等非营利收入免纳增值税和企业所得税等。与此同时，也对非营利组织行为提出规定条件予以审核。

学会为了降低税负成本，应充分享受国家赋予的税收优惠，但同时又规定了符合非营利组织的若干条件。

（五）报告目标

报告是对学会一定期间运营情况、财务状况的总结。一般分为内部报告和外部报告，内部报告用于内部使用，如预算报告、业务情况报告等，外部报告用于信息公开，如财务报表与附注披露、年度报告书等。真实、准确、及时的报告对内可以支撑管理层的决策，并对学会活动和业绩进行监控；对外可以提高信息公开质量，满足会员、捐赠人了解会费、捐赠资金专款专用情况。在当今信息公开背景下，善于用"数据"为自己说话，是学会必须尽快掌握的重要能力。

六、外圆环：内部控制的运行机制

亚里士多德说过："循环的圆是最完美的运动，它的终点与起点合而为一。"

首先，任何制度都是一时性的，满足不了变化多端的环境需求，所以制度最后一定走向僵化。因此，制度需要不断修订，需要与时俱进。

其次，制度只有执行才有效。内控制度制定得再完善，如果不加以贯彻执行，就如同废纸，一无是处。从学会内控制度执行有效性分析来看，内控制度不能有效执行的主要原因有两个：一是制度本身设计不合理，制度设计没有依托实际工作，凭空臆想而来，或脱离实际过于理想化，或面对新情况原有制度已不能适应相应变化，却没有及时修改，从而使得制度不具有可操作性，自然也就不会被执行。二是执行的问题，制度执行缺乏刚性保证或执行机制。制度制定前既没有集体的研究讨论，制定后也没有监督检查，更没有奖惩措施予以保障，内控制度被束之高阁，只在政府评估检查时出来晒晒。

这就是为什么很多学会制定了各种各样的制度，但管理依然混乱的原因。反观那些制度落实到位的学会，他们往往建立了一套保障制度运转有效的机制。通过梳理总结为，七步骤的外圆环，见图1-4。

图中的7个版块形成闭环，从"培训学习"开始，将我们制定的各项内控制度向各个参与方进行培

图1-4 外圆环七步骤

训；通过"考核上岗"确保大家学会、学懂、会用后再上岗；"监督检查"是对执行中的过程监控，学会的内控监管负责人会用 Excel 表格记录每一笔检查纠错记录，为"预防纠正"环节提供证明依据，杜绝违规行为再次发生；"奖惩问责"是对学会运作过程中发生舞弊、腐败、违规等行为的惩罚机制，以及对表现优秀成员的表彰机制；"整改反馈"是在学会运作发生偏离预期目标时的及时纠错机制，要求偏离目标的成员进行逐项问题的整改报告，并向监管负责人反馈；上述 6 个环节其实最终的目的是"制度修订"，任何制度都不是一蹴而就的，都需要长期的打磨与反复修改，才能最终制定出一套量身定做的制度体系；修订后的制度需要再一次的通过"培训学习"及以后的流程反复检验，这是一个永不停止的循环机制。其作用与价值可以体现在两个方面：一方面确保制度得到执行；另一方面在于通过不断的反思与整改，最终能够从实践中磨合出一套真正符合学会自身业务特点的内控制度体系。

七、动力支撑（隐形的三角形）

完善的内控制度搭配运行机制，似乎已经可以保障制度的落地执行。但什么才是促使机构全体人员自觉遵守的潜在要素呢？我们归纳出三点：一是一致的使命、愿景和目标；二是组织文化中相近的核心价值观和个人的职业道德操守；三是各司其职的组织治理架构。

（一）使命、愿景和目标

2017 年 9 月，全球风险管理行业翘首以盼的"发起人委员会"（COSO）更新版《企业风险管理框架》正式发布，新的框架找到了组织失败的主因：战略的选择有悖于主体使命、愿景和核心价值观。更新版《企业风险管理框架》颠覆以往的认知，强调组织任何的战略规划、运营实施和绩效目标都应立足于组织的使命、愿景和核心价值观。

组织与员工能否拥有共同的使命、愿景和目标，实现内控管理上的无为而治呢？答案是商业企业很难，学会可以，根本原因在于学会是非营利组织。商业企业因其逐利性，根本不可能实现股东利益与员工利益的平衡与共享，是彼多此少的关系。学会作为非营利组织与商业企业相比有两个本质区别：一是非营利组织没有股东，不存在组织为谁所有的概念；二是非营利组织的盈余不得分配。《社会团体登记管理条例》对盈余分配作出限定性规定：社会团体的经费，以及开展章程规定的活动按照国家有关规定所取得的合法收入，必须用于章程规定的业务活动，不得在会员中分配。

如果说"使命""愿景"对商业企业是理想中的海市蜃楼，对非营利组织学会来讲，确是必须要落实到章程中的成立初心与立身之本，也是学会开展一切活动的起始线。对于学会来讲：

1. 愿景本身就是学会的长期目标。
2. 使命确定了学会未来的任务内容，明确了战略目标的范围。
3. 愿景与使命共同决定了学会的本质及其价值，从而为战略目标提供引导。

因此，我们认为内控制度的全面落实，第一个动力支持就是学会内部全体人员拥有共同的使命、愿景和目标。

（二）组织文化

组织文化是组织在长期运营实践中逐步形成的，为整体团队所认同并遵守的共同思想、作风、价值观念和行为准则，是一种具有组织个性的信念和行为方式。这种行为方式无需也无法借助外力驱使，完全来自员工的内驱力，发自内心自觉遵守。例如，我国著名老字号——北京同仁堂，之所以历经300多年而不衰，不可否认的是其拥有"核心技术"，但同样重要的原因在于历代同仁堂人前赴后继、不懈追求，始终恪守"炮制虽繁必不敢省人工，品味虽贵必不敢减物力""修合无人见，存心有天知"的古训。

学会作为非营利组织同样需要塑造自己的组织文化。组织文化表现形式非常多元，大到目标、愿景、核心价值观、理念，小到工作环境、标语、logo，甚至是逢年过节的礼物都能体现出组织文化，每个组织文化宣导的方式也不一样，要想表现的内容也不尽相同。组织文化具有人文性的特点，体现的是对人的尊重和关爱，能够从人的思想方面激励和鼓励人。组织文化具有整体性，是学会管理者与员工在学会发展过程中共同形成的一种文化现象，并不是由学会管理者或者员工个人来完成的。优秀的组织文化能够使学会形成良性循环，员工团结一致，凝聚力强，学会形象良好并具有良好的信用。组织文化又具有独特性，是学会自身根据发展情况独立形成的一种文化现象，具有鲜明的个性。

目前，我国的学会在发展过程中对于组织文化建设的重视程度参差不齐。一些中小学会并没有意识到组织文化的重要性，即使提出了组织文化的概念，也往往流于形式，没有真正发挥组织文化的作用。加强组织文化建设、服务学会管理的具体对策可以从两方面入手：一是上下统一的核心价值观；二是强调个人的职业道德。

1. 核心价值观

学会核心价值观，是指学会在上层领导的指导下，在学会建设的实践中，适应学会的经济制度，适应学会发展的要求，形成的在学会价值体系中处于统治地位、起核心作用的价值理念。学会应本着以社会主义核心价值观为基础，找到并发展适合本组织的核心价值观。

在学会中进行核心价值观的培养，有助于保障本组织沿着正确的方向发展，保障本组织的可持续健康发展，同时又能更好地发挥学会应当承担的社会责任和其相对应的功能。学会核心价值观有利于树立良好的组织形象、提供精神支撑、丰富学会文化价值理念，为学会的发展营造良好的内外部环境，从而促进整个社会文明和谐。

2. 职业道德

职业道德，是指学会对学会本单位人员提出劳动（工作）的基本要求时，同时就意味着学会本单位人员也要承诺相应的社会责任和道德义务。职业生活实践是职业道德产生的基础。特定的职业要求从业者不仅具备一定的知识和技能，还要具备特定的道德观念、情感和品质。职业道德中必然包含着从业者如何处理由于职业活动而发生的人际关系的规范，如公平交易、诚实守信等。职业道德是从一个特殊的领域反映着社会中人与人之间相互关系的面貌，从业者通过自己的工作将职业群体与服务对象群体联结起来。这种联结不仅是利益上的相互依存，也包含着情感上的、道德上的紧密联系。强调个人职业道德的树立，能够让员工更忠于职守，高标准执行内部管理制度与规定，降低职业舞弊风险发生的概率。

（三）组织治理架构

组织治理架构，是指一个组织整体的治理结构。基于组织管理要求、管理模式、业务特征等因素影响，组织治理架构能解决组织资源配置、业务开展、管理落实等方面的诸多问题，是组织流程运转、部门设置及职能规划的最基本的结构依据。

一个科学高效、分工制衡的治理架构，是组织强化内部控制建设的重要支撑，能够帮助组织自上而下地识别风险，从而采取相应的控制措施来防范和化解风险。与此同时，对重大事项决策、重要干部任免、重要项目安排和大额资金使用（统称"三重一大"），通过组织治理架构按规定的权限和程序实行集体决策审批，可以有效避免"一言堂""一支笔"的现象。

学会的治理架构通常由党组织、会员代表大会、理事会、监事会、秘书处和职能部门组成，它们依据学会章程赋予的权利和责任相互分工，并相互制衡。学会组织治理架构及主要职责参考详见表1-1。

表1-1　学会组织治理架构及主要职责参考

主体	主要职责明细参考
党组织	1. 在理事会（常务理事会）、理事会（会长）办公会、秘书长办公会决策重大财务事项前参与讨论。 2. 开展学会政治建设、思想建设、组织建设、制度建设、学会建设、作风建设和纪律建设。
会员代表大会	1. 制定和修改章程、会员条例、理事会条例、理事会选举条例、监事会条例，以及会员代表大会认为应该由其制定或修改的其他重要文件。 2. 选举理事长、副理事长、理事、监事长、监事。 3. 制订和修改会费标准。 4. 审议理事会工作报告和财务报告。 5. 审议监事会工作报告。 6. 对本学会理事会、常务理事会、理事长和秘书长的工作进行评价。 7. 决定其他重大事项。

续表

主体	主要职责明细参考
理事会	1. 执行会员（代表）大会的决议或决定。 2. 选举或罢免会长（理事长）、副会长（副理事长）、理事（常务理事）；聘任、解聘秘书长及副秘书长。 3. 筹备召开会员（代表）大会。 4. 向会员（代表）大会报告工作和财务状况。 5. 决定本学会办事机构、分支机构、代表机构和实体机构的设立、变更和注销。 6. 决定名誉会长及本会机构主要负责人的聘任。 7. 决定各类会员的发展和除名。 8. 审批年度学术计划和工作计划。 9. 领导本会各机构开展工作。 10. 制定内部管理制度。 11. 决定其他重大事项。
监事会（监事）	1. 列席重大财务事项决策，定期检查财务管理情况。 2. 选举监事长。 3. 出席会员代表大会，向大会报告监事会工作。 4. 列席理事会、常务理事会。 5. 监督理事会、常务理事会履职情况。 6. 履行会员代表大会赋予的其他职责。
理事长（会长）办公会	1. 主持本学会的日常工作，组织实施理事会的决议。 2. 拟订内部机构设置方案。 3. 拟订本学会的管理制度。 4. 提请聘请或解聘中心领导层成员及财务负责人。 5. 聘任或解聘内设机构负责人。 6. 组织实施年度业务活动计划。 7. 拟定提交理事会的各项议案。 8. 决定其他重要事项。
秘书长办公会	1. 主持办事机构的日常工作，组织实施年度工作计划。 2. 协调分支机构、代表机构、实体机构开展工作。 3. 提名副秘书长人选以及分支机构、代表机构、实体机构或办事机构职能部门主要负责人人选，报理事长（会长）办公会审定。 4. 决定办事机构、代表机构、实体机构专职工作人员的聘用。 5. 处理本会其他日常事务。

续表

主体	主要职责明细参考
财务部	1. 组织编制学会年度财务预算；执行、监督、检查、总结经营计划和预算的执行情况，提出调整建议。 2. 执行国家的财务会计政策、税收政策和法规；制订和执行学会会计政策、纳税政策及其管理政策。 3. 学会的会计核算、会计监督工作；学会会计档案管理工作。 4. 编写学会经营管理状况的财务分析报告。 5. 综合统计并分析学会债务和现金流量及各项业务情况。 6. 负责学会存货及低值易耗品盘点核对。会同学会综合部、技术部、采购部、仓库等有关部门做好盘点清查工作，并提出日常采购、领用和保管等工作建议和要求。 7. 学会领导授权或交办的其他工作。
各部门	1. 开展部门负责的日常工作。 2. 学会领导授权或交办的其他工作。

第二章 预算业务内控制度建设

常言道，凡事预则立，不预则废。预算是一种系统的方法，用来分配学会的财务、实物及人力等资源，以实现学会既定的战略目标。学会可以通过预算来监控战略目标的实施进度，控制开支，并预测学会的现金流量和运营结余。

一、预算业务内控概述

（一）认识预算业务内控

预算业务是指全国学会对未来业务活动和相应财务结果进行充分全面的预测和筹划，并通过对执行过程的监控和分析，及时改善和调整业务活动。

预算业务内控是学会其他业务内控的基础，它将学会各项内控目标转化为学会各部门、各岗位以至个人的具体行动目标，作为学会开展包括收费业务、支出业务、项目管理、资产管理等经济活动的约束条件，能够从根本上保证学会内部控制目标的实现。

（二）预算业务内控的目标

学会预算业务内部控制建议围绕以下目标的实现进行设计：

1. 建立符合学会实际且具有可操作性的预算业务内控制度和业务流程，明确年度预算编制程序和执行监控措施，确保学会预算业务各个环节有章可循、规范有序。

2. 科学设置预算管理岗位，明确各业务环节的审批事项和岗位职责，确保预算管理运行机制健全高效。

3. 在符合国家法律法规的基础上，根据学会年度目标和工作计划编制预算，确保预算编制依据充分、程序规范、方法科学、编制及时、内容完整、项目细化、数据准确。

4. 建立预算执行情况预警机制，做到预算执行过程可控，确保预算执行信息能够全面、及时地传递给学会领导，便于随时发现学会运营中存在的问题。

5. 建立畅通、高效的预算调整申报与审批机制，对因外部条件发生变化或突发情况作出的依据充分合理的预算调整应及时审批，确保学会运营更高效，预算更真实，充分发挥预算管理功能。

6. 加强决算分析和结果运用，建立预决算分析、报告机制，使决算和预算有效衔接、相互映衬，从而进一步提升学会的内部管理水平，提高资金使用效率。

7. 加强预算执行的考核与评价，结合学会绩效管理，建立起"预算编制有目标、预算执行有监控、预算完成有评价、评价结果有反馈、反馈结果有应用"的全过程预算绩效管理体系。

（三）预算业务内控应遵循的原则

学会开展预算业务内部控制，应遵循以下原则：

1. 战略性原则。预算业务内控的思想要体现学会的发展战略，学会的全年预算要依据学会的中长期战略规划进行编制，符合学会年度目标与工作计划。

2. 全员参与原则。预算编制需要全员参与，采取上下结合、分级编制、逐级汇总的程序进行。

3. 权责对等原则。学会要给予各级部门一定授权，被授权人对预算的执行、控制等承担相应的责任。

4. 实事求是的原则。各部门要根据市场状况及实际需要，合理确定预算额度。对预算编制过程中的收入、成本、费用等采取稳健谨慎、保守的原则，确保以收定支，不得高报预算。

5. 例外管理原则。预算管理者应把管理注意力集中在非正常的例外事项上，对于实际发生的正常且差异不大的事项，一般不逐一查明原因。

二、预算业务流程

学会预算业务流程包括预算编制、预算执行和预算监督三个业务环节，具体可以细分为预算草案编报、预算审批与下达、预算指标责任落实、预算执行、预算记账与分析、预算调整与审批、决算编制、预算执行情况汇报、预算考核与评价。内控涉及部门包括归口管理的财务部、负责预算编制的各部门、负责预算平衡的秘书长办公会和批准预算的理事会（常务理事会）。具体业务流程如图2-1所示。

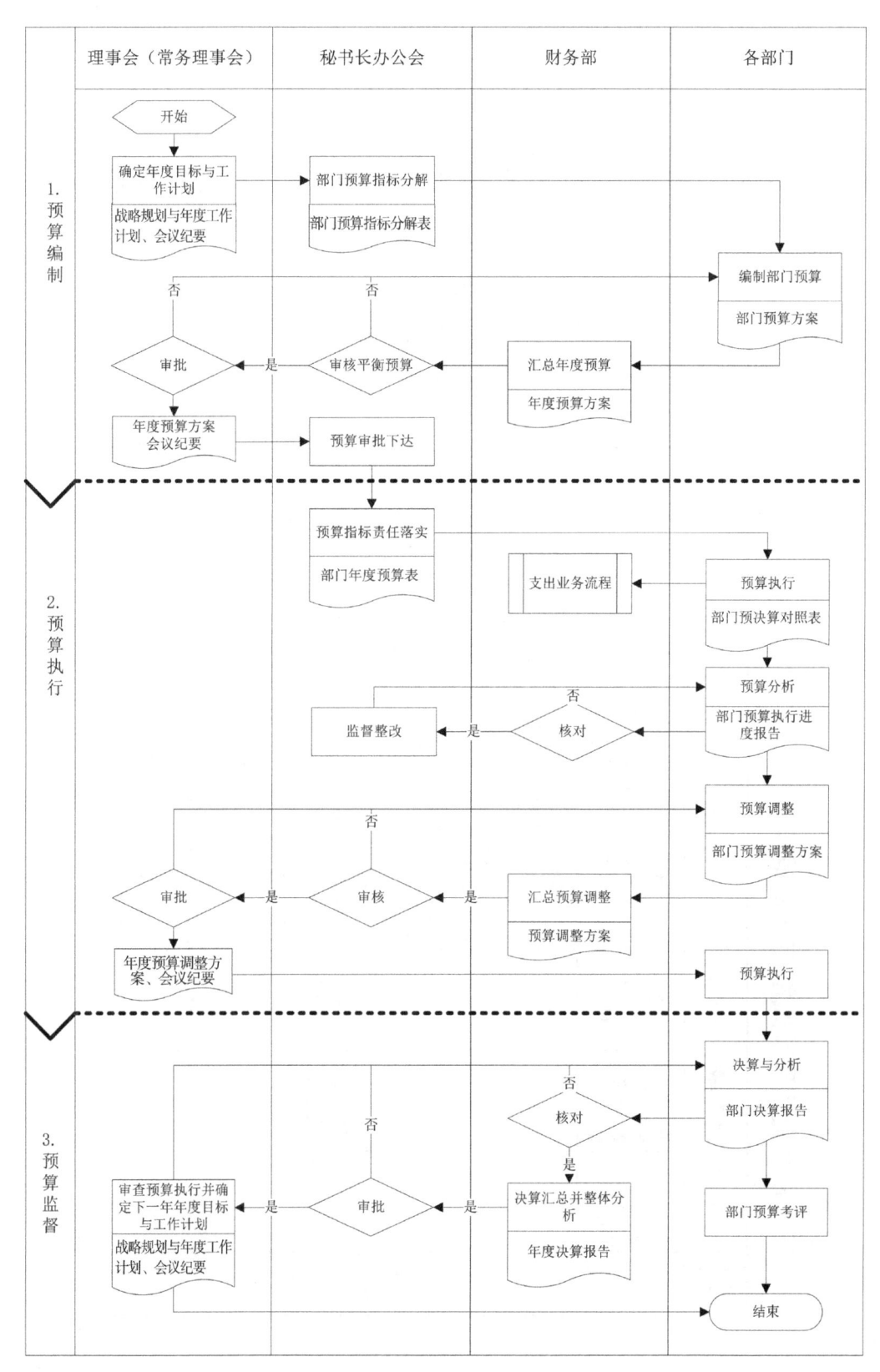

图 2-1　预算业务流程图

三、预算业务环节风险点分析矩阵

业务环节	业务流程	涉及单据	责任部门	风险点	控制措施
预算编制	1. 确定年度目标与工作计划	战略规划与年度工作计划、会议纪要	理事会（常务理事会）	1. 学会未来战略目标不明确，年度工作无计划，不能为预算指标的编制提供支撑。	1. 理事会应在集体讨论的基础上，提前规划学会未来发展战略，明确各年发展目标和工作计划，并作为预算指标分解的首要依据。
	2. 部门预算指标分解	部门预算指标分解表	秘书长办公室	2. 认为预算是财务的事，各部门参与度低，不能覆盖学会所有经济活动，难以发挥预算统筹全局的作用。 3. 预算编制基础薄弱，部门间信息沟通不畅，相互衔接配合不够，可能导致预算编制的准确性、合理性和可行性。 4. 预算指标脱离战略目标和年度工作计划，预算分解未支撑各部门工作计划。 5. 预算体系设计不完整、不合理、不科学，可能导致预算目标在实现单位目标、促进绩效考评等方面的功能不能充分发挥。 6. 预算编制的启动时间太晚，可能导致预算质量不高或影响预算的执行。	2. 学会预算管理应当建立由秘书处统一领导，财务部提供专业支持，各部门共同参与的组织管理架构，必要时可以组建"预算管理委员会"。分支机构预算编制责任，使其各项经济活动纳入预算管理，保证学会预算编制的完整性。 3. 学会应当重视和加强预算基础管理工作，包括预算相关历史资料记录、支出标准制定、完整的基础数据为依据。同时，应对预算编制相关人员做好前期培训，贯彻落实相关具体规定。 4. 秘书长办公室应当结合各部门工作职能和往年工作情况，将战略目标分解为各部门的预算指标，日常支出预算实行定员定额管理、项目支出预算实行项目库管理，细化日常支出和项目支出预算编制要求，切实做好项目考察论证和筛选、确定，按照轻重缓急将有限的资金优先安排到最急需的项目，把预算编细、编实、编准。 5. 预算指标设计应由秘书处牵头，财务部提供专业支持，将各部门经济活动的各个环节、各方面的内容都纳入预算体系当中，并确保与考评指标协调一致，按照"财务指标为主体，非财务指标为补充"的原则设计，合理确定预算活动的复杂性、经济活动规模大小、预算开展的深度和广度等因素，合理确定预算编制的熟练程度，确保预算编制工作在预算年度开始前如期完成。 6. 学会应当根据自身规模大小、经济活动的复杂性、预算开展的深度和广度等因素，合理确定预算编制的熟练程度，确保预算编制工作在预算年度开始前如期完成。

续表

业务环节	业务流程	涉及单据	责任部门	风险点	控制措施
	3. 编制部门预算	部门预算方案	各部门	7. 预算编制依据不明确，可能导致预算编制照搬过去年实际，流于形式。	7. 各部门应当在符合国家法律法规的基础上，根据学会部门年度工作计划，以工作事项为基础，列示预计支出的费用项目，依据学会制定的费用支出标准编制预算，同时，在相关制度中列明预算编制的主要依据。
	4. 汇总年度预算	年度预算方案	财务部	8. 未建立统一的预算方案模板，汇总效率低下。	8. 财务部应结合预算管理要求，设计统一的预算方案模板，明确填写内容的具体要求，在各部门编制预算前对各部门负责预算编制的人员做好统一培训。
	5. 审核平衡预算	年度预算方案	秘书长办公会	9. 预算指标脱离责任部门或责任人实际能力。	9. 秘书长办公会在审核责任人的预算指标应当重点关注其科学性和可行性，保证责任部门和责任人的努力可以达到的，责任部门与责任人以其责权范围内对预算指标负责。
	6. 审批	年度预算方案、会议纪要	理事会（常务理事会）	10. 预算事项存在违规。11. 预算目标偏离学会总体目标。12. 集体审议缺少过程留痕。	10. 理事会（常务理事会）应对预算方案的合法合规进行审核，确保预算中列示的各项活动符合国家相关法律法规，符合学会章程规定的宗旨和业务范围。11. 理事会（常务理事会）应对预算目标与学会战略目标、年度目标统一性进行审核。12. 理事会（常务理事会）对年度预算方案的集体讨论过程应当形成会议纪要，秘书处档案保存。
	7. 预算审批下达	年度预算方案	秘书长办公会	13. 预算审批下达缺少过程留痕，可能导致预算执行或考核无据可查。	13. 年度预算方案经理事会审批后生效，秘书处应当及时以文件形式下达各责任部门，作为日后预算考核、支出报销和预算执行的依据。

续表

业务环节	业务流程	涉及单据	责任部门	风险点	控制措施
预算执行	8. 预算指标责任落实	部门年度预算表	秘书长办公会	预算责任体系缺失或不健全，可能导致预算责任无法落实，预算缺乏强制性与严肃性。	14. 学会应当建立严格的预算责任制度，秘书长办公会应将年度预算方案分解为部门年度预算指标，定期或不定期地对相关部门及人员的预算指标完成情况进行检查、实施考评，确保预算的强制性与严肃性。对照预算指标，实施考评，确保预算的强制性与严肃性。
	9. 预算执行	部门预决算对照表	各部门	15. 预算执行授权审批程序和权限不明确，可能导致越权审批、重复审批，预算执行随意，效率不高。16. 预算执行过程中缺乏监控，预算执行不力，预算目标难以实现。	15. 学会应当加强资金支付业务的审批控制，结合业务或支出事项的重要性和金额大小，建立授权审批权限和程序，避免越权审批、重复审批。对于超预算或预算目标外事项，应当实行严格、特殊的授权审批程序。对于不符合预算目标的经济行为，应当及时制止。16. 学会应当建立完善的预算执行及实施监督制度，各部门定期组织对预算执行情况进行检查，及时发现和纠正预算执行中的偏差，定期或不定期地对预算执行进度、执行情况进行检查，及时发现和纠正预算执行中的偏差，确保各部门预算执行进度和完成情况符合预算。
	10. 执行"支出业务"流程		财务部	17. 预算执行与支出报销审批脱节，导致预算管理形同虚设。	17. 财务部进行支出报销审核时，应首先核实该笔支出是否属于预算范围，超预算支出原则上不予报销。
	11. 预算分析	部门预算执行进度报告	各部门	18. 未定期对预算执行情况进行分析，或者预算分析不科学、不及时，可能削弱预算执行的效果，无法及时发现预算执行中潜在的问题，导致预算执行中出现较大偏差。	18. 学会应当建立完善预算执行情况分析制度。各部门预算编制部门定期召开预算执行情况例会，通报预算执行情况。对预算执行进度有重大影响的项目，应当根据预算执行的现状、发展趋势分析预算执行中相结合的方法，无分反映预算执行中产生差异的原因，分析预算执行中存在的问题，认真分析一般包括分析对象、收集资料、流程、分析差异原因及改进措施等环节。对预算分析的原因，提出措施，反馈报告及预算调整等环节。

续表

业务环节	业务流程	涉及单据	责任部门	风险点	控制措施
	13. 审批			19. 缺乏健全、有效的预算执行报告体系，导致学会相关领导没有及时掌握必要信息，对存在的问题未做出及时应对。 20. 缺乏日常预警机制，发现问题为时已晚。	19. 为全面掌握预算执行的动态和结果，学会应当建立健全预算执行情况反馈与报告工作机制，畅通和有效地传输、反馈预算执行进度、执行差异、差异原因、执行中的问题及预算改进情况，编制部门预算执行进度报告应力求简洁、明晰，注重信息内容的真实性、时效性、系统性和有用性。 20. 学会应当结合自身特点，科学设计预算预警指标，合理确定预算范围及标准，及时发出预警信号，积极采取应对措施。
	14. 预算调整	部门预算调整方案	秘书长办公会 各部门	22. 预算执行中的问题未得到及时、有效纠正和调整，导致预算目标无法全面实现。 23. 预算未根据学会经济活动的实际情况变化及时调整，导致预算呆板僵化，妨碍学会高效运行。 24. 预算调整缺少流程控制，调整随意，降低预算的严肃性。	22. 秘书长办公会应对部门预算执行进度报告反馈的问题及时反馈调整意见，并监督各部门的整改措施的全面落实，确保年度预算目标的全面实现。 23. 明确预算调整条件。学会应在预算管理制度中明确规定预算调整的条件，如国家有关政策法规发生重大调整、临时承担重大社会事件、突发重大任务有重大调整等，将导致预算执行发生重大差异的，应当进行预算调整，确保预算管理的约束作用。 24. 规范预算调整程序。各部门预算调整应当由部门提出书面申请，阐述预算执行的具体情况及其对预算执行造成的影响程度，并提出明细预算调整方案，方案应当列明调整原因、项目、数额及有关说明。
	15. 汇总预算调整	年度预算调整方案	财务部	25. 预算调整方案编报格式不一致，计算不准确。	25. 财务部汇总各部门预算调整方案时，应同时审核部门预算调整方案是否按标准格式编制，金额计算是否准确。

续表

业务环节	业务流程	涉及单据	责任部门	风险点	控制措施
	16. 审核	预算调整方案、会议纪要	秘书长办公室	26. 预算调整依据不充分，方案不合理，偏离年度目标。	26. 强化预算调整原则，秘书长办公室应审核预算调整方案是否符合学会年度目标和现实状况，调整理由是否充分、恰当、合理、可行。
	17. 审批		理事会（常务理事会）	27. 预算调整偏离理事会战略规划。	27. 预算调整方案经理事会（常务理事会）审核后方可下达执行。
预算监督	18. 决算与结果分析	部门决算报告	各部门	28. 忽视决算与结果分析，导致预算管理效率低下或流于形式。29. 部门编制预算前未与财务部核对，导致决算与预算差异过大。	28. 各部门应定期编制部门决算报告，本着实事求是的原则，认真分析预算金额与决算金额是否存在重大差异，并提出改进措施与建议。29. 学会应在全面清理核实收入、支出、资产、负债，办理年终结账前，应与财务部核对决算金额，不得以估计数字代替决算金额，不得虚报瞒报。
	19. 核对	年度决算报告	财务部	30. 决算金额与财务账不符。	30. 财务部应当审核部门决算报告中的预算金额是否与财务记录的部门账相符（含预算调整）金额相符、内容完整、账证相符、账实相符、账表相符，决算数字真实准确、内容完整，防止漏报错报，重报虚报等现象。
	20. 决算汇总并整体分析		财务部	31. 遗漏部门或收支项目，导致决算汇总与学会整体年度财务报表不符。32. 缺乏对决算数据的分析应用，浪费了决算与结算体系的潜在价值。	31. 财务部应负责汇总各部门决算报告并编制学会年度决算报告，汇总后的决算分析报告内容应包括学会年度收支决算分析工作，收入、支出、结余年度同变动原因分析，结余年度同比稽一致，存在差异应及时查明原因，防止漏报错报，重报虚报等。32. 财务部应做好决算分析；资产、负债规模与结构分析；以及其他满足财务管理决策的各项专题分析。预算使用效益分析；资产、负债分析；以及其他满足财务管理决策的各项专题分析。

续表

业务环节	业务流程	涉及单据	责任部门	风险点	控制措施
					33. 财务部分析决算时，应综合运用多种分析方法，如分类比较法、趋势分析法、比率分析法和因素分析法等。同时，注意财务数据与非财务数据的收集，定量分析与定性分析相结合，对预算执行与实际差异较大项目应深入分析，与预算执行部门沟通，找出关键问题和原因。此外，还可以运用趋势分析法进行历史数据比对，找出各项财务收支的变化规律和趋势，重点分析各项支出安排是否合理，资金使用是否达到预期效果，为以后年度的预算编制提供重要参考依据。
21. 审批				33. 财务编制决算闭门造车，缺乏与预算执行部门沟通，导致决算数据与反馈的信息存在偏差。	
		年度决算报告、战略规划与年度工作计划、会议纪要	秘书长办公会	34. 决算分析结果未落实责任人，未实现预算管理最终效果。	34. 秘书长办公会应关注年度决算报告中反馈的预算执行中存在问题和原因，落实到责任部门的责任人，并通知其整改，以便督促各部门自觉提高预算执行的规范性、有效性，维护预算的权威性和约束力。
22. 报告年度预算执行情况			理事会（常务理事会）	35. 决算分析结果未应用于未来年度目标与工作计划。	35. 理事会（常务理事会）应重视决算分析结果的运用，结合预算实际执行目标的差异，实际执行中的问题反馈及改进程度，学会外部环境变化等综合因素，确定下一年度决算报告的战略规划与年度工作计划。
				36. 集体审议缺少过程留痕。	36. 理事会（常务理事会）应将年度决算报告的集体审议过程形成会议纪要，归档保存。

续表

业务环节	业务流程	涉及单据	责任部门	风险点	控制措施
	23. 部门预算考评		各部门、人力资源部	37. 未建立预算考评机制，或未有效实施，可能导致预算执行结果不理想。 38. 预算考评指标设计不科学，可能导致考评结果不公正。 39. 预算考评标准不严格，考核过程不透明，考核标准不合理，考评结果不公正，可能导致奖惩不到位，严重影响预算目标实现，预算管理流于形式。	37. 建立预算执行考评制度。学会应当制定预算考评制度，明确规定预算考评主体、考评对象、考评期间、考评内容、考评指标、考评程序及奖惩原则等内容。学会应当定期组织实施预算考评，对学会预算公布机构、分支机构和下属实体进行考评，以有效发挥学会内设机构的激励和约束作用，确保预算目标的完成。 38. 科学设计预算考评指标。考评指标是预算考核内容及标准，科学设计预算考评指标，对预算考评应以定量指标为主，同时根据实际情况辅之以适当的定性指标；考评指标应当具有科学、可达性和明晰性。 39. 学会应当坚持公开、公平、公正的原则。公开原则是指预算考评应以各观事实为依据，形成完整的记录、标准、结果及奖惩；公平原则是指预算考评是对照预算目标实现为标尺，遵循公平合理，奖罚并存的原则，奖罚并存合理；公正原则是指学会奖惩方案制定应注意预算执行主体资源配置的合理性，根据其承担的工作难易程度和技术含量，合理确定奖惩差距，要奖罚并举，不能只奖不罚。

第三章 收入支出内控制度建设

收支规模直接体现了学会的运营能力和资产使用效率，并与资金流传密切相关，是学会运营中的核心业务。收支业务内控是学会对经济活动资金流入、流出过程的控制，旨在规范学会内部各类收支行为，确保学会收支业务活动本身的合法合规性，各项收入完整、及时入账，各项支出及时拨付，收支事项及时、准确。收支业务框架基本模型如图 3-1。

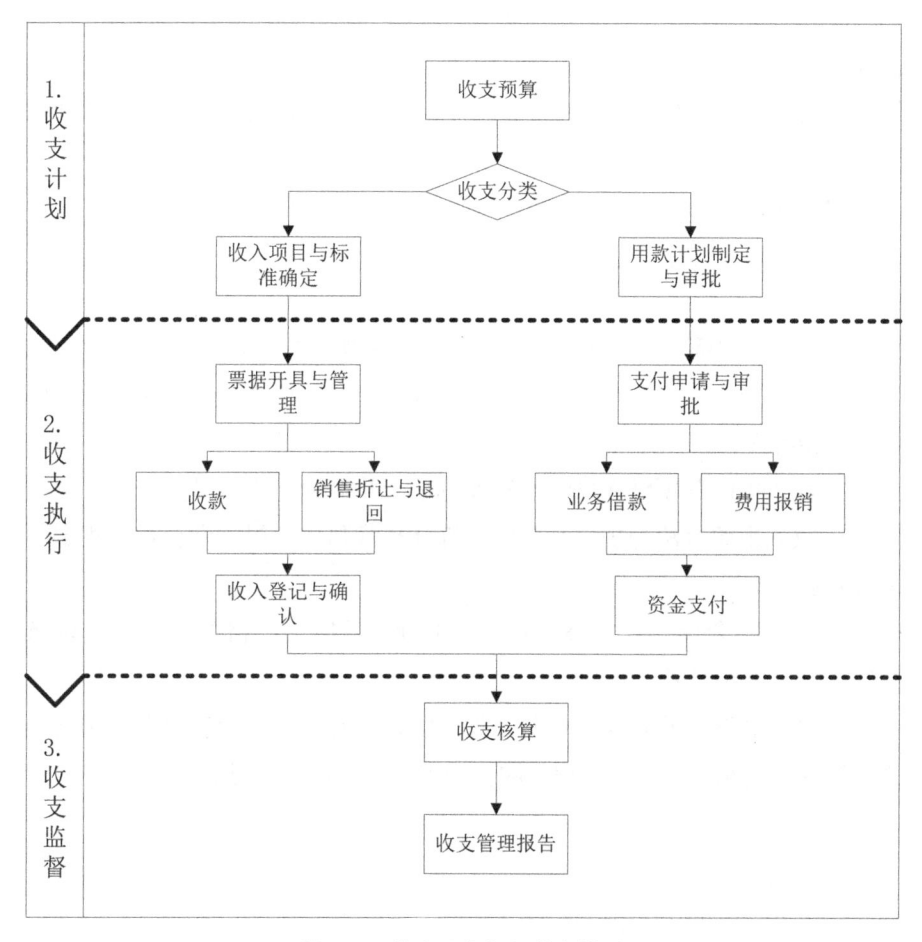

图 3-1 收支业务框架基本模型

第一节 收入内控制度建设

收入是学会可持续运转的"血液",但不是任何收入都可以照单全收。政府部门制定了多项法规约束社会团体的收费行为,通过收入内控制度将法规落地到具体制度条款,是学会规避违规涉企收费,坚持健康有序发展的基本保障。

一、收入内控概述

(一) 认识学会收入

收入是指学会在日常业务活动中形成的、会导致净资产增加的经济利益或服务潜力的总流入。全国学会收入主要包括捐赠收入、会费收入、提供服务收入、政府补助收入、投资收益、商品销售收入等主要业务活动收入和其他收入。

学会收费主要包括会员会费、经营服务性收费等。

(二) 收入内控的目标

学会收入内部控制建议围绕以下目标的实现进行设计:

1. 建立健全收入内控制度,合理设置收入业务相关岗位,岗位职责明确,不相容岗位相互分离。

2. 收入中的各项潜在风险已梳理清楚,并得到有效控制。

3. 收入来源合法合规,收入用途符合非营利性,属于学会章程规定的宗旨和业务范围。

4. 收入的会计核算完整、真实、准确、及时,严格执行"收支两条线"政策,杜绝"小金库"。

5. 建立和落实收费公示机制,收入信息公开及时、内容完整,定期分析和检查收入状况,及时发现问题,确保收入业务正常进行。

(三) 收入内控应遵循的基本原则

学会开展收入内部控制，应遵循以下原则：

1. 依法依规收费原则。学会收入应依据国家相关法律法规，对明令禁止的收费行为应坚决落实自觉遵守，不变相收费。

2. 坚持非营利性原则。学会收入应符合章程规定的宗旨和业务范围，全部收入必须用于章程规定的非营利性事业，除学会运营管理的合理支出外，盈余不得分配。

3. 会计核算及时、完整、准确原则。学会应按《民间非营利组织会计制度》规定，按类别及时、完整、准确核算各类收入，将全部收入纳入法定账户统一管理，严格执行"收支两条线"政策，杜绝"小金库"。

二、会费收入业务流程与风险分析

会费是指学会在国家法规、政策许可的范围内，依据学会章程规定，收取的个人会员和团体会员的款额。学会收取会费，应坚持取之有度、用之得当的原则，将会费用于为会员提供服务以及按照学会宗旨开展的各项业务活动等支出。学会向企业收取单位会员会费的，应遵循自愿原则，不得强制企业入会、摊派会费。结合学会会费相关法规政策和违规案例，现梳理会费收入的业务流程、主要风险点和控制措施。

(一) 会费收入业务流程图

学会会费收入业务流程包括会费收费计划、会费收费执行和会费收费监督三个业务环节，具体可以细分为申请收取会费与审批、会员交费与确认、开具会费收据、会费收入记账与登记与核对、编制会费收入报告、会费收取信息公开。内控涉及部门包括归口管理的会员部、财务部、秘书长办公会和理事会（常务理事会）。具体业务流程如图3-2所示。

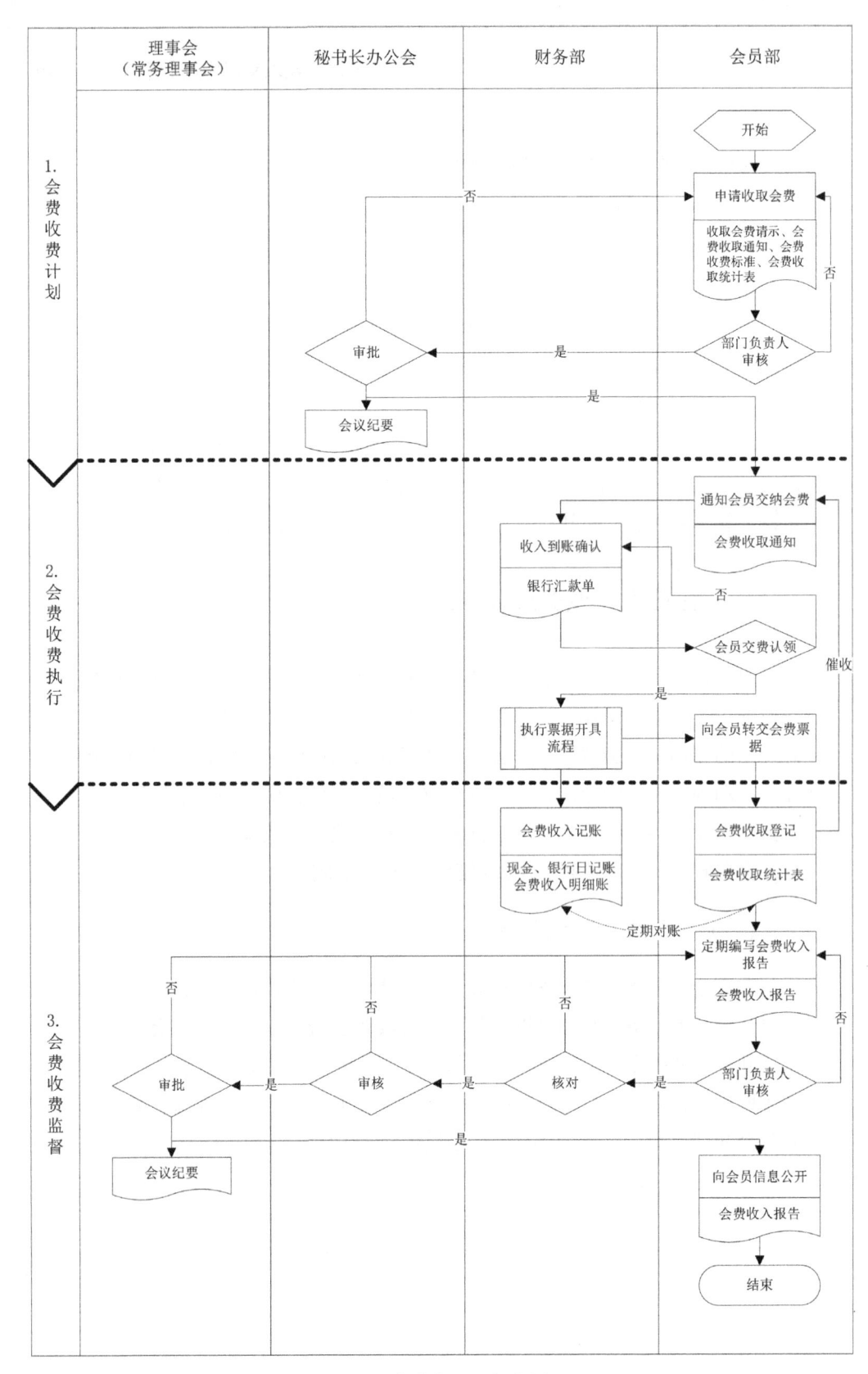

图 3-2 会费收入业务流程图

第三章 收入支出内控制度建设

（二）会费收入业务环节风险点分析矩阵

业务环节	业务流程	涉及单据	责任部门	风险点	控制措施
会费收取计划	1. 申请收取会费 2. 部门负责人审核	会费收费计划、会费收取请示、会费收取标准、会费收取通知、会费收取统计表	会员部	1. 会费收取缺少过程监控与控制留痕。 2. 缺少对会费收取率的监控。 3. 超过会费收取标准收取会费。 4. 向不得作为会员单位收取会费，导致违反法律法规。	1. 会员部负责制定会费收取计划，并填写会费收取请示，用于记录会费收取的详细信息，以及会费收取的过程控制留痕。 2. 会员部应当详细记录编制会费收取统计表，对会费收取情况进行监控，表中应详细记录会员名称、会费标准、已收会费、减免会费、应收会费等信息。 3. 会员部负责会费收取的批通过的入会审批通过的入会资格，是否符合经审（代表）大会审查会员的入会资格。 4. 会员部负责审查会员的入会资格，禁止向非会员收取会费。
会费收取执行	3. 秘书长办公会审批		秘书长办公会	5. 强制或摊派收取会费。 6. 会费请示审核流程是否得到控制。 7. 重要事项的集体审议缺少留痕。	5. 秘书长办公会审核会费收取应当符合自愿原则，不得强制企业入会、摊派会费。 6. 秘书长办公会审核会费相关责任部门是否已履行必要审核程序，会费收取请示审核责任人签字是否齐全。 7. 秘书长办公会应将会费收取请示的审议过程讨论和结果形成会议纪要，并统一归档。
	4. 会员部通知会员交纳会费	会费收取通知	会员部	8. 会员未收到会费收取通知，导致交费不及时。 9. 分支机构收取会费未统一核算，可能导致利用分支机构截留会费的嫌疑。 10. 主动减免会员会费时缺少留痕证明。	8. 会员部负责向会员发送会费收取通知，并做好确认留痕工作。 9. 学会分支机构不得开设独立的银行账户，不得单独制定会费标准，其收取的会费收入，应纳入学会按权属范围内依据学会标准代表学会统一核算，不得截留会费。 10. 对于困难企业或纳入学会对应账户统一核算，可以由会员单位申请，会员应将会费减免的申请与批复留档保存。

039

续表

业务环节	业务流程	涉及单据	责任部门	风险点	控制措施
	5. 会费到账经财务部确认、通知会员部认领 6. 会员部交费认领	银行汇款单	财务部 会员部	11. 已到账的会费未得到及时确认。 12. 会费与经营服务收费、捐赠等混淆，导致认领效率低下。	11. 财务部每日应将业务相关的收款情况发送会员部认领，会员部应核对会员名称和付款单位信息，确保付款单位与备注保持一致。 12. 会员部应要求会员汇款时严格填写附注或备注，写明缴纳会费、**服务、**捐赠等字样。
	7. 财务部开具会费票据	会费票据	财务部	13. 收到会费未开会费票据或开具不及时。 14. 违规使用会费票据。	13. 财务部与会员部应及时核对会费收取与到账情况，经双方核对无误后方可开具会费票据。 14. 财务部应严格把关会费票据的使用范围，不得擅自扩大社团会费票据使用范围，不得将会费票据与其他财政票据互相串用。
	8. 会员部向会员转交会费票据	会费票据、会费收取统计表	会员部	15. 会费票据丢失。	15. 会员部及时将会费票据交付会员单位，并获取得会员收到会费票据的确认信息。
	9. 财务部对会费收入记账	现金银行日记账、会费收入明细账	财务部	16. 会费收入免税无法申请相关税收减免优惠。 17. 一次收取多年会费未权责发生制原则核算。	16. 会费收入的核算应严格按照资格认定管理有关《民间非营利组织会计制度》和《关于非营利组织免税收入其他各类收入混淆清核算，单独设置明细科目，单独核算，不得与其他收入混淆核算。 17. 会员一次交纳多年会费，会费收入核算时应严格按照权责发生制原则，将属于本年会费的部分记入"会费收入"科目，属于预收以后年度会费的，应记入"预收账款"科目。
会费收缴监督	10. 会员部登记会费收取情况	会费收取统计表	会员部	18. 会费收缴率偏低，收不抵支，导致运营困难。	18. 会员部应根据会费到账情况登记会费收取情况统计表中的"已收会费"栏次，对应收未收到会费的会员，应查明未交原因，及时催收；对长期不缴纳会费的会员应建立会员退出机制，确保年度会费收缴率达到60%以上。

续表

业务环节	业务流程	涉及单据	责任部门	风险点	控制措施
	11. 会员收费定期对账	会费收取统计表、会费收入明细账	会员部财务部	19. 财务部与会员部长期不对账，缺少稽核，存在错报风险。 20. 因财务部或会员部会费收取记账不及时产生的差异。	19. 会员部登记的会费收取统计表与财务部登记的会费收入明细账应定期核对，及时发现差异，并查明原因，避免少收或多收会费。 20. 会员部与财务部对账时发现的时间性差异应以会费到账日期为准，补充记账。
	12. 会员部定期编写会费收入报告 13. 会员部负责人审核		会员部	21. 未按时向会员公布会费收入情况，违反法律法规中信息公开要求。	21. 会员部应当编写会费收入报告，在法定的截止时间前向会员公布，若遇到特殊情况不能按时公布，应作出说明，写明不能按时公布的原因，新的公布日期等信息。
	14. 财务部核对		财务部	22. 报告中的会费收入金额与财务账不一致。	22. 财务负责人应核对会费收入报告中的财务数据和相关财务信息，确保信息公开数据与财务账相符。
	15. 秘书长办公会审核	会费收入报告	秘书长办公会	23. 报告披露信息不完整，内容不恰当。	23. 秘书长办公会应当对会费收入报告披露内容的完整性与恰当性进行审核。
	16. 理事长(会长)办公会审批		理事会(常务理事会)	24. 未经批准对信息进行公开。 25. 重要事项的集体审议缺少留痕。	24. 会费收入报告向会员公开前必须经理事会审批，理事会(常务理事会)对相关部门意见统筹把握后，签批报出。 25. 理事会(常务理事会)对议将"会费收入信息公开"的审议过程讨论和结果形成会议纪要，统一归档。
	17. 向会员信息公开		会员部	26. 信息公开不及时或方式不恰当。	26. 会员部应当将审批后的会费收入报告及时向会员公开，公开方式可以采用学会网站发布和会员大会发放等形式。

三、大型学术交流活动业务流程与风险分析

大型学术交流活动是指学会在章程规定的宗旨和业务范围内，为服务特定群体交流和展示学科知识、研究成果、实践经验等，以及传播和普及科学技术而举办的大规模主旨活动。在举办活动过程中，涉及什么活动不能做，什么活动能做，怎么做，如何收费等一系列管理规定，现结合《中国科协所属全国学会财务管理指引大纲》和社会团体收费管理相关规定，梳理大型学术交流活动收费的业务流程、主要风险点和控制措施。

（一）大型学术交流活动收费业务流程图

大型学术交流活动收费业务流程包括活动收费计划、活动收费执行和活动收费监督三个业务环节，具体可以细分为活动计划的制定与审批、活动通知与招募、活动收费与开票、活动收入记账与核对、重大活动总结与汇报、信息披露。内控涉及部门包括归口管理的业务部、财务部、秘书长办公会和理事会（常务理事会）。具体业务流程如图3-3所示。

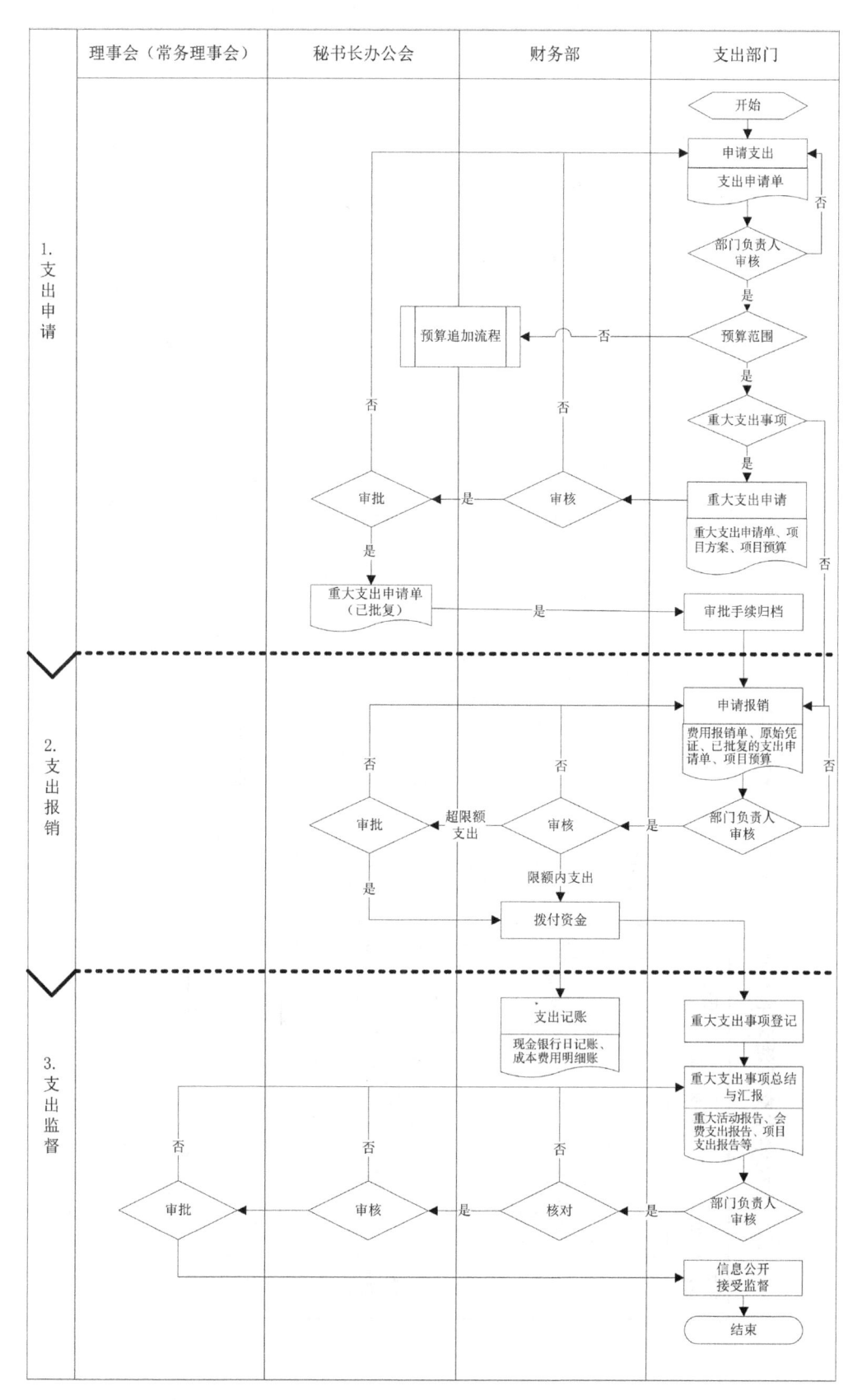

图 3-3 支出业务流程图

(二) 大型学术交流活动收费业务环节风险点分析矩阵

业务环节	业务流程	涉及单据	责任部门	风险点	控制措施
活动收费计划	1. 业务部制定活动计划 2. 部门负责人审核	活动计划、举办活动请示、活动收支预算、年度预算方案	业务部	1. 举办活动缺少过程监控与控制留痕。 2. 举办活动前缺少计划和收支预算。 3. 举办活动随意，脱离预算管理。 4. 与其他实体合作开展活动的，未签合同。	1. 业务部负责编写活动计划，并填写举办活动请示，用于记录活动时间、地点、规模、收费标准等。 2. 业务部应当依据活动计划编制活动收支预算。 3. 执行全面预算的学会，举办活动请示材料后应附经批准的年度预算方案，部门负责人应审核活动是否在年度预算范围内，未列入的应先履行预算追加流程。 4. 大型学术交流活动有多个主办、承办单位的，原则上应在活动开始前协商签订，并明确双方合作方式是否签订书面协议，约定收付款方式、条件、时间和金额。权利义务关系。
	3. 财务部审核		财务部	5. 活动收支预算不合理，不科学。 6. 学会主办的活动，活动全部收入未列入学会统一账簿，存在承办单位坐收坐支、账外核算，甚至滋生"小金库"。	5. 财务部应当审核活动成本和使用效益。 6. 财务部应当审核活动收支预算方式，学会作为主办单位的，应当对活动收入如实入账，不得向承办方或协办方以任何形式收取收入；严格执行"收支两条线"规定，活动收支应符合会计制度规和账户管理规定，严格执行"收支两条线"规定，杜绝"小金库"。
	4. 秘书长办公会审批		秘书长办公会	7. 活动是否超出学会章程规定的宗旨和业务范围。 8. 活动规模超出学会能力范围。 9. 活动涉及评比达标表彰的违规风险。	7. 秘书长办公会应当审核活动是否符合学会章程规定的宗旨和业务范围。 8. 秘书长办公会应当评估学会的办会能力，判断活动规模是否恰当。 9. 活动涉及评比达标表彰的，应按规定报经有关部门批准，坚持推举推办，谁出线的原则；学会办会活动一般应在会员范围内开展，不得将活动委托自营利机构承办；不得面向表彰活动以营利为目的，不得以参与活动组织要求对参与对象出物的收取费用，不得面向基层政府开展活动，不得超出活动地域和业务范围举办。

续表

业务环节	业务流程	涉及单据	责任部门	风险点	控制措施
活动收费执行	5. 业务部发布活动通知与招募	活动介绍和招募方案	业务部		10. 学会举办大型学术交流活动，不得利用党政机关名义举办，不得进行与收费挂钩的品牌推介、成果发布、论文发表等活动。 11. 属于收费活动的，秘书长办公会应当审核是否做到公开活动公开收费范围、标准，并判断收费方式是否恰当，是否存在强拉赞助情形。 12. 学会以"协办单位""支持单位""参与单位""指导单位"等方式开展合作活动的，秘书长办公会应当审核学会是否切实履行相关职责，是否在活动全程进行了有效监督，确保学会不以挂名方式参与合作。 13. 秘书长办公会应当审核合作办会的收费方式，学会举办大型学术交流活动委托其他组织承办或者协办的，应加强对活动的主导和监督，不得向承办方或者协办方收取任何费用或变相收取费用。 14. 秘书长办公会应当审核相关责任部门是否已履行必要审核程序，举办活动请示责任人签字是否齐全。 15. 秘书长办公会应将"举办活动"的审议过程和结果形成会议纪要，并统一归档。
				10. 利用党政机关名义举办活动牟利。 11. 活动违规收费，存在强拉赞助行为。 12. 挂名参与活动。 13. 向承办方或者协办方收取任何费用或变相收取费用。 14. 举办活动请示业务流程是否得到控制。 15. 重要事项的集体审议缺少留痕。	
			业务部	16. 委托第三方招募，由第三方代收代支。	16. 学会主办的活动委托第三方承办的，活动全部收费纳入学会对公账户统一核算，承办方不得代收代支。
	6. 收费到账确认，通知业务部认领 7. 活动交费认领	银行汇款单	财务部 业务部	17. 活动到账认领不及时。 18. 多项收款混淆，导致认领效率低下。	17. 财务部每日应将业务相关的收款情况发送业务部认领，业务部应及时核对活动收款情况。 18. 业务部应要求汇款时填写附注或备注中添加"**活动、**会议字样"。

续表

业务环节	业务流程	涉及单据	责任部门	风险点	控制措施
活动收费监督	8. 财务部对开具发票	增值税发票	财务部	19. 收费后未开发票或开具不及时。 20. 增值税发票开具不合规。	19. 财务部应及时核对活动收费与到账情况，经双方核对无误后方可开具发票。 20. 财务部应严格按照《中华人民共和国发票管理办法》使用和开具发票。
	9. 向参会单位转交发票	增值税发票	业务部	21. 转交过程中丢失发票。	21. 业务部应及时将发票支付参加活动的单位，并获得对方收到发票的确认信息。
	10. 财务部对活动收入记账	现金银行日记账、收入明细账	财务部	22. 各类活动收入未分别核算，导致无法分析不同类型业务取得的收入情况。 23. 业务活动收支在未来科目中核算，未全部体现为收入和支出。	22. 财务部对活动收入记账时，应严格按照民间非营利组织会计制度，将收入按其来源分为捐赠收入、会费收入、提供服务收入和其他收入、政府补助收入、投资收益、商品销售收入等主要业务活动收入再可根据学会决策需要，收入来源下还可再按活动项目设置辅助核算。对不同活动取得的收入与支出单独核算。 23. 业务活动收支一般情况应在"收入"和"业务活动成本"科目下核算，在往来科目过渡时，应按当月完工进度或完成的工作量及时结转收入，项目结项时应全部转结完毕，不得收支相抵余额结转，在未过渡科目不应有余额。
	11. 业务部登记活动收费情况	活动收费台账	业务部	24. 未及时催款形成坏账。	24. 业务部登记各项活动收费台账与财务部登记的收入明细账应定期核对，及时催收应收款项，避免造成坏账损失。
	12. 活动收入定期对账	收入明细账、活动收费台账	业务部、财务部	25. 因记账差错导致收入的错报风险。	25. 业务部登记的活动收费台账与财务部登记的收入明细账应定期核对，及时发现差异，并查明原因，避免收入错报风险。

续表

业务环节	业务流程	涉及单据	责任部门	风险点	控制措施
	13. 重大活动总结与汇报		业务部	26. 重大活动缺少总结与报告。	26. 学会举办大型学术交流活动，应接受登记管理机关、业务主管单位、纪检监察部门和审计机关的监督检查，并在年度工作报告中作为重大业务活动事项报告。
	14. 财务部核对		财务部	27. 对外报告的财务数据与财务账不一致。	27. 财务负责人应当核对重大活动报告中的财务数据和相关财务信息，确保对外报出的财务数据与财务账相符。
	15. 秘书长办公会审核	重大活动报告	秘书长办公会	28. 报告披露信息不完整，内容不恰当。	28. 秘书长办公会应当对重大活动报告披露内容的完整性与恰当性进行审核。
	16. 会员（代表）大会或理事会（常务理事会）审批		会员（代表）大会或理事会（常务理事会）	29. 财务信息对外披露未经决策机构审批。	29. 重大活动报告应由会员（代表）大会或理事会（常务理事会）决策后，对外披露。
	17. 信息披露接受监督		业务部	30. 年度工作报告未披露重大活动信息。	30. 业务部应将重大活动在年度工作报告书中详细披露。

第二节 支出内控制度建设

学会成立的一个重要使命在于开展会员活动，支出正是这一使命的财务表现。支出的类别、用途、数额直接反映了学会践行使命的程度和运营管理的效率。"收入取之于会员用之于会员"的公信承诺，是建立在支出分类准确、核算正确、依据充足、公开及时等一系列支出内控基础上而实现的，可谓是内控体系中最复杂，也是最重要的组成部分。

一、支出内控概述

（一）认识学会支出

支出是指学会在日常活动中发生的现金流出，现金包括库存现金、银行存款和其他货币资金等。支出可以按照其功能分为业务活动成本、管理费用、筹资费用和其他费用等。

（二）支出内控的目标

学会支出内部控制建议围绕以下目标的实现进行设计：

1. 建立健全支出内控制度，合理设置支出业务相关岗位，关键岗位职责清晰，不相容岗位相互分离。

2. 贯彻落实中央八项规定精神，根据学会章程规定的宗旨和业务范围制定主要支出事项的开支范围、标准和相关单据，保证学会支出的合法合规，进一步提高资金管控效率和效果。

3. 建立科学完善的支出控制流程，尤其应重视支出的前置审批，规避风险于事前，对重大活动、重要项目严格执行预算管理、单独核算，确保资金专款专用。

4. 严格按照《民间非营利组织会计制度》进行支出核算，并及时归档、妥善保管支出相关。

5. 对需要信息公开的重大支出事项，相关部门之间应定期核对支出情况，发现异常及时纠正，保证信息公开真实、准确、完整、及时。

(三) 支出内控应遵循的基本原则

学会开展支出内部控制，应遵循以下原则：

1. 预算控制原则。费用支出应建立预算控制，经批准的预算内支出可授权由部门负责人控制，预算外支出须执行预算追加流程。

2. 授权审批原则。为提高支出审批效率，学会应当授予各层级管理人员一定的审批额度，相关人员在授权范围内行使审批权力。

3. 真实合法原则。费用支出必须以真实性、合法性为前提，支出时应取得真实、合法、有效的发票或凭据，不得多列或虚拟经济业务套取资金。

4. 最必要原则。学会应当积极开展会员活动，充分、高效运用学会财产，并遵循支出最必要原则，厉行节约，减少不必要的开支。

二、支出业务流程

学会支出业务流程包括支出申请、支出报销和支出监督三个业务环节，具体可以细分为申请支出与审批、重大支出审批、审批手续归档、申请报销与审批、拨付资金、支出记账、重大支出事项登记与汇报、信息公开。内控涉及部门包括支出部门、财务部、秘书长办公会和理事会（常务理事会）。具体业务流程如图3-4所示。

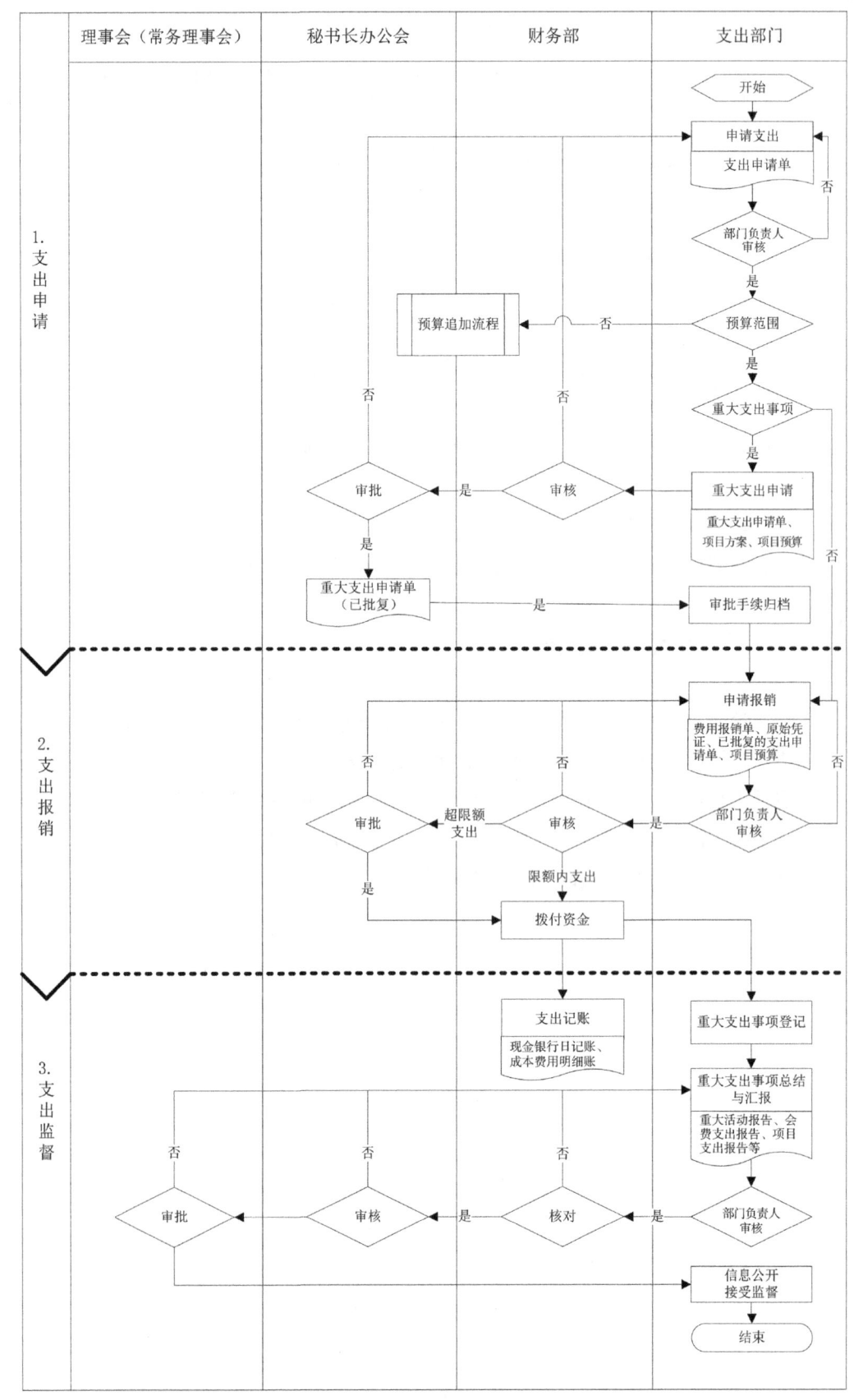

图 3-4 支出业务流程图

三、支出业务环节风险点分析矩阵

业务环节	业务流程	涉及单据	责任部门	风险点	控制措施
预算编制	1. 支出部门申请支出 2. 部门负责人审核	支出申请单、重大支出申请单、项目方案、项目预算	支出部门	1. 支出事项缺少过程监控与控制留痕。 2. 支出申请单填写不完整，影响后续审核。 3. 虚假业务支出套取资金。 4. 非必要支出导致浪费学会资金。 5. 支出事项缺少预算控制。 6. 向法规禁止的关联方采购或委托服务。 7. 重大支出事项未经集体决策。	1. 支出部门申请支出需编写支出申请单，作为支出的事前审批记录，支出申请单应当列明项目、支出金额、临时出国、出差、出国、培训、支出事由、涉及接待、会议、出差、范围，涉及接待、会议、培训、出国、劳务费的需详细列明支出标准。 2. 部门负责人应当审核支出申请单填写的完整性。 3. 部门负责人应当审核支出发票的真实性，发票真实性包括两种情形，一是发票为真发票，二是发票承载的支出业务需真实发生。 4. 部门负责人应当结合业务需求审核支出的必要性，遵循合理、节约的支出原则。 5. 实施全面预算的学会，部门负责人应当审核支出是否在年度预算范围内，未列人的应先履行预算追加流程。 6. 支出申请中增加拨款方为学会非关联方的承诺，尤其规避向学会负责人、分支机构负责人有直接利益关系的个人或者组织进行采购。 7. 部门负责人应当判断支出是否属于重大支出事项，如属于重大支出事项管理的还需提交项目方案和项目预算。
	3. 重大支出项目审核		财务部	8. 支出存在违反中央八项规定精神的行为。 9. 支出中包含不准报销事项。 10. 项目资金使用特殊要求，导致方的资金违规使用。	8. 支出涉及接待、会议、出差、临时出国的支出项目，单价标准和金额是否存在违反中央八项规定精神的行为，厉行节约，勤俭办事，不得铺张浪费，不得借用各种有价证券，支付凭证。不得发放礼金、礼品、易耗纪念品和各种有价证券，支付凭证。 9. 财务部应当审核支出中是否包含不予报销事项，对于不予报销事项应在制度中做特别提示。

续表

业务环节	业务流程	涉及单据	责任部门	风险点	控制措施
					10. 财务部审核项目发生的支出时，应掌握项目委托方的资金使用标准，按要求审核。按规定记入学会规定补助收入科目的财政资金，在支出时须严格按照国家有关规定和财政项目委托标准执行。按规定记入学会政府补助收入科目之外的财政资金，与财政项目委托单位约定有明确约定的，在支出时按约定执行；与财政单位没有明确约定的，在支出时可按学会标准执行。
	4. 重大支出项目审批		秘书长办公会	11. 支出对应的经济活动超出学会宗旨和业务范围。12. 支出对应的经济活动属于法规禁止学会开展的活动，或审核未签字留痕记录。	11. 学会开展业务活动应当严格限制在学会章程规定的宗旨和业务范围内，秘书长办公会审批时应关注支出背后的业务活动。12. 秘书长办公会应当审核支出对应的经济活动是否符合民政部等部门管理规定，重点关注评比达标表彰活动。13. 秘书长办公会应当审核重大支出事项在风险控制情况，相关部门已履行审核职责，签章齐全。
	5. 审批手续归档		支出部门	14. 集体审批档案丢失。	14. 已经审批的重大支出申请单、项目预算由支出部门负责归档保存。
支出报销	6. 申请报销 7. 部门负责人审核	费用报销单、原始凭证、已批复的支出申请单、项目预算	支出部门	15. 支出报销缺少必要的审批流程。16. 支出报销单填写不完整、影响后续审核。17. 用与支出不相关的虚假发票报销。	15. 支出部门申请报销时，应填写支出报销单，其内容包括款项的用途、金额、预算、支付方式、采购方式、并附上合同或相关证明材料，经办人填写完整性进行审核。16. 部门负责人应对填写内容的完整性进行审核。17. 部门负责人应对支出发票承载的真实性审核。真实性包括两个方面，一是发票为真实发票；二是发票内容与所载的支出业务真实发生。

续表

业务环节	业务流程	涉及单据	责任部门	风险点	控制措施
	8. 财务部审核		财务部	18. 原始凭证审核要点不明确，导致审核流于形式。 19. 支出的原始凭证不合规。 20. 支出的原始凭证不完整。 21. 报销不及时或跨年报销，导致财务信息不准确，且支出无法税前扣除，多支企业所得税。 22. 部门负责人超额度审批。	18. 财务部应当对支出涉及原始凭证的合规性、完整性、时效性进行严格审核。 19. 财务部应审核原始凭证是否符合财政部、国家税务总局关于票据监管理的规定。 20. 支出的原始凭证一般包括支出过程中的合同协议、发票，以及支出真实性的证明材料。学会应在相关制度中对主要支出项目的支出凭证做清单提示。 21. 各部门发生的支出应及时报销，年底前应做好当年发票的集中报销工作，对于跨年的发票原则上不予报销。 22. 财务部应当对学会授权审批权限，审核支出部门的负责人是否存在超额权限审批情形。
	9. 秘书长办公会审批		秘书长办公会	23. 偏离批准用途发生支出。 24. 重大支出未集体决策。 25. 领导"自支自批"。	23. 秘书长办公会应当审核支出部门是否按照已经批准的资金用途和费用项目使用资金，不得自改变用途，不得挪作他用，对重大支出事项实行集体领导、集体决策。 24. 秘书长办公会应按照民主集中制原则，集体决策。 25. 学会"一把手"领导发生的支出不得由本人审批，应由其他人履行审批流程。
	10. 拨付资金		财务部	26. 支出审批未签字痕迹。 27. 出纳付款不及时。 28. 经办人擅自改变资金用途，挪用资金。	26. 出纳对外支付资金前，应当审核经济活动的内部审批手续，签字是否齐全。 27. 经审核无误的支出，出纳应尽快支付，不应超过三个工作日。 28. 学会应减少支票付款方式，尽量采用网银直接支付，出纳付款时要确保收款信息未经涂改，更改收款信息时应重新履行支出申请流程。

续表

业务环节	业务流程	涉及单据	责任部门	风险点	控制措施
支出监督	11. 支出记账	现金银行日记账、成本费用明细账	财务部	29. 支出记账不及时，导致财务信息不准确。 30. 支出未按功能分类记账，如业务活动成本与管理费用混淆等。 31. 业务活动成本未按项目或费用类型进行明细核算。 32. 会员服务成本未单独核算，导致财务报表无法直接体现为会员提供的服务，且会费收入无法享受企业所得税免税优惠。 33. 捐赠支出无法体现捐赠收入用于何处，同时支出无法享受企业所得税免税优惠。	29. 已支付完毕的支出，财务部应当及时记账并登记现金银行日记账和成本费用明细账。 30. 财务部对支出费用记账时，应当按照《民间非营利组织会计制度》规定，将费用按照其功能分为业务活动成本、管理费用、筹资费用和其他费用等。 31. 如学会从事的业务种类较多，财务部应按照开展项目、服务或者业务大类进行账务或者业务大类核算。 32. 会费收入属于免税收入，会员大类进行项目下分别项目、会员人对应的会员服务中有关问题的通知》（财税〔2018〕13号）非营利组织免税资格认定管理有关问题的通知）规定，单独设置明细科目，单独核算，不得与其他支出混淆核算。 33. 捐赠收入属于免税收入，也应单独设置明细科目，单独核算。
	12. 重大支出事项登记 13. 重大支出总结与汇报 14. 部门负责人审核	重大活动报告、会费支出报告、项目支出报告等	支出部门	34. 支出部门对重大支出事项缺少管控。 35. 重大支出事项总结与报告。 36. 报告披露不及时，披露信息虚假。	34. 支出部门应对重大支出做好日常分类登记做好日常活动支出、项目支出、会员支出等。 35. 支出部门和审计机关做好重大活动事后监管管理机关，接受登记管理机关、业务主管单位、纪检监察部门和审计机关的监督检查，并在年度业务报告中作为重大业务监管事项报告；会员信息公开并提供部门审查；承接受接受监督管理机关对会费支出报告、会员资金提供部门审查；接受接受对公益项目支出报告，主动定期向社会公开捐赠执行公益项目的使用情况。 36. 支出部门负责接受捐赠资金的真实性，及时组织报告的编写和汇报，并审核报告披露信息的真实性。

续表

业务环节	业务流程	涉及单据	责任部门	风险点	控制措施
	15. 财务部核对		财务部	37. 报告披露的财务数据与财务账不符。	37. 财务负责人应当核对报告中的财务信息，确保对外报出的财务数据与相关财务账相符。
	16. 秘书长办公会审批		秘书长办公会	38. 报告披露信息不完整，内容不恰当。	38. 秘书处应当对报告披露内容的完整性与恰当性进行审核。
	17. 理事会（常务理事会）审批	重大活动报告、会费支出报告	理事会（常务理事会）	39. 财务信息对外披露未经决策机构审批。	39. 需要信息公开的内容必须经理事会（常务理事会）审批。
	18. 信息公开接受监督		支出部门	40. 年度工作报告未披露重大活动信息。	40. 支出部门应将重大活动支出情况、会费支出情况在年度工作报告书中详细披露。

第三节　分支机构收支内控制度建设

分支机构可谓是把"双刃剑",一方面,学会通过积极招募会员,开展会员活动,有效弥补学会人力不足问题,促进学会发展;另一方面,从历年审计评估发现的财务问题分析,大多是分支机构所为,挂靠运营、违规评比表彰、违规收费等问题层出不穷,成为学会运营风险频发的"重灾区"。借助分支机构收支内控制度规范其活动收支行为,可以起到防风险于未然的特殊效果。

一、分支机构收支内控概述

(一) 认识分支机构

分支机构是指学会根据开展活动的需要,依据业务范围划分或者会员组成的特点而设立的专门从事某项活动的机构。学会分支机构是学会的组成部分,不具有法人资格,法律责任由设立该分支机构的学会承担。学会分支机构的名称可称分会、专业委员会、工作委员会、专项基金管理委员会等,不得以其他名称出现。确定分支机构名称,一般遵循以下原则:按行业、领域、人群特点设立的,称分会;按学科分支设立的,称专业委员会;按工作项目设立的,称工作委员会;管理使用专项基金的工作机构,称专项基金管理委员会。

(二) 分支机构收支内控的目标

学会分支机构收支内部控制建议围绕以下目标的实现进行设计:

1. 学会对分支机构开展的各项活动事前有审批,事中有监督,事后有总结与汇报。

2. 分支机构各项收费符合法规规定,严禁各类违规涉企收费行为。

3. 分支机构运营规范,学会不以收取或变相收取管理费为目的,将分支机构委托其他组织运营。

4. 分支机构全部收支纳入学会账户统一管理、统一核算,避免汇入其他单位、组织或个人账户。

（三）分支机构收支内控应遵循的原则

学会开展分支机构收支内部控制，应遵循以下原则：

1. 视同学会管理原则。分支机构不具有法人资格，法律责任由学会承担，分支机构开展活动应符合学会章程规定的宗旨和业务范围，法律法规对学会明令禁止的收费行为，不得利用分支机构收取或变相收取，分支机构支出应按照学会管理要求执行。

2. 坚持非营利性原则。分支机构开展活动应坚守非营利底线，不得借助活动或学会资源牟利，不得与其他民事主体合作开展商业活动。

3. 收支完整性原则。分支机构全部收入支出均应纳入学会账户统一管理，严格执行"收支两条线"政策，杜绝分支机构截留会费收入和捐赠收入，设立"小金库"。

4. 预算控制原则。分支机构也应作为学会的一部分，将收支纳入学会预算控制范围。

二、分支机构收支业务流程

分支机构收支业务流程包括年度活动计划、活动执行和年度活动报告与监督三个业务环节，具体可以细分为制定年度活动计划、编制年度预算、活动开展申请与审批、举办活动与过程监督、收款与报销、收支登记、年度工作报告、年度决算报告、年检披露与信息公开、分支机构考评。内控涉及部门包括学会分支机构管理部门、分支机构、财务部和秘书长办公会。具体业务流程如图3-5所示。

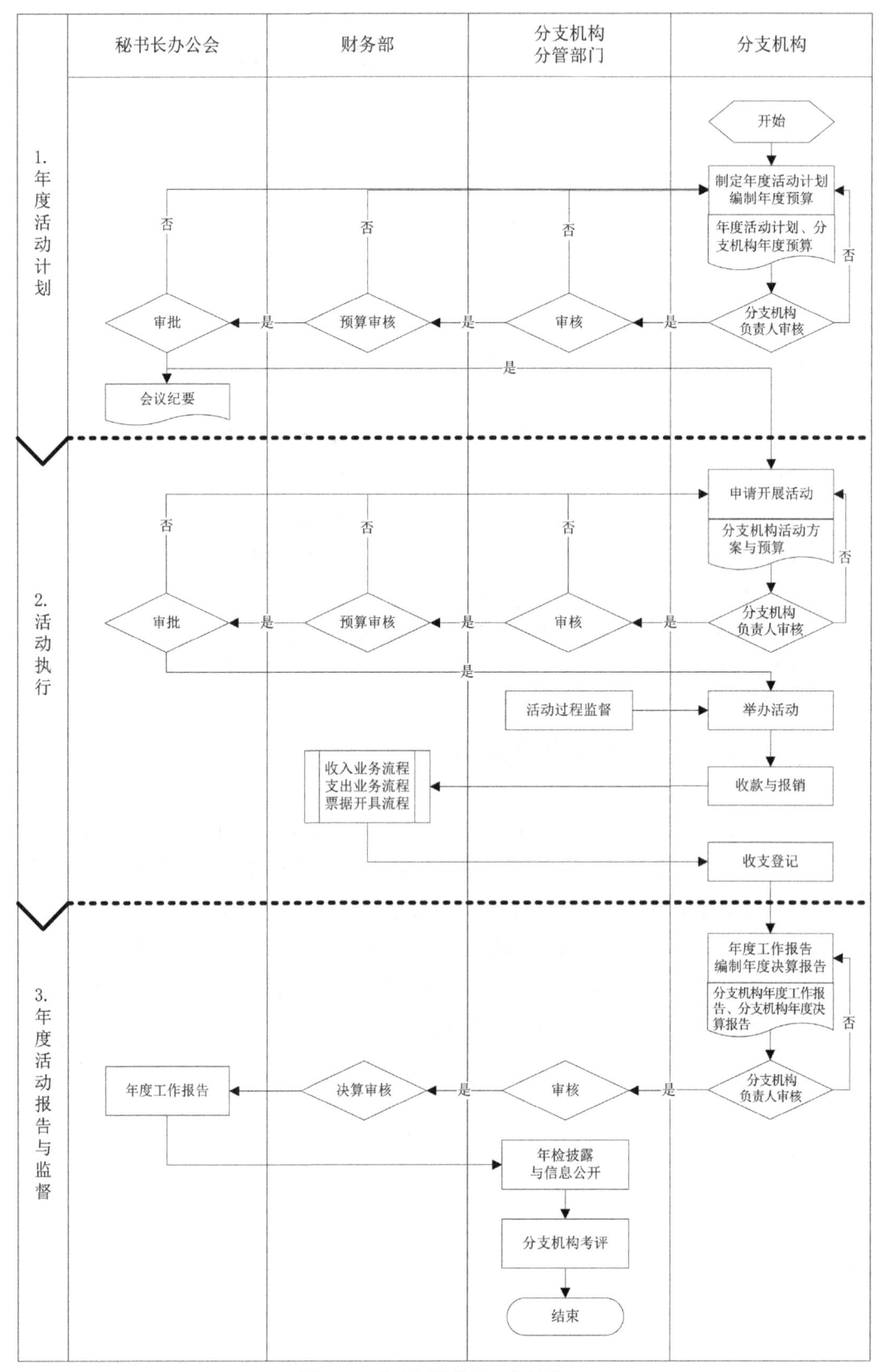

图 3-5　分支机构收支业务流程图

三、分支机构业务环节风险点分析矩阵

业务环节	业务流程	涉及单据	责任部门	风险点	控制措施
年度活动计划	1. 制定年度活动计划、编制年度预算 2. 分支机构负责人审核	分支机构年度活动计划及年度预算	分支机构	1. 分支机构举办活动随意，脱离学会预算管理。	1. 分支机构应全面梳理年度工作安排，制定分支机构年度活动计划及年度预算，分支机构的预算纳入学会全面预算，分支机构负责人对年度活动的规范性和预算的完整性负责。
	3. 审核		分支机构分管部门	2. 活动超出学会章程规定的宗旨和业务范围。	2. 分支机构分管部门应当审核分支机构开展的活动是否符合学会章程规定的宗旨和业务范围。
	4. 预算审核		财务部	3. 分支机构年度预算不得到控制。	3. 财务部应当审核分支机构编制的年度活动计划及年度预算的相关性、合理性和可行性。
	5. 审批		秘书长办公会	4. 年度活动计划业务流程是否得到控制。 5. 重要事项的集体审议缺少留痕。 6. 分支机构未经学会授权开展活动。	4. 财务部应当审核相关责任部门是否已履行必要审核程序，责任人签字是否齐全。 5. 秘书长办公会应当将分支机构年度活动计划及年度预算的审议过程讨论和结果形成会议记要，并统一归档。 6. 分支机构年度活动计划及年度预算经秘书长办公会审批后生效，分支机构经学会授权后开展年度活动。
活动执行	6. 申请开展活动 7. 分支机构负责人审核	分支机构活动方案与预算	分支机构	7. 学会不了解分支机构各项活动的具体情况，无法实施监管。 8. 禁止关联交易。	7. 分支机构在开展每项活动前应提交分支机构活动方案与预算，用于记录活动时间、地点、规模、收费标准、预算收支等，分支机构负责人对活动的规范性和预算的完整性负责。 8. 分支机构开展经营服务性活动时，不得转包或者委托与分支机构负责人有直接利益关系的个人或者组织实施。

续表

业务环节	业务流程	涉及单据	责任部门	风险点	控制措施
	8. 审核		分支机构分管部门	9. 分支机构私自开展合作、私自签订合同。10. 向承办方或者协办方收取相应费用。11. 活动涉及评比达标表彰的违规风险。12. 利用党政机关名义举办活动牟利。13. 活动违规收费，存在强拉赞助行为。	9. 分支机构开展活动需要签订经济合同的，应由学会统一签署并加盖学会公章（或合同专用章），应当学会授权或批准，未经学会授权或批准，分支机构不得以分会名义与其他民事主体开展合作活动；分支机构不得办会办刊与承办活动形式的经济合同。10. 分支机构委托其他组织承办或者协办方或收取任何形式的收费的，应加强对活动的主导和监督，不得向承办方或者协办方收取任何费用或变相收取费用。11. 分支机构不得在活动中开展评比类达标表彰。12. 分支机构举办大型学术交流活动，不得利用党政机关名义举办，不得利用与收费挂钩的品牌推介、成果发布、论文发表等活动。13. 属于收费活动的，分支机构分管部门应审核收费方式是否合法，是否存在强拉赞助情形。范围、标准，并判断收费方式是否合法。
	9. 预算审核		财务部	14. 活动收支预算偏离活动方案，预算编制不合理、不科学。	14. 财务部应当审核分支机构活动方案与预算，按照活动方案预算支出项目，依据学会费用支出标准和要求，从严控制活动成本，努力提高活动资金使用效益。
	10. 审批		秘书长办公会	15. 举办活动请示业务流程是否得到控制。	15. 秘书长办公会应当审核审批相关责任部门是否已履行必要审核程序，责任人签字是否齐全。
	11. 举办活动 12. 活动过程监督		分支机构、分支机构分管部门	16. 活动实际执行偏离已批复的活动方案。	16. 分支机构按审批后的活动方案执行；分支机构分管部门应加强对活动的全过程监督，确保活动开展的实际情况与活动方案相符。

续表

业务环节	业务流程	涉及单据	责任部门	风险点	控制措施
	13. 收款与报销		分支机构	17. 活动收入未全部计入学会账簿。	17. 学会应将分支机构全部收支纳入学会账户统一管理，统一核算，不得自行截留会费收入和捐赠收入，不得计入其他单位、组织或个人账户。
	14. 执行收入业务流程和票据开具流程				
	15. 收支登记		分支机构	18. 分支机构日常收款与报销未进行登记。	18. 分支机构应将活动的收款情况与支出报销情况逐笔登记，定期与学会财务部核对。
年度活动报告与监督	16. 年度工作报告、编制年度决算报告 17. 分支机构负责人审核	分支机构年度工作报告、分支机构年度决算报告	分支机构	19. 分支机构缺少年度工作总结和决算报告。	19. 分支机构年终应对全年工作情况进行总结，对全年预算完成情况进行分析，编制分支机构年度工作报告和分支机构年度决算报告，分支机构负责人对报告的真实性和完整性负责。
	18. 审核		分支机构分管部门	20. 缺少对分支机构全年活动计划完成率的监督与分析。	20. 分支机构管理部门负责审核分支机构年度工作报告，并结合分支机构年度活动计划，对分支机构全年工作完成情况和取得的社会效益进行分析。

续表

业务环节	业务流程	涉及单据	责任部门	风险点	控制措施
	19. 决算审核		财务部	决算金额与财务账不符。	21. 财务部应当审核分支机构年度决算报告中的决算金额是否与财务记录相符，确保决算数字真实准确。
	20. 年度工作报告		秘书长办公会	重大活动接受严格监管。	22. 分支机构年度活动中属于学会重大学术交流活动的，应履行大型学术活动报告流程，接受登记管理机关、业务主管单位、纪检监察部门和审计机关的监督检查，并在年度工作报告中作为重大业务活动事项报告。
	21. 年检披露与信息公开		分支机构分管部门	分支机构信息公开内容不完整、不及时。	23. 学会应当在年度工作报告中将其分支机构、代表机构的名称、负责人、住所、设立程序、开展活动等有关情况报送业务主管单位，接受年度检查，不得弄虚作假。同时，应当将上述信息及时向社会公开，自觉接受社会监督。
	22. 分支机构考评	分支机构绩效考评指标体系		24. 未建立分支机构考核评估体系，可能导致分支机构运营结果不理想。	24. 建立分支机构考核评估体系。学会应当制定分支机构考核评估办法，明确规定考核评估的对象、指标、程序、期间，以及奖惩原则等内容。学会应当定期组织实施分支机构考核评估，确保分支机构有效完成年度目标和计划。

第四节　财政项目资金的内控制度建设

承接财政项目，是提升学会公共服务能力，强化科技公共服务产品供给的重要方式。同时，财政项目资金的规范使用考验着学会预算、支出、票据等多项管理能力，制定一套行之有效的财政项目资金内控制度，对项目顺利结项起到至关重要的作用。

一、财政项目资金内控概述

（一）认识财政项目

财政项目指中央财政安排中央和国家有关部门完成公共服务和事业发展目标的项目，不含基本建设类、转移支付类项目。学会从中国科协机关各部门、各直属事业单位承接的项目均为财政项目，可以分为资助类项目和采购类项目。

资助类项目是指中国科协项目实施部门（单位）主要通过申报评审等方式，支持学会等相关单位开展相关业务活动、提供公共服务等事项的财政项目，该类项目事权是以受资助单位为主的共同事权。

采购类项目是指中国科协项目实施部门（单位）通过公开招标、竞争性磋商、申报评审等竞争性方式，向相关单位采购货物、服务和工程等事项的财政项目，该类项目事权为中国科协事权。来自中国科协机关本级的政府购买服务项目均属于采购类项目。

（二）财政项目资金的管理要求

1. 资助类项目的管理要求

学会承接资助类项目，收到项目资金时应按规定记入政府补助收入科目，无需开具发票。项目内容发生重大调整的，学会应向中国科协项目实施部门（单位）履行报批手续。项目内预算调整的，学会应报经中国科协项目实施部门（单位）同意，在结项验收时做出说明。项目资金需要结转的，学会应向中国科协项目实施部门（单位）履行报批手续。项目资金结余的，应按规定及时交由中国科协上缴国库。

学会承接资助类项目，应按照国家和中国科协有关项目管理规定，以项目任务书为依据，接受中国科协项目实施部门（单位）对项目实施成果、项目资金使用情况进行"双验收"。

2. 采购类项目的管理要求

学会承接采购类项目，收到项目资金时应按规定记入提供服务收入科目（或商品销售收入科目等），且须开具相应发票。对学会来讲，采购类项目不涉及项目内预算调整、项目资金结转、项目资金结余等情况。

学会承接采购类项目，应按照国家和中国科协有关项目管理规定，以项目合同书为依据，接受中国科协项目实施部门（单位）对学会交付货物、提供服务、完成施工等相关履约情况进行验收。除项目合同书有明确约定外，履约验收时一般不对项目资金使用情况进行审验。

3. 项目资金使用范围的禁止性规定

学会承接中国科协财政项目，包括资助类和采购类项目，项目资金中不得列支以下支出：

（1）应纳入财政预算单位基本支出预算开支的各项费用。

（2）中国科协机关各部门、各直属事业单位在职的编制内人员的劳务费（不含稿酬、讲课费）。

（3）罚款、还贷、捐赠、赞助、对外投资等费用。

（4）应列支基建支出的费用。

（5）与项目实施无关的费用。

（6）不得列支本学会工作人员薪酬（仅限资助类项目）。

（7）国家财政财务规定不能列支的其他费用。

（三）财政项目资金资金内控应遵循的原则

学会开展财政项目资金内部控制，应遵循以下原则：

1. 专款专用原则。财政项目资金只限用于批复的项目，按项目实施方案规定用途使用，专款专用，不得挤占、挪用、截留和滞留财政项目资金。

2. 专账管理原则。学会应按项目名称设置项目明细账，对财政项目资金施行专账管理，单独核算项目收入与支出，不得与其他项目收支混淆记账。

3. 预算控制原则。申请财政项目资金应根据项目实施方案编制项目预算，取得资金后应严格按照预算范围使用，避免超预算支出情形。

二、财政项目资金业务流程

财政项目资金业务流程包括项目立项、项目实施和项目监督三个业务环节，具体可以细分为立项申请与审批、签订项目委托书、收款确认与记账、项目执行、支出报销与记账、项目执行进度反馈、项目结项申请与审批、项目绩效评价、资料归档。内控涉及部门包括申请项目的业务部门、财务部和秘书长办公会。具体业务流程如图 4-1 所示。

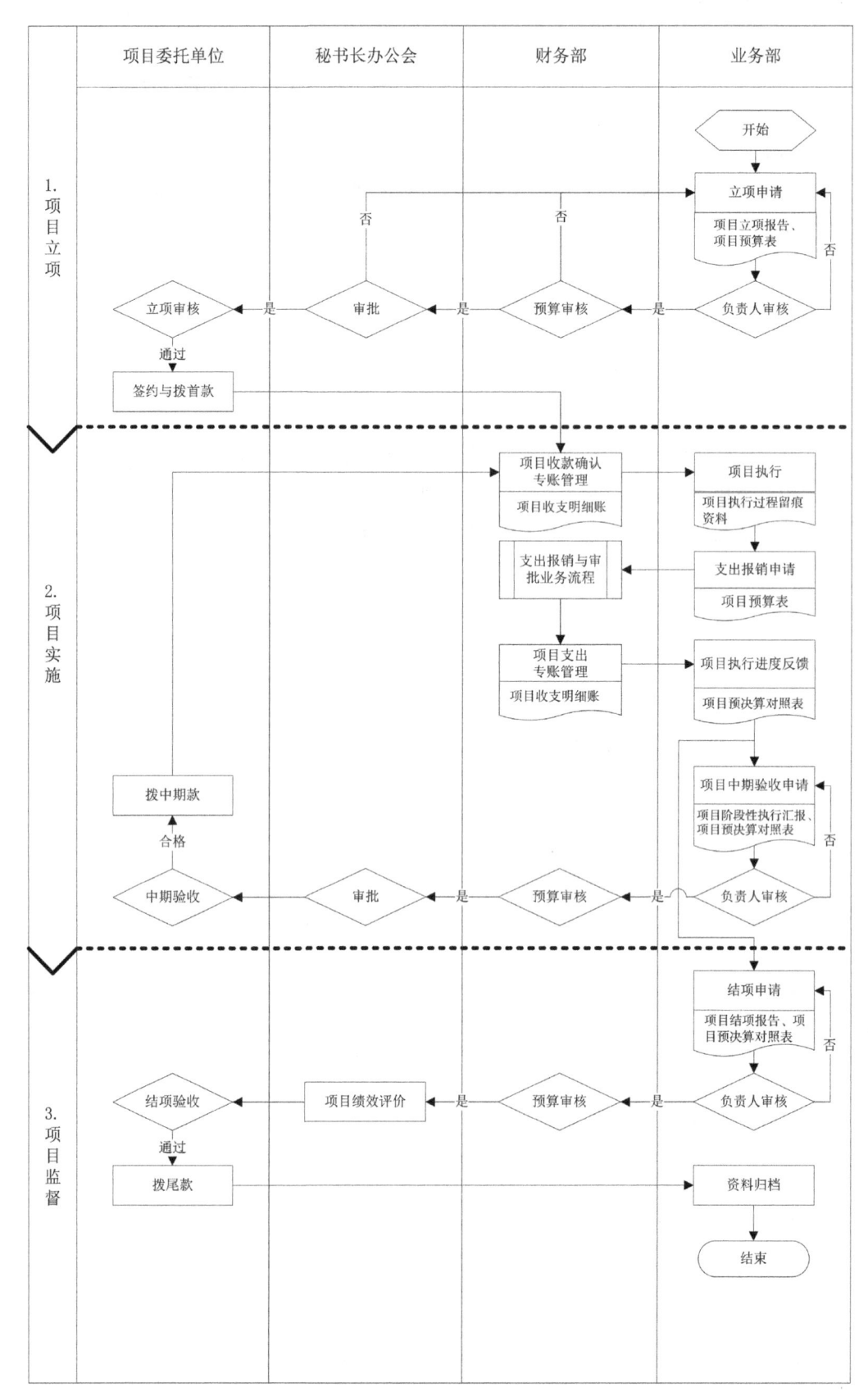

图 4-1 财政项目资金业务流程图

三、财政项目资金业务环节风险点分析矩阵

业务环节	业务流程	涉及单据	责任部门	风险点	控制措施
项目立项	1. 立项申请 2. 负责人审核	项目立项报告、项目预算表	业务部	1. 项目立项盲目，未进行前置论证。 2. 项目管理缺少流程控制，导致项目管理混乱。	1. 业务部门在项目立项前，应结合任务要求评估自身执行能力，进行充分的可行性论证。部门负责人对论证结果进行审核并负责。 2. 业务部门提出立项申请，编写项目立项报告和项目预算表，立项依据，项目任务、项目宗旨、资金用途、项目组织实施方式等内容，项目预算表至少应包括项目支出项目、数量、预算金额，计价依据等内容。部门负责人对上述填报内容进行审核并负责。
	3. 预算审核		财务部	3. 财务人员未参与预算编制，导致预算与实际执行差距过大。 4. 编制预算时未考虑项目资金不得列支内容，导致立项审核失败。	3. 业务部门编制项目预算表时应与财务部充分沟通，预算应坚持紧密联系实际执行，根据项目实施方案细分工作事项，列明将要发生的费用事项，依据项目委托单位发布的费用支出标准，编制项目预算。 4. 学会应在项目管理制度中明确项目资金不得支出的费用范围，财务部在预算审核时应重点关注。
	4. 审批		秘书长办公会	5. 项目立项依据不足，或偏离学会宗旨、业务范围与中长期战略目标。	5. 秘书长办公会应审核项目立项依据是否充分，项目应符合学会章程规定的宗旨和业务范围，满足学会中长期战略发展目标的实现。
	5. 提交项目委托单位立审审核，审核通过，签订项目委托书，拨付首期项目款。				

续表

业务环节	业务流程	涉及单据	责任部门	风险点	控制措施
项目实施	6. 项目收款确认、专账管理	项目收支明细账	财务部	6. 收款确认不及时，可能导致项目执行延误。7. 项目收入未实施专账管理，或核算科目有误。	6. 财务部收到项目委托单位拨付的项目款后，应及时通知相关业务部门，做好收款确认工作。7. 学会承接资助类项目、学会承接采购类项目、收到项目资金时应按规定记入政府补助收入科目（或商品销售收入科目等），且须开具相应发票，无需开具发票、收到项目资金时应按规定记入提供服务收入科目。
	7. 项目执行	项目执行过程留痕资料		8. 项目执行偏离项目实施方案，导致资金未能专款专用。9. 不重视执行过程留痕资料的日常收集，导致验收压力过大。	8. 业务部门应严格按照项目委托书规定的项目任务和工作计划执行，确保项目资金的专款专用。9. 业务部门应对标项目任务书规定的验收要求，在执行项目过程中应随时收集项目执行过程中留痕资料。
	8. 支出报销申请	项目预算表	业务部	10. 支出报销脱离预算监控，可能导致超预算支出。	10. 业务部门提交项目支出报销申请时，应附送项目预算表，确保支出事项与金额不超预算范围。
	9. 执行"支出报销与审批业务流程"			风险点与控制措施参考相关业务流程。	
	10. 项目支出专账管理	项目收支明细账	财务部	11. 项目支出未实施单独核算、专账管理，导致项目资金专款专用的依据不足。	11. 财务部应按项目名称设置辅助核算，对项目的各项支出实施单独核算，专账管理，确保项目资金专款专用，为项目资金专款专用提供监控数据支撑。
	11. 项目执行进度反馈	项目预算决算对照表	财务部 业务部	12. 项目执行进度缺少定期监控，可能导致项目执行质量降低。	12. 财务部应定期生成项目预算决算对照表反馈给业务部门，方便其掌握项目资金使用情况，把控项目完成进度。

续表

业务环节	业务流程	涉及单据	责任部门	风险点	控制措施
	12. 项目中期验收申请 13. 负责人审核	项目阶段性执行报告、项目预决算对照表	业务部	13. 中期验收未达标，导致项目执行失败。	13. 业务部门应提前做好项目中期验收准备工作，严格对照项目任务书规定的工作步骤和验收要求，编写项目阶段性执行报告和项目预决算对照表，部门负责人对上述填报内容进行审核并负责。
	14. 预算审核	项目预决算对照表	财务部	14. 项目预决算对照表中的决算金额与财务数据保持一致。	14. 财务部应将项目预决算对照表中的决算金额与项目收支明细账中的支出总额进行核对，确保账表相符。
	15. 审批		秘书长办公会	15. 各责任部门是否履行了相应职责。	15. 秘书长办公会应当审核相关责任部门是否已履行必要审核程序，责任人签字是否齐全。
	16. 项目委托单位中期验收，验收合格拨付中期项目款				
	17. 结项申请 18. 负责人审核	项目结项报告、项目预决算对照表	业务部	风险点和措施参考中期验收。	
	19. 预算审核		财务部		
项目监督	20. 项目绩效评价		秘书长办公会	16. 项目缺少绩效评价。	16. 学会应定期对项目的管理规范、目标设定、实施过程、资金管理、投入产出、任务完成、实施效果等进行全面评价。
	21. 项目委托单位结项验收，验收合格拨付项目尾款				
	22. 资料归档		业务部	17. 项目资料档案缺乏整理，未建立学会项目库。	17. 学会应建立项目库管理机制。学会应结合自身业务特点和发展需要，合理设置项目库，通过项目库储备项目，并按照轻重缓急进行排序，实施动态管理和年度同滚动管理。

第四章 资产内控制度建设

第一节 资产内控概述

一、认识资产

资产是学会实现宗旨和开展业务活动的基础。《民间非营利组织会计制度》将资产定义为：过去的交易或者事项形成并由民间非营利组织拥有或者控制的资源，该资源预期会给民间非营利组织带来经济利益或者服务潜力。其中，经济利益表现为现金及现金等价物的流入，或者现金及现金等价物流出的减少。服务潜力是指民间非营利组织利用资产提供产品和服务以履行组织职能的潜在能力。

资产按其流动性分为流动资产、长期投资、固定资产、无形资产和受托代理资产等。其中，流动资产是指预期可在1年内（含1年）变现或者耗用的资产，主要包括现金、银行存款、短期投资、应收款项、预付账款、存货、待摊费用等。长期投资是指除短期投资以外的投资，包括长期股权投资和长期债权投资等。固定资产是指民间非营利组织为行政管理、提供服务、生产商品或者出租目的而持有的，预计使用年限超过1年，单位价值较高的有形资产。无形资产是指民间非营利组织为开展业务活动、出租给他人、或为管理目的而持有的且没有实物形态的非货币性长期资产，包括专利权、非专利技术、商标权、著作权、土地使用权等。受托代理资产是指民间非营利组织接受委托方委托，从事受托代理业务而收到的资产。

学会的资产详细分类如表 4-1 所示。

表 4-1 学会资产类别

资产类别		资产科目代码及名称	定义
流动资产	货币资金	1001 库存现金	货币资金包括库存现金、银行存款及其他货币资金合计数。
		1002 银行存款	
	应收及预付	1121 应收账款	应收款项是指民间非营利组织在日常业务活动过程中发生的各项应收未收债权，包括应收票据、应收账款和其他应收款等。预付账款是指民间非营利组织预付给商品供应单位或者服务提供单位的款项。
		1122 其他应收款	
		1141 预付账款	
	存货	1201 存货	存货是指民间非营利组织在日常业务活动中持有以备出售或捐赠的，或者为了出售或捐赠仍处在生产过程中的，或者将在生产、提供服务或日常管理过程中耗用的材料、物资、商品等。
	待摊费用	1301 待摊费用	待摊费用是指民间非营利组织已经支出，但应当由本期和以后各期分别负担的、分摊期在 1 年以内（含 1 年）的各项费用，如预付保险费、预付租金等。待摊费用应当按其受益期限在 1 年内分期平均摊销，计入有关费用。
非流动资产	长期投资	1401 长期股权投资	长期投资是指除短期投资以外的投资，包括长期股权投资和长期债权投资等。
		1402 长期债权投资	
	固定资产	1501 固定资产	固定资产是指同时具有以下特征的有形资产：（一）为行政管理、提供服务、生产商品或者出租目的而持有的；（二）预计使用年限超过 1 年；（三）单位价值较高。
	无形资产	1601 无形资产	无形资产是指民间非营利组织为开展业务活动、出租给他人或为管理目的而持有的且没有实物形态的非货币性长期资产，包括专利权、非专利技术、商标权、著作权、土地使用权等。

二、资产内控的范围

结合学会资产分类和相关法律法规对学会资产内控要求,本指引将从货币资金内控、实物资产内控、无形资产内控、投资内控、债权内控五个方面来帮助学会梳理资产内控主要风险点和控制措施,完善资产内控制度,构建学会资产内控的范围。见图4-1所示。

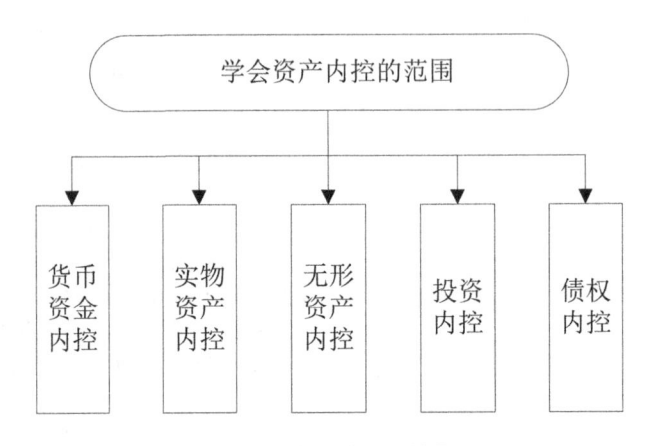

图 4-1 学会资产内控的范围

资产内控作为学会整体内控的重要组成部分,具有举足轻重的地位。具体而言,资产中的货币资金体现的是学会的资金流,实物资产体现的是学会的实物流,无形资产体现的是学会的权利流,投资体现的是学会的投资流,债权体现的是学会的债权流,这"五流"共同驱动着学会的经济业务运行,学会通过加强"五流"控制,合理配置各项资产,可以有效提高学会资产管理水平,杜绝资产的损失和浪费,实现资产的保值增值。

三、资产全过程内控框架

资产的过程控制可以分为资产配置、资产使用、资产处置、资产清查和资产报告。其中资产使用包含了资产使用产生的收入和对外投资。学会资产全过程内控框架,如图4-2所示。

```
                    ┌─────────────────────────┐
                    │  学会资产全过程内控框架  │
                    └─────────────────────────┘
                                 │
        ┌──────────────┐    ┌──────────┐    ┌──────────────────────┐
        │              │    │ 资产配置 │───▶│ 建立资产配置标准体系 │
        │              │    └──────────┘    └──────────────────────┘
        │              │         │
        │              │    ┌──────────┐    ┌──────────────────────┐
        │              │    │ 资产使用 │───▶│ 落实资产管理主体责任 │
        │              │    └──────────┘    └──────────────────────┘
        │              │         │
        │              │         │          ┌──────────┐
        │              │         ├─────────▶│ 资产收入 │
        │  优化        │         │          └──────────┘
        │  配置        │         │          ┌──────────┐
        │              │         ├─────────▶│ 对外投资 │
        │              │         │          └──────────┘
        │              │         │
        │              │    ┌──────────┐    ┌──────────────────────┐
        │              │    │ 资产处置 │───▶│ 科学评估防止资产流失 │
        │              │    └──────────┘    └──────────────────────┘
        │              │         │
        │              │    ┌──────────┐    ┌──────────────────────┐
        │              │    │ 资产清查 │───▶│ 定期清查确保资产安全 │
        │              │    └──────────┘    │         完整         │
        │              │         │          └──────────────────────┘
        │              │    ┌──────────┐    ┌──────────────────────┐
        └──────────────┴───▶│ 资产报告 │───▶│ 全面反馈资产管理情况 │
                            └──────────┘    │        及问题        │
                                            └──────────────────────┘
```

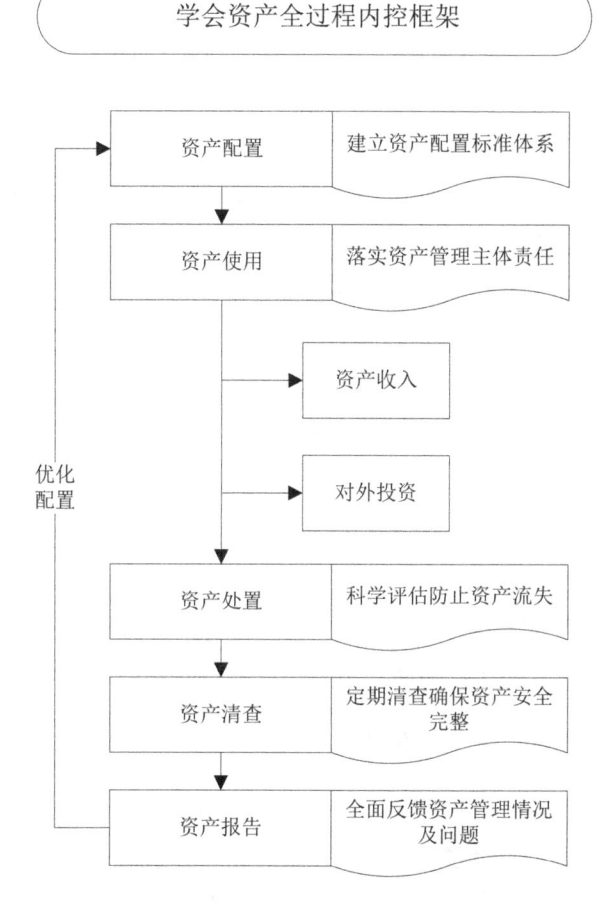

图 4-2　学会资产全过程内控框架

（一）资产配置：建立资产配置标准体系

资产配置既是学会运营的起点，又是未来运营中将长期面对且不断调整的管理过程。学会登记成立需要注册资金，这是学会的第一笔资产，但只有资金还不足以实现学会的办会宗旨和使命。所谓"工欲善其事，必先利其器"。学会要想顺利开展活动，还需要将资金转化为资产，如办公设备、办公家具的固定资产和财务核算软件的无形资产。资产配置应当以科学、合理地支撑学会履行职能和促进事业发展为目标，以资产功能与学会职能相匹配为基本条件，坚持厉行节约、合理高效的配置原则，结合学会财力情况，在充分论证的基础上，采取购置、租赁等方式进行配置。经过一段时间的管理实践，学会应当建立一个符合本学会自身需求的资产配置标准体系，控制资产超标准配置、资产低效运转或长期闲置现象。

(二) 资产使用：落实资产管理主体责任

学会应加强资产使用管理，落实资产管理主体责任制，完善各项资产使用管理制度，明确资产使用管理的内部流程、岗位职责和内控制度，切实提高学会资产使用效率。学会资产使用应重点关注资产使用取得的收入和对外投资两个方面：

1. 学会资产使用应符合章程规定的宗旨和业务范围。使用资产取得的收入应全部纳入学会法定账户统一管理，严格执行"收支两条线"政策，严禁账外建账或坐收坐支，杜绝"小金库"。学会所属分支机构的全部收入同样应全部纳入学会账户统一管理、统一核算，不得计入其他单位、组织或个人账户。

2. 学会对外投资必须严格履行内部审批程序，将投资项目可行性研究或专家论证作为前置程序，加强投资风险控制和投资过程中的跟踪管理。

(三) 资产处置：科学评估防止资产流失

学会资产处置应当按照公开、公平、公正原则进行，并履行学会章程和资产管理办法规定的程序。学会发生资产出售、转让、置换或利用非货币性资产对外投资时，应委托评估机构对资产进行评估。

(四) 资产清查：定期清查确保资产安全完整

资产清查是加强学会资产管理的重要措施，能够真实反映资产的使用状态和管理状况，保障资产的安全、完整。学会应当定期清查盘点资产，清查资金挂账，确保账实相符。财务部与资产管理部门应定期对账，发现不符的，应当及时查明原因，并按相关规定处理。

(五) 资产报告：全面反馈资产管理情况及问题

理事会通过财务年度报告掌握学会的财务情况，资产报告作为财务年度报告的组成部分，全面反馈学会的资产规模、资产状况和资产使用状态，为管理机构优化资产配置提供决策依据。

第二节　货币资金内控制度建设

货币资金是最活跃、流动性最强的一项资产，是重要的支付手段。货币资金被誉为学会生存发展的"血液"，体现着学会的竞争实力和可持续发展能力。资金监控不严，容易让学会陷入财务危机，成为舞弊的目标，向来是资产管理漏洞的"重灾区"。学会应充分重视货币资金的内部控制，有效管控资金活动，防范资金风险，维护资金安全，提高资金使用效率。

一、货币资金内控概述

（一）认识货币资金

货币资金是指学会拥有的，以货币形式存在的资产。货币资金包括库存现金、银行存款和其他货币资金。为保障正常的运营，学会必须拥有一定数量的货币资金，以便满足采购资产、购买服务、缴纳税金、发放工资等需要同时，学会通过对外服务实现销售又收回货币资金，这种周而复始的流转过程称为货币资金流转。资金流转过程一旦停滞，资金运转链条断裂，学会立刻陷入财务危机。

（二）货币资金内控的目标

学会货币资金内部控制建议围绕以下目标的实现进行设计：

1. 安全性。借助完善的内部控制，确保货币资金的安全，预防被盗、诈骗和挪用风险。

2. 完整性。收到的货币资金全部入账，预防私设"小金库"等侵占学会收入的违法行为发生。

3. 真实性。货币资金收付业务以真实的业务发生为基础，不得凭空付款或收款，支出严格履行授权分级审批制度。

4. 合法性。货币资金的收支要依法办理，业务行为符合国家财经法规要求。

5. 效益性。合理调度货币资金，提高资金使用效益。

二、货币资金内控主要风险

（一）货币资金管理体系风险

1. 货币资金内控制度缺失，导致管理缺乏依据和标准。

2. 货币资金内控制度不完善或不具操作性，缺少流程梳理、风险提示和控制措施，导致货币资金业务操作不规范，管理流于形式。

3. 货币资金管理岗位设置不合理，收付款、记账、对账等不相容岗位未有效分离，没有形成互相制约和监督，可能导致错误和舞弊，甚至公款被挪用的风险。

4. 货币资金管理岗位未明确各自的职责和权限，导致权责不清，互相推诿。

5. 管理人员不具备专业胜任能力，或专业培训不足，导致无法识别和有效防范业务活动中的潜在风险。

6. 印章管理松散，存在私刻印章、出借印章、印章缺少专人管理、未经批准私自加盖印章等情形，导致法律风险或经济纠纷。

7. 货币资金收支业务记录不准确、不完整，导致财务账实不符、财务信息失真。

（二）货币资金支付风险

1. 货币资金支付缺少审批流程，导致资金被侵占、私分、挪用或贪污。

2. 重大货币资金支付未建立民主议事程序，导致理事长或秘书长"一支笔"审批。

3. 未建立授权审批机制，或机制不完善，审批人对授权审批的方式、权限、程序和责任不明确，导致货币资金支付未经审批或越权审批。

4. 审批人未掌握审批事项的风险点和控制措施，无法发现问题，导致审批过程流于形式。

（三）对账核查风险

1. 未定期和不定期对库存现金进行清查盘点，导致账实不符。

2. 未按月进行银行对账，并编制余额调节表，导致银行账面金额与银行对账单余额调节不符。

3. 对长期银行未达账项未及时查明原因，更正差错或追收款项，导致账款长期不符。

4. 未安排出纳以外人员对现金、银行进行定期和不定期核查，财务舞弊风险与日俱增。

5. 核查人员对白条抵库、公款私存、私借公款、"小金库"等重点风险领域不明确，导致核查流于形式。

（四）现金管理风险

1. 现金使用范围和限额不明确，导致违规使用现金或大额现金支出频现。

2. 现金收入坐支，或不入账，形成账外资金，导致"小金库"的滋生。

3. 以个人账户接收学会收入，或将学会资金存放在个人账户，导致公款私存。

4. 借学会保险柜存放私人物品，导致公私财产混淆。

（五）银行账户管理风险

1. 银行账户的设置、开立、变更和撤销缺少审批，形成大量违规账户，导致"小金库"的滋生。

2. 各银行账户功能不明确，资金存放随意，对账户缺乏动态监控，导致资金使用效率降低。

3. 长期不使用的银行账户未及时清理销户，长期不进行对账管理，导致银行账实不符。

三、货币资金内控应遵循的原则和具体措施

(一) 不相容职务相分离原则

货币资金业务要有严格的职务分离,不能由一人完成货币资金业务的全过程。货币资金管理的一个基本要求是钱账分离,保管资金的职位与资金记账的职位应由不同人员担任,即管钱的不能管账,管账的不能动钱,以减少和降低货币资金管理中发生舞弊的可能性。具体内容主要包括:

1. 会计不得兼任出纳,出纳不得兼管稽核、会计档案保管和收入、支出、费用、债权债务账目的登记工作。

2. 理事会(常务理事会)、监事会成员及其直系亲属不得担任或兼任会计人员;办事机构负责人及其直系亲属不得担任或兼任会计人员。

3. 会计机构负责人、会计主管人员的直系亲属不得担任出纳。

4. 支出申请和审批岗位应相互分离。

5. 严禁一人保管收付款项所需的全部印章,财务专用章应当由专人保管,个人名章应当由本人或其授权人员保管。

(二) 业务真实完整原则

货币资金收付业务以真实的业务发生为基础,不得凭空付款或收款。全部收入均应汇入学会法定账户,全部支出均从学会法定账户列支。具体内容主要包括:

1. 学会财务收支必须全部纳入单位法定账户,不得使用其他单位或个人的银行账户进行账务往来。

2. 学会分支机构不得开设独立的银行账户,以分支机构名义举办的会议、展览、培训等各类活动所发生的经费往来,必须纳入社会组织法定账户统一管理,不得进入其他单位或个人账户。

3. 学会不得少计收入或虚列支出,不得账外建账,不得设立"小金库"。

4. 学会不得出租或出借银行账户。

(三) 授权审批原则

货币资金的支付涉及学会经济利益流出，学会应当建立货币资金授权审批机制，明确授权范围和审批人的审批权限，属于重大资金支付的应履行民主程序，集体决策审批。重点审核经济活动及其相应的内部审批手续、票据等原始凭证的真实性、合规性、完整性、时效性。

(四) 及时记账原则

货币资金的凭证和账簿是反映学会资金流入和流出的信息源，如果财务人员登记现金日记账、银行日记账不及时或出现管理纰漏，很容易影响学会整体会计信息质量，导致会计信息失真，甚至造成学会资金损失。记账及时原则要求财务人员具体做到以下几点：

1. 出纳人员应根据审核无误的资金收付凭证，按经济业务发生的先后顺序逐日逐笔登记现金日记账，并做到日清月结，账款相符。

2. 会计人员根据相关凭证登记资金以外的明细账。

3. 财务负责人根据凭证汇总表登记总分类账。

(五) 内部稽核原则

实施内部稽核制度也是会计内部控制制度的重要一环，学会应当建立内部稽核制度，设置内部稽核岗位和人员，以加强对货币资金管理的监督，及时发现货币资金管理中存在的问题并予以改进。具体内容主要包括：

1. 出纳人员应每日对现金进行盘点，做到日清月结、账实相符，发现错误及时纠正。

2. 财务负责人应不定期组织人员对库存现金进行盘点检查，盘点现金实存数，同时编制库存现金盘点表，将盘点金额与当日现金日记账余额进行核对，如有差异，应及时查明原因，降低资金舞弊风险的发生。

3. 银行账户的开设和注销应由财务部办理，需提交财务负责人审核后报学会领导批准。

4. 按月编制银行余额调节表，对于未达账项要及时查明原因，并不断跟踪进展，避免长期未达账项的出现。

第三节　固定资产内控制度建设

固定资产因使用年限长、价值量高，在学会资产中往往占据较大比重，是资产管理的重点，其购置、使用、报废、处置都应当建立严格的内部控制流程，防范固定资产流失、被盗、非正常毁损等风险。

一、固定资产内控概述

（一）认识固定资产

固定资产，是指同时具有以下特征的有形资产：
1. 为行政管理、提供服务、生产商品或者出租目的而持有的。
2. 预计使用年限超过 1 年。
3. 单位价值较高。

固定资产一般包括房屋及建筑物、车辆、专用设备、电子设备、办公家具和用于展览、教育或研究等目的的历史文物、艺术品，以及其他具有文化或者历史价值并作长期或者永久保存的典藏等。

（二）固定资产内控的目标

固定资产一般价值较高，购置选择应当谨慎，且固定资产往往具有不可替代性和专用性，所以其管理的技术能力要求较强，需要专门部门和专职人员负责管理，并落实管理责任。固定资产内控的目标包括：

1. 建立健全固定资产管理体系，合理设置管理岗位，明确职责权限，不相容岗位相互分离。
2. 强化对固定资产购买、使用和处置等关键环节的管控。
3. 明确产权关系，保障固定资产的安全和完整。
4. 合理配置固定资产，物尽其用，提升资产使用效率。

（三）固定资产内控应遵循的原则

学会开展固定资产内部控制，应遵循以下原则：

1. 合法合规原则。固定资产的采购、验收、使用、处置等决策和审批程序符合相关法律法规要求。

2. "谁使用、谁保管、谁负责"原则。落实使用与保管责任,为固定资产建档立卡,定期清查与盘点,定期对账,做到家底清楚,账、卡、实相符,防止固定资产流失,保证资产安全完整。

3. 使用效率原则。定期追踪固定资产使用状态,对于未到使用年限而闲置的资产应及时查明原因,不断优化资产配置,提高资产使用效率。

二、固定资产业务流程

固定资产内控包括固定资产预算与请购、采购与领用、盘点与处置三个业务环节,具体可以细分为固定资产的预算、请购、采购、验收、付款、领用、使用、保管、盘点、报废、处置等业务流程,内控涉及部门包括使用固定资产的各个部门,负责资产归口管理的固定资产管理部门、财务部和秘书长办公会。具体如图4-3所示。

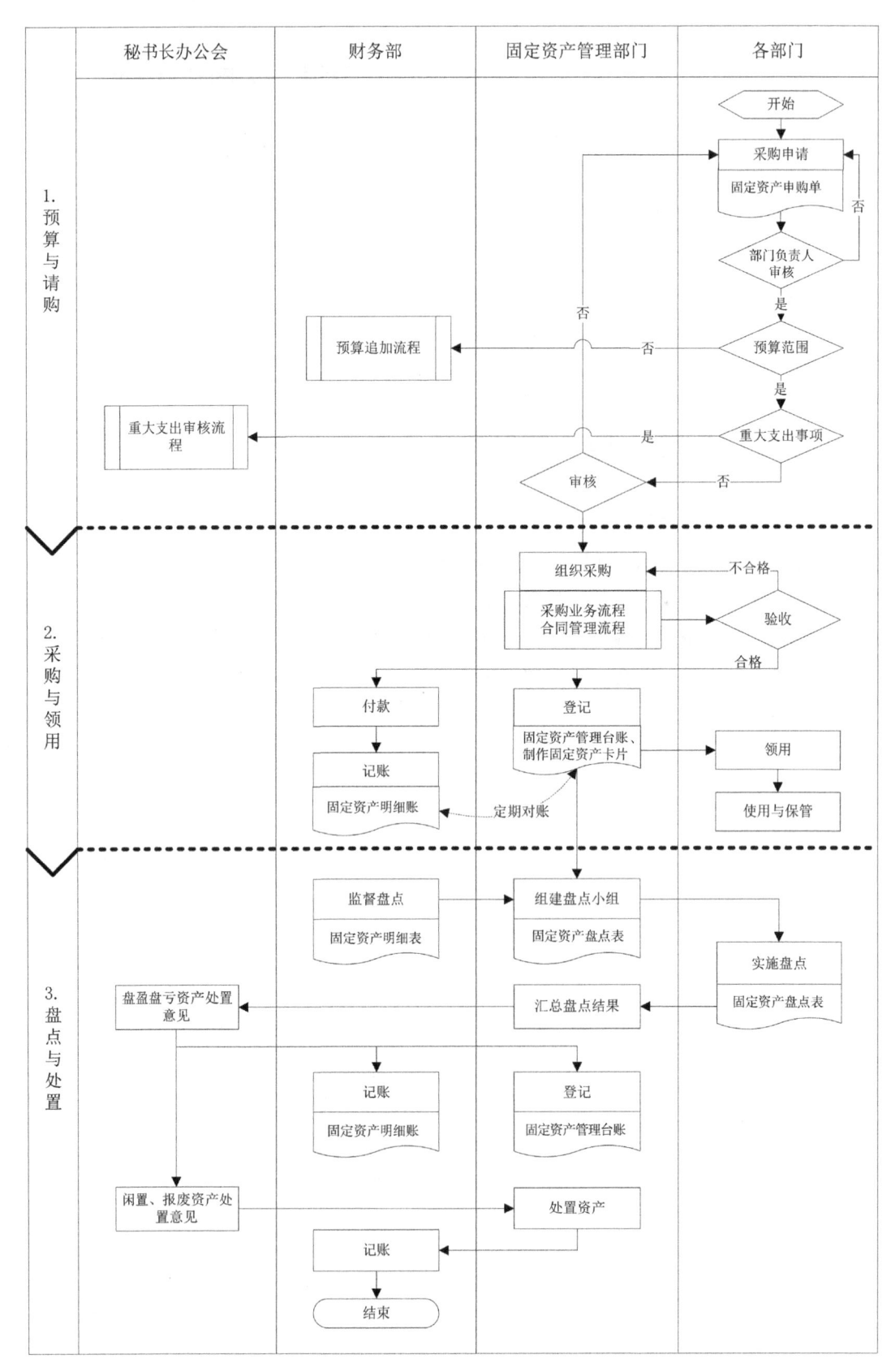

图 4-3　固定资产业务流程图

三、固定资产业务环节风险点分析矩阵

业务环节	业务流程	涉及单据	责任部门	风险点	控制措施
预算与请购	1. 采购申请 2. 部门负责人审核 3. 判断预算范围 4. 判断重大支出	固定资产申购单	各部门	1. 固定资产采购事项过程监控与控制留痕。 2. 固定资产采购缺少预算控制。 3. 重大采购缺少必要流程控制。	1. 各部门申请采购固定资产，应当编写固定资产申购单，作为采购事前审批记录，固定资产申购单应当列明采购资产名称、型号、数量、价格、资产用途、是否为年度预算范围等。 2. 实施全面预算的学会，部门负责人应当审核采购是否在年度预算范围内，未列入的应先履行预算追加流程。 3. 部门负责人应当判断支出是否属于重大支出事项，如属于应履行重大支出审核流程。
	5. 审核		固定资产管理部门	4. 非必要购买，导致资产闲置。	4. 固定资产管理部门应结合部门工作内容和资产配置情况，对固定资产采购申请进行购置必要性判断，确保物尽其用，避免资产闲置浪费。
采购与领用	6. 组织采购		固定资产管理部门	固定资产采购应执行采购业务流程。固定资产一般价值较高，采购时应签订合同管理流程。	固定资产采购应执行采购业务流程。固定资产一般价值较高，采购时应签订合同明确双方权利义务，执行合同管理流程。
	7. 验收		各部门	5. 采购资产缺少验收确认环节，可能导致购买了残次品。	5. 申请采购的资产使用部门应负责采购资产的验收，确保资产没有损坏，符合使用采购标准。

续表

业务环节	业务流程	涉及单据	责任部门	风险点	控制措施
	8. 付款 9. 记账	固定资产明细账	财务部	6. 供应商发票开具不规范，导致无法抵扣。 7. 固定资产记账不及时，导致资产账实不符。 8. 固定资产费用化，造成资产流失。 9. 未按月计提折旧，资产损耗成本，导致年度利润虚增。	6. 财务部应审核资产供应商发票的合规性，确保发票列式名称、型号与实物一致，验收合格后与供应商结清货款。 7. 已履行收货验收手续后供应的固定资产，其毁损灭失已转移到学会，应及时登记固定资产明细账。 8. 符合固定资产标准的，应计入"固定资产"科目，不得计入成本费用科目。 9. 财务部应预估资产残值率，按照各类资产的预设折旧年限，按月计提固定资产折旧。
	10. 登记	固定资产管理台账、固定资产卡片	固定资产管理部门	10. 固定资产管理部门缺少资产管理台账，缺少与财务部的勾稽核对。 11. 未建立固定资产卡片管理，盘点时可能导致同类资产无法辨认。	10. 固定资产管理部门应建立固定资产管理台账，登记内容包括资产名称、型号、资产状况等，固定资产管理部门应与财务部定期对账，发现不符的，应当及时查明原因，及时处理。 11. 固定资产管理部门应为每个固定资产建立信息卡片，并将卡片贴于固定资产方便辨认位置，固定资产卡片一经确认不得随意涂改、撤换。
	11. 领用		各部门	12. 缺少明确认环节，可能导致固定资产保管责任不清。	12. 资产登记完毕后，资产使用部门应向固定资产管理部门办理领用交接手续，明确资产的使用部门，使用人也承担相应资产的保管责任。
	12. 使用与保管			13. 固定资产因保管不善，操作不当，可能导致丢失、毁损等。	13. 资产使用部门应严格落实资产保管责任，遵守资产操作手册使用资产，除工作需要外，不应将资产私自带离学会，做好资产的日常维护和保养，确保资产正常使用寿命。

续表

业务环节	业务流程	涉及单据	责任部门	风险点	控制措施
盘点与处置	13. 组建盘点小组	固定资产盘点表	固定资产管理部门	14. 缺少定期盘点机制，导致资产使用效率不高。	14. 学会应当建立固定资产盘点机制，固定资产管理部门应组织财务部负责固定资产核算的人员，至少每年对固定资产实地盘点一次，摸清资产使用状况、资产新旧程度、资产数量，对固定资产盘点中发现的问题，应当查明原因，追究责任，妥善处理，确保账实相符。
	14. 监督盘点	固定资产明细表	财务部	15. 财务部缺少盘点，导致资产账实不符。	15. 财务部应编制固定资产明细表，与固定资产管理部门编制的固定资产盘点表进行账面核对，核对无误后实施盘点。
	15. 实施盘点	固定资产盘点表	各部门	16. 盘点过程缺少留痕记录。	16. 固定资产管理部门应将盘点情况详细记录于固定资产盘点表，记录内容包括资产状况、使用状态、盘盈盘亏数量及原因、监盘人、资产使用责任人应签字确认。
	16. 汇总盘点结果		固定资产管理部门	17. 资产盘点未形成结论，未及时汇报。	17. 固定资产管理部门应将盘点结果、资产使用情况，以及资产使用中存在的问题和建议，形成书面报告，上报秘书长办公会。
	17. 盘盈盘亏资产处置意见		秘书长办公会	18. 对盘盈盘亏资产缺少集体决议，财务核销无依据，导致资产长期账实不符。	18. 秘书长办公会应查明资产盘盈盘亏原因，追查相关人员责任，并及时提出处理意见。
	18. 记账	固定资产明细账	财务部	19. 记账不及时，导致年终账实不符。	19. 财务部根据秘书长办公会对盘盈盘亏资产的处置意见及时进行账务调整，确保账实相符。

续表

业务环节	业务流程	涉及单据	责任部门	风险点	控制措施
盘点与处置	19. 登记	固定资产管理台账、固定资产卡片	固定资产管理部门	20. 登记不及时，导致年终账实不符。	20. 固定资产管理部门根据秘书长办公会对盘盈盘亏资产的处置意见及时调整固定资产管理台账和固定资产卡片。
	20. 闲置、报废资产处置意见		秘书长办公会	21. 闲置资产未及时分析原因，追查责任，导致资金浪费。22. 已报废资产缺少集体决议，导致报废资产长期挂账。	21. 秘书长办公会应查明闲置资产的闲置原因，必要时追查责任，及时出具处置意见，整和优化资产配置。22. 秘书长办公会应对已报废资产及时出具处置意见，避免报废资产长期挂账。
	21. 处置资产		固定资产管理部门	23. 处置价格不合理或关联交易，导致资产流失。24. 资产处置收入不入账。	23. 固定资产管理部门应当加强固定资产处置的控制，关注固定资产处置中的关联交易和处置定价，防范资产流失。24. 固定资产管理部门应及时将资产处置中的变卖收入转交财务部进行账务处理。
	22. 记账		财务部	25. 资产处置销账不及时。	25. 资产处置完成后，财务部应及时冲销固定资产原值和累计折旧余额，支付的税金和费用再确认固定资产清理净损益，收益计入"其他收入"科目，损失计入"其他费用"科目。

第四节 无形资产内控制度建设

无形资产虽不具有实物形态，但往往具有较高价值，尤其自行研发的无形资产，研发过程中投入了大量的物力、人力和精力，国际技术型企业视其为核心竞争力，并制定严格的内控制度来加强管理。

一、无形资产内控概述

（一）认识无形资产

无形资产是指学会为开展业务活动、出租给他人，或为管理目的而持有的且没有实物形态的非货币性长期资产，包括专利权、非专利技术、商标权、著作权、土地使用权等。

（二）无形资产内控的目标

无形资产一般价值较高，但与固定资产不同的是不具有实物形态，通常表现为一种特殊权利。为保证无形资产的完整性、持续性和有效性，学会一般会承担与无形资产有关的维护费用，建立有效的约束和监督机制，规范学会无形资产管理，其内控目标如下：

1. 建立健全无形资产管理体系，合理设置管理岗位，明确职责权限，不相容岗位相互分离。

2. 无形资产投资项目经过周密系统的分析和研究，编制无形资产投资预算，实现集体决策和审批，确保无形资产投资科学、合理，防止决策失误。

3. 选择合理的无形资产取得方式，建立相应的请购和审批制度，加强验收管理，确保无形资产符合使用要求。

4. 加强无形资产权益保护，妥善保管相关文件资料，做好保密管理工作，确保无形资产的安全和完整。

5. 加强无形资产定期评估和及时更新，推动自主创新和技术升级。

6. 无形资产处置方式合理，处置价格经过恰当评估，防止学会资产流失。

7. 根据无形资产的特性，按照《民间非营利组织会计制度》正确核算无形资产成本，合理摊销，保证无形资产账目真实、准确和完整。

二、无形资产业务流程

无形资产内控包括无形资产的取得、使用与处置三个阶段，具体可以细分为无形资产的预算、合理配置、取得验收、合理使用、日常管理、定期评估、升级更新和处置等环节，涉及部门包括使用无形资产的各个部门，负责资产归口管理的无形资产管理部门、财务部和秘书长办公会。具体如图4-4所示。

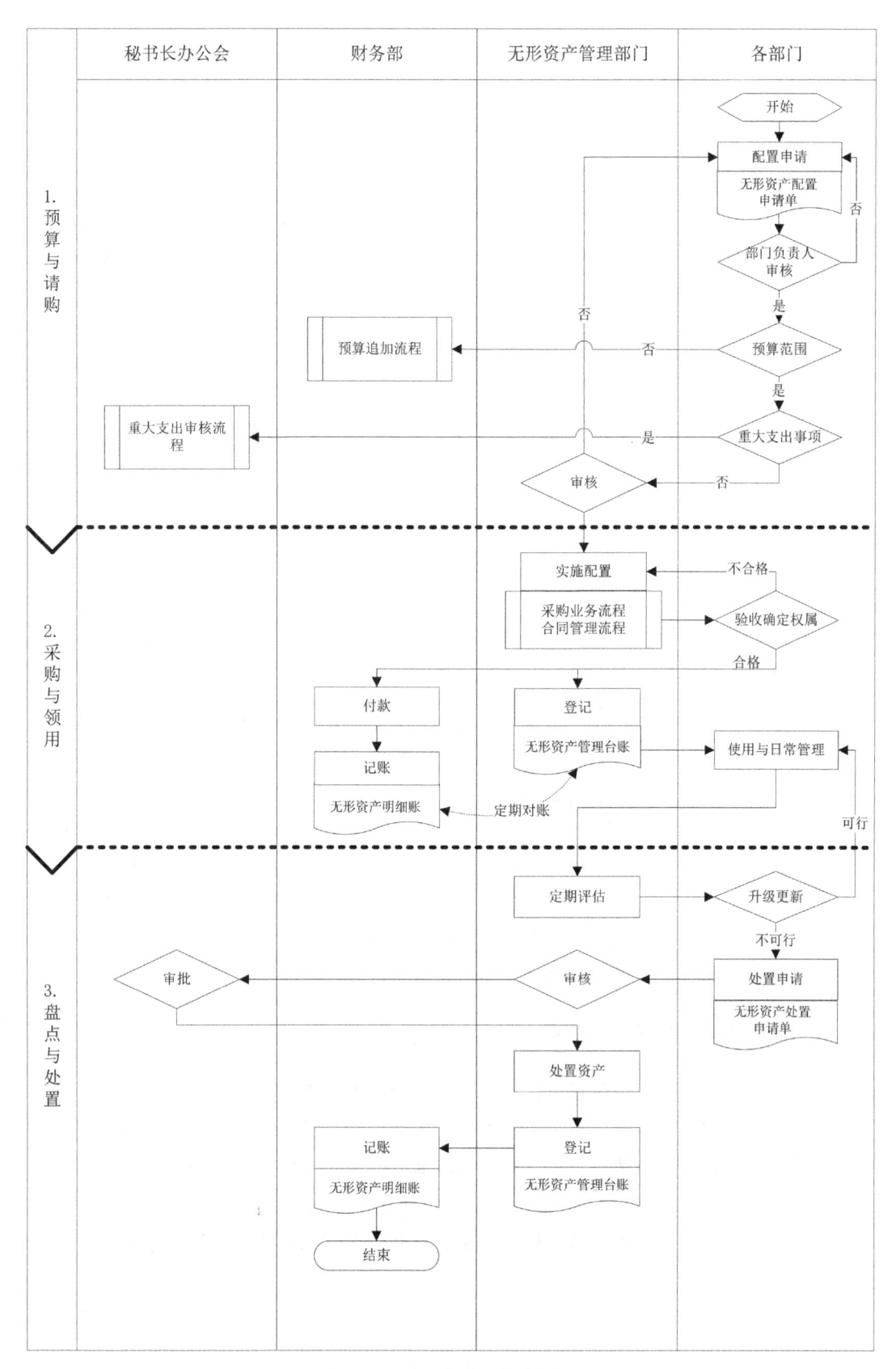

图 4-4　无形资产业务流程图

三、无形资产业务环节风险点分析

无形资产与固定资产的业务流程基本相似,业务环节的风险点和控制措施大体相同,相同处不再赘述,不同处关注以下几点:

(一) 无形资产权属关系的确认

无形资产取得的常见方式包括外购、自行研发、委托研发和接受捐赠等,无论哪种取得方式,学会应对交付使用的无形资产进行验收,确保无形资产符合使用要求,及时取得无形资产所有权的有效证明文件,明细无形资产的产权关系,避免日后发生产权、使用权等权利纠纷。

(二) 无形资产的保密措施

无形资产是一种权利或技术的特权所有,学会应制定无形资产保密管理规定,采取严格保密措施,特别是对无形资产各种文件资料进行妥善保管,避免记录受损、被盗和被毁的可能。重要资料不仅要有纸质备份,还应有电子备份,以便在遭受意外时能得以恢复。

(三) 无形资产价值的评估判断

无形资产不具有实物形态,其使用价值需要通过专业人员的评估加以判断,学会应定期对专利、专有技术类无形资产的先进性进行评估,对技术落后、使用价值不足的无形资产应考虑升级改造,对没有使用价值的无形资产应按规范流程及时处置。

(四) 无形资产的处置

无形资产投入价值相对较高,处置时应格外慎重。学会应明确无形资产处置的程序和审批权限,无形资产使用部门应详细说明处置原因,并提交无形资产处置申请单,无形资产管理部门应组织人员进行经济和技术鉴定,对于重大的无形资产处置,应委托具有资质的中介机构进行资产评估,确定合理的处置价格。最后由秘书长办公会对无形资产处置申请进行集体决议审批。

第五节　对外投资内控制度建设

学会参与的对外投资与企业逐利目的的对外投资的不同点在于，学会的财产不存在股东所有的概念，用于投资的财产一旦发生损失，该损失由谁承担？这是我国大多数学会不敢投资的症结，对外投资内控制度解决的就是投资流程规范性的问题。

一、对外投资内控概述

（一）认识对外投资

对外投资是指学会以货币资金、实物资产、无形资产等方式，或以购买股票、债券等有价证券的方式，向其他经济实体进行投资。对外投资分为短期投资和长期投资：短期投资是指能够随时变现并且持有时间不准备超过1年（含1年）的投资，包括股票、债券投资等；长期投资是指除短期投资以外的投资，包括长期股权投资和长期债权投资等。

（二）对外投资内控的目标

学会应当严格控制对外投资，在保证学会使命达成和事业发展的前提下，按照国家有关规定可以对外投资的，应将投资项目可行性研究或专家论证作为前置程序，履行相关审批程序，并纳入学会年度预算管理。具体包括：

1. 建立健全对外投资内控体系，合理设置管理岗位，明确相关岗位的职责权限，确保对外投资的可行性研究与评估、对外投资决策与执行、对外投资处置的审批与执行等不相容岗位相互分离。

2. 在国家相关法规规定范围内开展对外投资，确保对外投资活动合法合规；直接进行股权投资的，被投资方的经营范围应当与学会的宗旨和业务范围相适应。

3. 将投资财产的安全性放在首要位置，限定可用于投资的财产范围，明确不可投资或投资风险过高的领域或负面清单，在确保操作稳健、风险合理的基础上实现保值增值。

4. 建立投资决策控制机制，明确投资意向提出、可行性研究或专家论证，以及投资集体决策程序，确保投资行为的科学性、合理性，提高投资经济效益。

5. 建立对外投资项目档案，完整保存投资的论证、审批、管理和回收等过程资料，及对外投资相关权益证书。

6. 加强对外投资项目的跟踪管理，及时掌握被投资单位的经营状况、财务状况、对外投资的价值变动和投资收益情况，避免投资项目失去控制。

7. 规范对外投资账务核算，严格执行《民间非营利组织会计制度》，定期对账，编制合并会计报表，确保投资活动记录的正确与及时，准确反映对外投资的真实价值。

8. 建立投资监督评价控制机制，明确学会对外投资监督重点，对对外投资进行总体评价，及时发现缺陷并提出改进建议。

（三）对外投资内控应遵循的原则

学会开展对外投资应当遵循合法、安全、有效的原则，投资取得的收益应当全部用于学会章程规定的非营利性或公益性事业。

1. 合法原则。合法原则是学会开展对外投资活动的前提，对法律法规不允许对外投资的资金不得投资；对合作举办经济实体的，应当经理事会研究讨论后提请会员大会（会员代表大会）表决通过，其经营范围应当与社会团体章程规定的宗旨和业务范围相适应。

2. 安全原则。学会的非营利性质与外部监管要求，决定了其对外投资与一般企业追求高收益的目的不同，应当在确保操作稳健、风险合理的基础上实现保值增值，务必要将财产的安全性放在首要位置，切忌过分追求效益而忽视自身风险承受能力。学会应特别重视投资活动的全过程风险控制，包括投资决策前的可行性研究或专家论证，投资过程中的档案建设和追踪管理，以及投资结束后的评价分析等，确保学会在投资活动中将风险控制在可承受的范围之内。

3. 有效原则。学会应当经常、全面了解投资项目和被投资方的经营情况、财务状况，及时回收到期的本金、利息和分红等应得收益，并对投资效益做出客观评价。

4. 投资所得的非营利用途。学会的"非营利"属性决定了其对外投资全部所得不得对外分配，应当全部用于学会章程规定的非营利性或公益性事业。

二、对外投资业务流程

对外投资内控流程可以分为投资的论证与决策、投资的实施与跟踪管理、投资的收回与处置和投资的评价与监督四个阶段，具体包括提出投资意向、可行性论证、制定投资方案、集体论证、投资决策、投资实施、跟踪管理、投资核算、投资处置、投资评价和投资报告等环节，内控涉及部门包括归口管理的对外投资管理部门、财务部、秘书长办公会和理事会（常务理事会）。具体如图4-5所示。

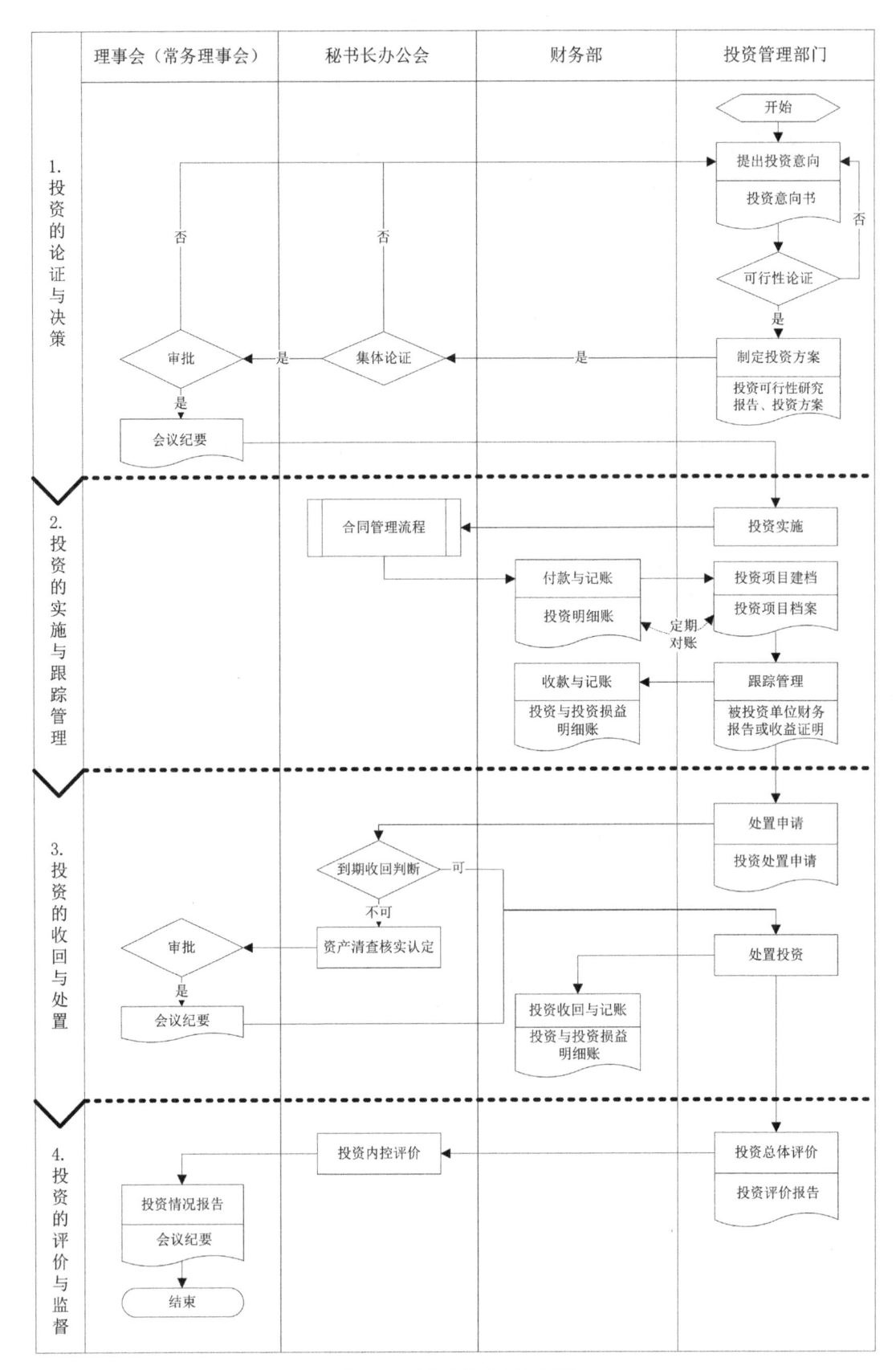

图 4-5 对外投资业务流程图

三、对外投资业务环节风险点分析矩阵

业务环节	业务流程	涉及单据	责任部门	风险点	控制措施
投资的论证与决策	1. 提出投资意向 2. 可行性论证 3. 制定投资方案	投资意向书，投资可行性研究报告，投资方案	投资管理部门	1. 未经集体决策对外投资。 2. 投资决策缺乏专业支撑，忽略投资安全。 3. 投资过分追求收益，忽略资金安全。 4. 政府项目财政资金用于投资。	1. 学会应审慎选择投资项目。投资管理部门应根据国家投资法律法规、学会发展战略与需要，结合学会实际情况，充分考虑学会投资风险承担能力，审慎选择投资项目，编写投资意向书，必要时可聘请专家或者专业机构，对投资意向书进行可行性研究或请专家论证，编制投资方案。 2. 投资决策前，学会应选择具备相关经验和能力的人员、必要时可聘请专家或者专业机构，对投资意向书进行可行性研究或请专家论证，编制投资可行性研究报告，并制定投资方案。 3. 学会应本着"先安全、再效益"的投资原则，将投资或投资财产的安全放在首要位置，在投资管理制度中明确不可投资或投资风险过高的领域或项产品清单。在确保操作稳健、风险合理的基础上实现保值增值。 4. 明确可以投资的财产范围，在投资期间暂不需要支付的财产限于非经营性资产和在投资期间暂不需要使用于投资的限定性资产。学会承接政府项目财政资金不得用于投资。
	4. 集体论证		秘书长办公会	5. 投资缺少合法性、集体论证。	5. 秘书长办公会应对投资可行性研究报告、投资方案进行论证，确保对外投资活动合法合规，潜在投资风险已明确，并可以承担；对于股权投资，重点审核投资是否符合学会战略规划，被投资单位的经营范围与学会的宗旨和业务范围是否相适应，投资收益能否实现，投资风险是否可控。
	5. 审批	会议纪要	理事会（常务理事会）	6. 投资决策未经理事会审批。	6. 学会对外投资活动应由理事会（常务理事会）集体研究决定，并详细记录决策过程中的理事、监事意见，妥善保存，确保投资决策的科学性和合理性，防止个人决策的随意或舞弊行为。

续表

业务环节	业务流程	涉及单据	责任部门	风险点	控制措施
投资的实施与跟踪管理	6. 投资实施		投资管理部门	7. 擅自调整投资方案或未签订投资合同。	7. 投资管理部门根据审批通过的投资方案，落实不同阶段的资金投资数量，投资具体内容等，不得擅自调整投资方案，实际投资与方案有变动的，应重新履行投资决策流程；对外投资必须签订合同，明确双方权利义务，并履行学会合同管理流程。
	7. 投资的付款与记账	投资明细账	财务部	8. 不同类别投资项目未分开核算。	8. 财务部应按《民间非营利组织会计制度》规定要求进行准确核算，对外投资应区分期限长短，投资类别，分别设置明细账核算。
	8. 投资项目档案建档	投资项目档案，被投资单位财务报告，收益证明	投资管理部门	9. 投资项目未实施档案管理，可能导致重要档案文件丢失。	9. 投资管理部门应建立对外投资项目档案，完整保存投资的论证、审批、管理和回收等过程资料，以及对外投资跟踪资料，专项档案的保存时间不得少于20年。
	9. 跟踪管理			10. 投资项目未跟踪管理，可能导致投资失败或止损不及时。	10. 投资管理部应加强对外投资跟踪管理，及时掌握被投资单位的经营情况、财务状况等；发现潜在投资损失风险，应及时提出处置意见，避免损失扩大。
	10. 投资收益的收款与记账	投资与投资损益明细账	财务部	11. 投资收益核算不准确反映报表反映的投资价值。	11. 财务部应配合投资管理部门做好投资后续管理的记账与监督，及时回收投资期间的本金、利息和分红等应得收益，股权投资应定期与被投资单位情况对账，确保投资活动记录的正确与及时，准确反映对外投资情况。
投资的收回与处置	11. 处置申请	投资处置申请	投资管理部门	12. 投资处置随意或长期挂账不处置。	12. 学会应及时收回或处置到期对外投资资产，投资管理部门处置对外投资，应编写投资处置申请，详细记录投资期间收益情况、处置原因、处置方式、处置意见和建议等。

第四章 资产内控制度建设

续表

业务环节	业务流程	涉及单据	责任部门	风险点	控制措施
	12. 到期可收回性判断 13. 资产清查核实认定		秘书长办公会	13. 到期不能收回投资资产未执行必要认定程序。	13. 秘书长办公会应重点关注到期不能收回的投资资产的认定,并应参照行政事业单位资产清查核实认定标准进行认定,报理事会(常务理事会)审批。
	14. 审批	会议纪要	理事会(常务理事会)	14. 非正常的投资处置未经理事会审批。	14. 提前、延期或到期不能收回的投资资产应经理事会(常务理事会)集体审议批准,并做好会议纪要妥善保存。
	15. 处置投资		投资管理部门	15. 投资处置不彻底。	15. 投资管理部门应做好投资处置工作,确保收回资产的安全与完整,涉及股权转让或需完成工商变更清算手续,妥善保管审批文件、投资合同或协议、投资处置文件资料。
	16. 投资收回与记账	投资与投资损益明细账	财务部	16. 投资处置收款不及时,核算不正确。	16. 财务部应重点关注投资处置收入及时足额收取,并按《民间非营利组织会计制度》要求进行账务处理。
投资的评价与监督	17. 投资总体评价	投资处置申请	投资管理部门	17. 投资活动缺少评价控制机制。	17. 投资管理部门应定期对投资实施情况进行总体评价,出具投资评价报告,评价内容应包括投资资产收回情况、预期收益率实现情况、现有投资管理情况,对外投资效益情况等。
	18. 投资内控评价		秘书长办公会	18. 投资内部控制制度不完善导致投资风险。	18. 秘书长办公会应结合投资评价报告,对投资内部控制中存在的重大缺陷提出改进建议,对造成重大投资损失的进行责任追究,促进学会对投资内部控制制度进一步完善。
	19. 投资情况报告	会议纪要	理事会(常务理事会)	19. 投资情况未向理事会报告。	19. 学会对外投资情况应定期向理事会(常务理事会)、监事会(监事)报告,并主动向社会公开。

第五章 税务风险内控制度建设

在税收法规认定上，学会与企业同为纳税义务人，一旦发生应税行为就产生纳税义务；学会与企业不同的是，学会作为非营利组织可享受会费、捐赠等收入减税、免税优惠，学会如不积极申请可能无法享受优惠待遇，税务风险内控就是学会为依法履行纳税义务、防范税务风险、享受税收优惠，而建立的一系列内部流程与规范。

一、税务风险内控概述

（一）认识税务风险

根据《中华人民共和国税收征收管理法》的规定，学会对其取得的全部收入、持有的房产、车辆，以及经营所得负有纳税义务；学会向员工支付薪酬、对外发放劳务费时，负有协助税务机关向个人代扣税款和代缴税款的义务。学会涉及的税务风险主要包括两个方面：一方面是学会因纳税行为不符合税收法律法规的规定，应纳税而未纳税、少纳税，从而面临补税、罚款、加收滞纳金、刑罚处罚以及声誉损害等风险；另一方面是学会未享受到本该享受的非营利组织税收优惠，多纳税款的风险。

（二）税务风险内控的目标

随着学会经营规模的发展以及税务征管执法力度的不断加强，税务、财政、民政联合监管、共享执法信息体系的建立，学会纳税风险的识别与防范变得愈发重要与急迫，学会应从被动的接受税务检查转变为更加积极和主动地控制涉税环节，管理涉税风险，进而确保学会的稳定运营和健康长久发展。学会开展税务风险内控制度建设的主要目标包括：

1. 税务规划具有非营利性或公益性，符合税法关于非营利组织条件的具体要求。

2. 经营决策和日常经营活动考虑税收因素的影响，符合税法规定。

3. 对税务事项的会计处理符合相关会计制度或准则以及相关法律法规。

4. 纳税申报和税款缴纳符合税法规定。

5. 税务登记、账簿凭证管理、税务档案管理以及税务资料的准备和报备等涉税事项符合税法规定。

6. 做好税务筹划，享受非营利组织税收优惠，努力降低税负，将更多资金用于非营利事业发展。

（三）税务风险内控应遵循的原则

学会开展税务风险内控，应遵守以下原则：

1. 遵纪守法、诚信纳税原则。学会应倡导遵纪守法、诚信纳税的税务风险管理理念，增强员工的税务风险管理意识，并将其作为企业文化建设的一个重要组成部分。

2. 内部管理与外部监管有效互动原则。税务风险管理应由学会负责人负责督导并参与决策，理事会和管理层应将防范和控制税务风险作为学会经营的一项重要内容，促进学会内部管理与外部监管的有效互动。

3. 联合防控原则。税务风险起源于业务，表现在财务，涉及学会各项经营业务的细枝末节，学会应把税务风险内控制度与收支、合同、票据、财务报告等其他内控制度结合起来，形成全面有效的内部风险管理体系。

二、税务风险内控业务流程

根据税收征管法及实施细则的定义，企业涉税的业务环节主要包括税务登记、账簿和凭证管理、纳税申报、税款征收、税务检查五个流程。结合学会自身特点及与税务部门的工作接口，通常情况下学会的税务风险管理包括税务登记、税务筹划、账簿和凭证管理、发票管理、税金核算、纳税申报、税款缴纳、税务档案管理和税务检查应对等业务流程。

依据税务业务流程，税务业务涉及的不相容岗位包括税务资料的准备与审查、纳税申报表的填报与审批、税款缴纳划拨凭证的填报与审批、发票购买、保管与财务印章保管等。学会应根据实际情况和不相容岗位相分离的原则，合理设置税务管理业务岗位，包括办税专员、记账会计和财务负责人。办税专员负责与主管税务机关对接处理各类涉税事项，按规定期限申报办理税务登记、变更登记、外出经营报验登记、注销登记等工作；记账会计负责按税法规定期限和要求设置账簿，逐笔记录业务事项；财务负责人负责对税金计算、税款申报和缴纳情况进行审核，定期实施税务风险评估，不断完善税务管理内控制度。具体业务流程如图5-1所示。

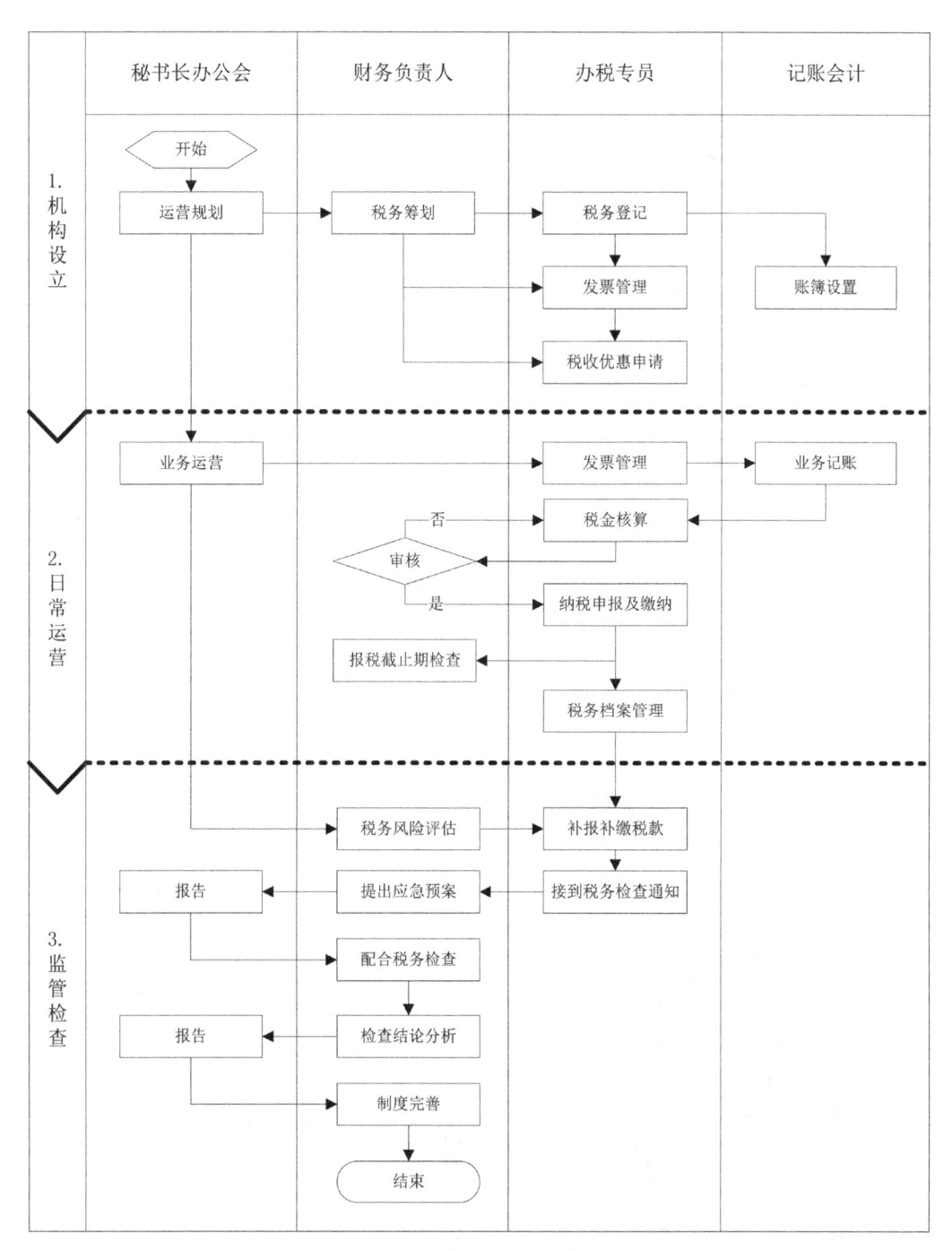

图 5-1 税务风险内控业务流程图

三、税务风险管理业务环节风险点分析矩阵

业务环节	业务流程	涉及单据	责任部门	风险点	控制措施
机构设立	1. 运营规划 2. 税务筹划	税务筹划方案	秘书长办公会、财务负责人	1. 学会设立或新项目规划期末考虑涉税影响因素，导致学会或项目税负成本增加。 2. 未合理利用税收优惠进行筹划，导致税负成本增加。	1. 学会成立或投资项目在规划阶段，应邀请财务负责人参与讨论，可能享受的税收优惠和税负成本影响情况，相关草案预算中应包含税负成本指标。 2. 财务负责人应当合理，充分运用非营利组织税收优惠，在符合合规法规定的基础上，办税业务对日常业务流程进行规范。
			办税专员	3. 未指定专人专责与税务对接。 4. 未按时办理税务登记、变更登记，导致登记证件被依法吊销或被处罚 5. 开设银行账户未向税务机关报告。	3. 财务部应设置办税专员岗位，指定专人负责与主管税务机关对接处理各类涉税事项，办税专员应具备必要的专业资质、良好的业务素质和职业道德，财务部应定期组织办税专员进行培训，不断提高其业务素质和职业道德水平。 4. 办税专员应按照规定期限申报办理税务登记、变更登记、注销登记等。 5. 学会新设银行账户后，办税专员应按规定期限将全部银行账户、账号向税务机关报告。
			记账会计	6. 未按规定设置账簿。 7. 账簿设置与税种设置明细账。 8. 记账会计与财务核算不符合申请免税资格条件要求。	6. 办税专员应当自领取营业执照或者发生纳税义务之日起15日内，按照国家有关规定设置账簿。 7. 记账会计应当自税收法律、行政法规规定的扣缴义务发生之日起10日内，按照所代扣、代收的税种，分别设置代缴税款账簿。 8. 记账会计在设置会计科目、成本、费用明细账收入及其有关的成本、费用、损失应与免税收入及其有关的成本、费用、损失应分别核算，分别设置明细账。

第五章 税务风险内控制度建设

续表

业务环节	业务流程	涉及单据	责任部门	风险点	控制措施
日常运营	5. 发票管理	发票登记簿、发票	办税专员	9. 发票领购、开具未逐笔登记，发票开具与保管同属一人。	9. 办税专员负责向税务机关领购发票，开具发票情况，建立发票登记簿，登记发票的领购，开具发票，发票原件交由财务负责人专柜保存。
	6. 税收优惠申请	申请资料、审批通知	办税专员	10. 未及时申请免税资格，导致税负成本增加。	10. 办税专员应按税法规定及时申请并享受到非营利组织税收优惠，并将学会可能享受的税收优惠，申请要求和程序体现在相关制度中。
	7. 业务运营 8. 发票使用 9. 业务记账	原始凭证、会计凭证、总账、明细账	各部门 办税专员 记账会计	11. 账外收支或虚假发票。致税务处罚 12. 违规开具发票 13. 审查不严格，收取不合法或无效发票。 14. 财务核算不规范、不及时，可能导致多缴或少缴税款。	11. 各部门在开展业务活动时，取得的各项收入，支出均应向财务部报账，并对外开具相关票据，不得体外循环，不得私设"小金库"；在购买商品、接受服务以及从事其他经营活动支付款项，应当收取收款方取得发票，取得发票时，不得要求变更品名和金额，不得用虚假发票报销套取资金。 12. 办税专员应严格按照发票管理规定据实对外开具发票，不得合规定的发票，不得作明确违规领开具发票的情形。 13. 财务负责人报销审核发票开具的规范性，财务有权拒收。 14. 记账会计应当严格遵照《中华人民共和国会计法》《民间非营利组织会计制度》等法律法规要求，及时、准确地进行会计核算，编制财务报表，确保学会账簿、记账凭证、报表、完税凭证，出口凭证以及其他有关涉税资料合法、真实、完整。
	10. 税金核算 11. 审核	税金计提表	办税专员 财务负责人	15. 税收政策运用不当，税金核算不准确，多缴或少缴税款，可能导致税务处罚。 16. 税金计算缺少复核，可能导致错误难以发现。	15. 办税专员负责税金核算，编制税金计提表，注意收集和学习最新税收政策，努力提升财务人员专业胜任能力，遇到复杂涉税事项应集体讨论，必要时可向主管税务机构咨询，或征求主管税务机关相关意见，确保税收政策运用得当。 16. 财务负责人应对税金的计算结果进行复核，发现错误及时纠正，确保会计计算的准确性。

续表

业务环节	业务流程	涉及单据	责任部门	风险点	控制措施
	12. 纳税申报及缴纳	纳税申报表、缴税单	办税专员	17. 未在规定期限内进行纳税申报，导致税务处罚。18. 网上纳税申报成功页面未打印留档，因网络原因税务未接收到申报数据时，因无法证明已经申报，从而导致处罚。	17. 办税专员应严格按照各税种规定的申报期限完成纳税申报及缴纳年度税务日历，自动提醒办税专员各税种的完成情况；纳税期内没有应纳税款的，也应当按照规定办理纳税申报。18. 各税种完成网上纳税申报后，办税人员应同步打印申报成功页面，作为涉税资料归档保存。
	13. 报税截止期检查		财务负责人	19. 报税截止期前未复核税款缴纳情况，可能导致漏报漏缴税款。	19. 财务负责人应于缴税截止日前检查各税种税款缴纳的完成情况。
	14. 税务档案管理	各税种申报记录、发票存根等	办税专员	20. 未按规定内容和期限保管税收档案，导致处罚。21. 税收档案保管不当，导致涉税机密信息外泄。	20. 办税专员应妥善保存账簿、记账凭证、完税凭证、报表、发票、出口凭证以及其他有关涉税资料，保存期限至少10年，且不得擅自销毁。21. 财务负责人应妥善保存税收自查报告，税务检查结论等涉密资料，经办权其他人员不得调阅。
监督检查	15. 税务风险评估	税务风险评估报告	财务负责人	22. 因违反税收优惠限制条件，或期满未及时申请，导致税收优惠资格丧失。23. 不能通过自查自纠方式发现纳税风险，导致被税务检查时补税、加收滞纳金和罚款。24. 税负不合理，可能导致税务检查。	22. 财务负责人应掌握税收优惠政策的取消情形，避免违反相关条款；税收优惠期限应及时申请，保障学会能够长期享受税收优惠。23. 财务负责人应定期对当前经济业务可能发生的潜在涉税风险，编制税务风险评估报告，必要时可聘请具有相关资质的外部机构的中介机构协助实施。24. 学会应当学会的实际情况，财务负责人定期测算税负水平，分析税负是否符合行业和地区的实际情况，并建立内部预警机制，分析税负是否超过风险预警标准。

续表

业务环节	业务流程	涉及单据	责任部门	风险点	控制措施
	16. 补报补缴税款	纳税申报表、缴税单	办税专员	25. 自查漏缴税款未及时补缴，可能导致更严重的税务处罚。	25. 财务部通过自查自纠发现的漏缴税款应及时补申报，补缴税款，避免日后税务检查作为偷税处理，加收罚款和更多的滞纳金。
	17. 接到税务检查通知 18. 提出应急预案 19. 报告	税务检查通知单、税务检查应急预案	办税专员 财务负责人 秘书长办公会	26. 接到税务检查通知未及时工作汇报，可能导致检查应对被动。 27. 对税务检查缺少应对预案。 28. 财务负责人对税务检查重视不够，未向主管领导报告。	26. 办税专员收到税务检查通知单或电话通知后，应详细询问检查主体、检查目的、检查日期、检查事项内容和期间，并第一时间向财务负责人汇报。 27. 财务负责人应对收集到的检查信息进行分析，编制税务检查应预案，提前筛查涉税风险，必要时可聘请专业机构协助，应急预案应预提前向主管领导报告。 28. 秘书长办公会应做好税务检查的部署工作，及时安排相关部门负责人积极配合财务部提前自查自纠，准备税务检查需要的相关合同资料。
	20. 配合税务检查 21. 检查结论分析 22. 报告	税务检查提问记录、税务检查结论分析报告	财务负责人 秘书长办公会	29. 材料准备不充分或检查过程不顺利。 30. 被动接受严重不利于学会的税务检查结论。	29. 财务部在税务检查中应做好配合工作，提前准备好检查材料和税务档案，详细记录对方提出的问题和质疑，必要时可聘请专业机构进行分析，对于税务机关结论的利害程度和申诉性进行分析，甚至在权有限期内申请申辩权，学会可申请行政复议，提起行政诉讼，请求国家赔偿，经秘书长办公会集体讨论决定。 30. 财务负责人应对税务检查结论有异议的，学会可申请行政复议，提起行政诉讼，请求国家赔偿，经秘书长办公会集体讨论决定。
	23. 制度完善	制度修订建议	财务负责人	31. 未充分运用检查结果，发现问题，完善制度。	31. 财务负责人应结合税务检查和日常的自查自纠中发现的问题，进行溯源分析，查明原因，提出有效解决措施，并根据此完善内控制度或业务流程。

第六章 合同与票据内控制度建设

第一节 合同内控制度建设

合同作为学会承担独立民事责任、履行权利义务的重要依据,是学会管理活动的重要痕迹,也是学会内部控制的主要载体。合同管理几乎贯穿了学会经济活动的全过程,涉及学会收支内控、资金管理、采购管理、项目管理、资产管理等多项业务。同时,合同不仅涉及学会内部管理,还涉及学会与外部民事主体之间权利义务的风险控制,合同双方往往通过签订合同,以实现保障各方权利义务,规范和约束对方经济行为的目的。在出现纠纷时,合同更是损失方申请权利、诉讼裁决的重要依据。可见,加强合同的内控制度建设,既是学会内部控制的重要手段,也是维护学会合法权益、防范相关法律和业务风险的重要方式。

一、合同内控概述

(一) 认识合同

根据《中华人民共和国民法典》规定:"合同是民事主体之间设立、变更、终止民事法律关系的协议。"本指引所讲的合同,主要指学会为实现一定经济目的,对外签订的与学会业务活动相关的合同,包括但不限于合同、协议(书)、合同意向书、备忘录、确认书、承诺函或其他具有合同性质的文件等。

学会合同内控是指学会对以自身为当事人的合同依法进行订立、履行、变更、解除、转让、终止以及审查、监督、控制等一系列行为的总称。其中，订立、履行、变更、解除、转让、终止是合同内控的内容，审查、监督、控制是合同内控的手段。学会合同内控必须是全过程的、系统性的、动态性的。全过程是指合同内控由洽谈、草拟、签订、生效开始，直至合同失效为止，不仅要重视签订前的管理，更要重视签订后的管理；系统性是指合同内控贯穿学会经济活动的全过程，覆盖学会内部多个管理部门，一份合同中凡条款涉及的部门都应参与管理；动态性是指注重合同履约全过程的情况变化，特别要掌握合同相对方履约能力和经营状况的变化动态，及时对合同进行修改、变更、补充、中止或终止。

（二）合同内控的目标

学会在经济活动中通过签订合同，规范合同双方的经济活动开展，一方面有助于学会防范法律风险，预防经济纠纷，维护合法权益，保证学会经济活动符合法律法规；另一方面有助于控制学会财务、税务风险，通过合同内控帮助学会节省交易时间，降低交易成本，加速资金周转，规避涉税风险，提高学会资金使用效率。学会开展合同内控制度建设可以实现以下目标：

1. 建立完善的合同内控体系。合理设置归口管理部门，明确合同管理岗位及职责，建立授权审批程序，优化合同业务流程，梳理各业务环节潜在风险点，提供有效控制措施，建立健全合同内控制度。

2. 合同前期调查充分。对合同相对方主体资格、资信情况和经营状况进行充分调查，确保对方具有履约资格和能力，降低合同违约风险。

3. 确保合同内容的规范性。合同相关法律要素齐全，文字准确表达双方谈判的真实意思，违约责任等关键条款明确，签章齐全。

4. 加强合同履行情况的监控。督促对方积极执行合同，合理解决合同履行中的各项纠纷，按时结算进度款，确保机构利益不受损失。

5. 加强合同登记管理。建立合同管理台账，定期对合同进行统计、分类和归档，详细登记合同的订立、履行和变更情况，防止泄露合同信息，确保实现对合同的全过程封闭管理。

6. 建立合同内控评估机制。定期开展合同检查评价，不断完善机构合同内控工作，确保合同内控条款得到有效执行。

(三) 合同内控应遵循的原则

学会实行合同内控，应遵守以下原则：

1. 合法原则。合同应当符合国家法律法规，党中央、国务院文件精神以及其他相关政策规定。
2. 准确原则。合同的内容应当具体，相关权利义务应当明确，避免歧义。
3. 谨慎原则。合同的订立和履行应当全面、严谨、细致。
4. 诚信原则。合同的订立和履行应当诚实守信。

二、合同业务流程

学会合同业务流程包括合同前期准备、合同订立、合同执行和合同后续管理四个业务环节，具体可以细分为合同对象的筛选与审核、组织谈判、合同文本的拟定与审核、合同盖章与登记、签署合同、合同履行中的监督与审核、合同变更的申请与审核、合同验收、合同结算、合同及相关资料归档、合同核对与合同检查评估等业务流程。

依据合同业务流程，合同业务涉及的不相容岗位包括筛选合同对象与审核、合同拟定与审核、合同审核与审批、合同审批与执行、合同执行与检查评价，以及合同签订与保管。学会应根据实际情况和不相容岗位相分离的原则，合理设置合同业务岗位，包括合同承办部门、办公室（合同归口管理部门，如设立法务部，可指定法务部作为合同归口管理部门）、财务部和秘书处。其中，合同承办部门为提出合同需求的部门，承办部门是合同内控的主责部门，办理合同订立和履行等相关事务，包括发起合同业务、筛选合同对象、组织谈判、起草合同并送审、合同履行过程的日常管理和跟踪、发起合同结算并验收、向合同归口管理部门提供所需信息等；办公室作为合同归口管理部门负责确定合同业务的程序和要求、复核合同主体资质、监管合同审批权限的落实、建立合同管理台账并登记、与法律顾问就合同条款进行沟通、参与组织合同纠纷处理、管理合同专用章、对合同进行归档和检查评价等；财务部负责审核经济合同中涉及的财务、税务条款；秘书处负责重要合同的前置审批与签订前的审批，并统筹监管各部门工作职责有效落实。具体业务流程如图6-1所示。

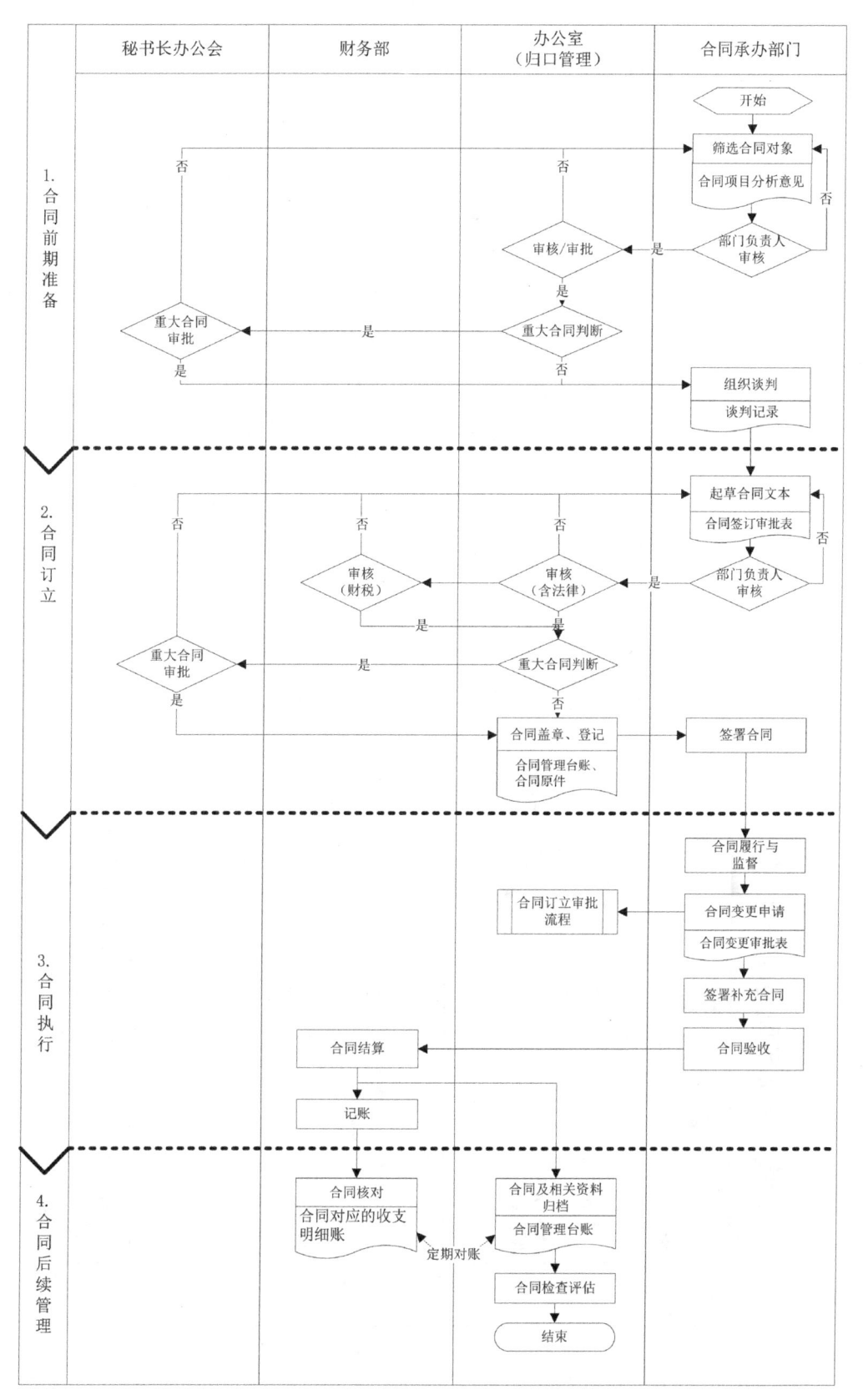

图 6-1 合同业务流程图

三、合同业务环节风险点分析矩阵

业务环节	业务流程	涉及单据	责任部门	风险点	控制措施
合同签订准备	1. 筛选合同对象 2. 部门负责人审核	合同项目分析意见	合同承办部门	1. 忽视合同对象的主体资格和履约能力审查，可能导致合同违约风险。 2. 对合同对象筛选缺乏监督，责权不清，流于形式。	1. 合同承办部门应指定专人负责与合同对象联络，调查供应商情况，初步筛选合同对象，并出具合同项目分析意见。合同项目进行业务背景分析、经济可行性分析、其他风险因素分析等。合同相对方履约能力分析包括核查合同相对方的主体资格、资产状况、知识产权等情况，核查拟签订合同内容是否在对方经营范围之内，担保、资信情况，并要求提供相关证明材料，涉及重大风险的，应当委托第三方机构或者专家进行资信调查和评估。 2. 部门负责人负责合同项目分析意见，确保相关工作流程得到履行。
	3. 审核/审批 4. 重大合同判断		办公室	3. 未对供应商的重要信息进行二次核实。 4. 未对合同的分类授权审批权限明确，不同级别的授权审批权限不经授权或越权审批。 5. 化整为零规避审批。 6. 合同承办部门超出本部门业务范围签订合同。	3. 办公室对合同项目分析意见信息及佐证材料进行审核，并通过电话访问、网络查询等手段对相关信息进行核实。 4. 学会应建立合同的授权审批和签署权限。合同按重要性可划分为一般合同和重大合同。其中，重大合同是指对学会正常运行具有重大影响的经济事项及涉及的合同。学会审核是指根据实际情况，对各岗位人员在其授权和审批权限范围内可对合同该审批阶段明确各个合同内按审批权限，确保学会通过对提交秘书长办公室审批。对于重大合同，办公室审核后应交秘书长办公室审批。 5. 各部门不得将重大合同拆分为多个小的金额较小的合同以规避合同级审批要求，不得违反审批、擅自签订合同。 6. 各部门严禁签订与本部门业务无关的合同，包括担保、投资和借贷合同等。
	5. 重大合同审批		秘书长办公会	7. 重大合同未经集体决策。	7. 秘书长办公会应对重大合同实行集体领导、集体决策，尤其关注合同目标是否与学会运营目标和战略规划相一致。

第六章　合同与票据内控制度建设　111

续表

业务环节	业务流程	涉及单据	责任部门	风险点	控制措施
	6. 组织谈判	谈判记录	合同承办部门	8. 对技术性强或财务、法律关系复杂的经济事项，未组织相关专业人员参与谈判，导致学会利益受损。 9. 未搜集、分析和研究可能与合同谈判内容的法律法规，导致合同谈判内容可能不符合国家相关政策和法律法规要求。 10. 未对谈判对手情况进行充分调查和了解，可能导致学会在谈判中处于不利地位。 11. 合同条款、格式等合同审核不严，忽略了涉及合同内容和条款的核心部分乃至关键细节，并存在不当让步，进而导致学会利益受损。 12. 谈判过程中的重要事项未形成必要记录。	8. 合同承办部门应组建具有良好素质、结构合理的谈判团队，团队中除了业务人员外，还应当有技术、审计、财会、法律等方面的人员参与谈判，对学会影响重大、涉及较高专业技术或复杂关系的合同，应聘请外部专家参与合同谈判的相关工作。 9. 合同承办部门在谈判前应收集并研究国家相关法律法规、行业监督、服务价格等与谈判相关的信息，确保合同内容符合国家和产业政策和法律法规的要求。 10. 合同承办部门在谈判前应收集谈判对手资料，充分熟悉谈判对手情况，做到知己知彼，正确制定谈判策略。 11. 合同承办部门在谈判时应严格审核合同的条款、格式，关注合同价格的确定方式、条款和关键细节。具体包括合同的数量、质量、合同价格的确定方式与支付方式，履约期限和争议解决方法、或解除条件等。 12. 合同承办部门负责记录谈判过程中的重要事项和参与谈判人员的主要意见，作为合同资料待合同签订后，转交办公室归档保管。
合同订立	7. 起草合同文本 8. 部门负责人审核		合同承办部门	13. 应签未签合同。 14. 合同内容和条款拟定缺乏合理性、严密性、完整性、明确性，或文字表述不严谨、准确，致使合同未准确表达谈判结果，造成重大误解。	13. 学会对外发生经济行为，除即时结清方式外，均应订立书面合同。 14. 违反规定以口头方式进行交易的，国家或行业有合同示范文本的优先选用，但应当对文本的条款进行认真审查，并根据实际情况进行适当修改。国家或行业无标准范本、没有标准范本可供使用的必须自行拟草。合同文本有标准范本。条款不漏项；标的物名称准确；标的物数量计算准确清楚，结算方式明确；有标准、检验方法；提（交）货地点、服务方式明确；

续表

业务环节	业务流程	涉及单据	责任部门	风险点	控制措施
	9. 审核（合法律）	合同签订审批表	办公室	15. 合同未经法务审核。 16. 常用合同缺少标准范本。	文字表达严谨，不使用模棱两可含糊不清的词语；违约责任及违约金（赔偿金）的计算方法准确。重大合同或违法法关系复杂的合同应征求法务部（或外部法律专家）的意见，确保合同内容和条款准确、完整，由签约方起草的合同，合同承办部门应当认真审查，确保合同内容准确反映学会意诉求和谈判达成的一致意见，特别留意"其他约定事项"等需要补充填写的栏目。 15. 学会对外签订的合同应进行合法合规性审核。审核内容包括合同条款是否违反国家法律法规和合同订立原则，合同内容是否完整、准确合理，合同签订是否超越本学会章程规定的宗旨和业务范围，以及是否存在其他法律风险，合同设立法务部的由法务部审核，未设立法务部的，应托法律顾问机构审核。 16. 办公室负责学会常用合同标准范本的制订，并结合使用中遇到的实际问题定期修改完善。相关制度中应明确合同必备的条款和内容。
	10. 审核（财税）		财务部	17. 合同经费未列入预算计划，或资金拨付和使用等事项存在违规。 18. 未从财税专业角度审核合同相关费用条款及纳税成本，可能导致学会纳税成本和风险增加。	17. 财务部负责审核合同经费及本学会财务管理相关规定。 18. 财务部应对合同条款中的货物（或服务）交付（或完成）时间、合同对价结算时间、结算票据开具等条款进行审核，并结合财务、税收法规要求对合同收款人或支出确认时间、纳税义务发生时间、合同对价产生的涉税金额进行分析，对违反法规或不合理的条款提出修改意见。
11. 重大合同判断			办公室	19. 化整为零规避审批权限限制。	19. 办公室负责审查重大合同的判断标准是否有效执行，防止通过化整为零方式故意规避审批和越权审批行为。
12. 重大合同审批			秘书长办公会	20. 合同内容与学会章程规定的宗旨、业务范围，或学会战略目标发生抵触。	20. 秘书长办公会应负责审核重大合同内容是否符合学会战略目标和经营目标的实现。

续表

业务环节	业务流程	涉及单据	责任部门	风险点	控制措施
	13. 合同盖章登记	合同管理台账、合同原件	办公室	21. 合同盖章前缺少复核流程，用章缺少记录。 22. 空白或未签字合同盖章，可能导致合同被篡改。 23. 未建立详细的登记管理合同进行登记管理。	21. 合同审核会签程序履行完毕，可申请加盖合同专用章。合同专用章由办公室专人保管，盖章前应对合同审核会签程序进行审查，对合同文本进行复核对确认，核对无误后盖章，并做好用章登记工作。 22. 办公室应当严格审查合同内容果否齐全，不得在空白合同书上盖章，不得无法定代表人或者授权人签字的合同书上盖章。 23. 办公室应及时将已签订生效合同原件回收归档，建立合同管理台账，详细登记合同的订立、履行和变更情况，定期对合同进行统计、分类和归档，严防合同机密泄露，保障合同全过程封闭管理。
	14. 签署合同	合同原件	合同承办部门	24. 不同级别的合同签署权限不明确，可能导致越权签署。 25. 合同相对方签署不规范，确保合同生效。	24. 学会应按照规定的权限和程序签署合同，不得超越权限签署合同，学会的内设机构（或分支机构）不得以本部门（或分支机构）的名义对外订立合同。特殊情况下确需以内设机构、授权应当明确授权对象、授权期限、授权事项和范围；以内设机构（或分支机构）名义订立合同的，其相应民事责任应需获得学会的书面授权，授权应当明确授权对象、授权期限、授权事项仍由学会承担。 25. 合同承办部门应当核对并确认合同相对方签约人员的合法性、合同上的公章或合同专用章与签约主体名称的一致性、合同相对方提供的合同附件材料的完整性等情况。合同各方应当签字、填写日期，加盖合同章或者公章，并加盖骑缝章。签署合同各方签字人应是法定代表人，或者是经法定代表人书面授权的代理人。

续表

业务环节	业务流程	涉及单据	责任部门	风险点	控制措施
合同执行	15. 合同履行与监督		合同承办部门	26. 缺少对合同履行的过程监督，可能导致学会经济利益遭受损失或面临诉讼的风险。	26. 合同承办部门应在合同履行过程中，定期对合同履行情况及效果进行检查、分析和验收，必要时敦促对方积极执行合同，确保合同全面有效履行。发生因对方自身原因导致可能无法按时履行的，应当及时补充、变更甚至解除合同。具体因情形应在合同内控制度中明确规示。
	16. 合同变更申请	合同变更审批表		27. 合同纠纷未及时处理形成常年遗留问题。28. 合同损失未依法申请赔偿。29. 变更、解除合同缺少审批流程控制。	27. 合同发生纠纷的，合同承办部门应当在规定时效内与协商该事的，合同纠纷协商一致的，双方应签订书面协议；合同纠纷经协商无法解决的，合同承办部门应向学会有关负责人报告，并根据合同内控制度选择仲裁或诉讼方式解决。28. 合同相对方当事人提出中止、转让、解除合同的，应当对方当事人书面提出索赔。29. 合同履行过程中如需变更合同内容的（包括合同标的、项目范围、完成期限、提交成果、合同价款及支付方式、验收的签署应按合同承办部门立的审核流程执行。
	17. 签署补充合同	补充合同原件		30. 补充协议应签未签。	30. 合同变更或解除应当采用书面形式，严禁在原合同文本上涂抹、添加，变更后的合同视为新合同。
	18. 合同验收	合同验收确认单		31. 合同履行缺少验收确认，可能导致合同结果未达到签约目的。	31. 合同履行完毕后，合同承办部门对合同内容的履行情况进行成果验收，进行验收，判断是否达成合同签订目的，对于产品采购合同，对产品的验收和质量采购合同和技术合同，可将工作成果的验收分为阶段验收和总体验收；对于服务采购合同，原则上应当使用分阶段验收的方式办理合同结算。对分阶段验收合格的，填写合同验收确认单，提交财务部办理合同价款；不合格的，验收的，应督促合同相对方按合同约定履行。

第六章 合同与票据内控制度建设 | 115

续表

业务环节	业务流程	涉及单据	责任部门	风险点	控制措施
	19. 合同结算 20. 记账	合同验收确认单、合同对应的收支明细账	财务部	32. 向未履约合同付款。 33. 结算完毕的合同未及时入账。	32. 财务部应当对合同条款和合同验收确认单进行审核，审核完毕后办理结算业务，按照合同规定付款的，财务部不得办理合同结算，未按照合同条款履约的，及时催收逾期欠款。 33. 财务部应及时将已结算完毕的合同和相关票据进行账务处理，登记相关明细账。
合同后续管理	21. 合同及相关资料归档	合同管理台账	办公室	34. 合同借阅缺少登记管理，可能导致合同丢失。 35. 合同及相关资料归档不全、法律纠纷导致收集不到相关依据导致登记不充分。	34. 办公室应安排专人，设置合同存放柜，对合同实行专人专柜管理，各部门需要查询、借阅合同的，合同专管员应做好登记管理工作。 35. 办公室应及时收集合同订立、履行过程中取得的相关资料，做好整理、登记、归档，并妥善保存。相关制度中应明确保管合同相关资料内容。
	22. 合同核对	合同对应的收支明细账、合同管理台账	办公室 财务部	36. 缺少部门间的沟通机制与对账流程，可能导致合同收支记录不全或合同价款结算不及时。	36. 学会财务部应与办公室（合同归口管理部门）建立沟通协调机制，实现合同登记的合同对应收支登记完整。财务部门与办公室合同管理台账应定期相核对，确保合同收支登记完整，合同价款管理与预算管理与预算相结合。
	23. 合同检查评估		办公室	37. 缺乏合同管理的检查评估，可能导致合同管理中存在问题长久得不到解决。	37. 办公室应定期对合同履行的总体情况和重大合同履行的具体情况进行检查评估，对发现的合同管理中存在的问题，应了解追究相关人员的责任。

第二节 票据内控制度建设

票据是学会对外收取款项的法定凭证。与企业不同的是，企业票据基本只涉及增值税发票，而学会涉及多种不同票据。接受捐赠、会费收取、服务收费这三类常见的收款方式，其对应的票据种类各不相同，享受的税收待遇更是千差万别。加强票据内控管理，正确规范地开具票据，是学会降低税收风险，享受税收优惠的前提。

一、票据内控概述

（一）学会常用票据种类

学会常用票据包括社会团体会费票据、公益事业捐赠票据和发票。其中，社会团体会费票据，是学会向会员收取会费时开具的法定凭证，不得用于其他用途；公益事业捐赠票据，是学会依法接受公益性捐赠时开具的法定凭证，不得用于其他用途；发票，是学会在购销商品、提供或者接受服务以及从事其他经营活动中开具、收取的法定收付款凭证，未发生经营业务不得开具发票。

（二）票据内控的目标

学会票据管理是指学会依据国家有关规定对发票和财政票据领购、发放、使用、保管、核销、销毁等实施规范管理的过程。具体包括以下内控目标：

1. 票据使用合法。学会应建立票据内控制度，明确票据种类和适用范围、形式、联次和监管员职责，规范票据领购、发放、使用、保管、核销、销毁等行为，确保票据管理符合国家法律法规。

2. 票据开具规范。学会应按规定开具与经济业务活动相应的发票或财政票据。学会开展经营服务取得的收入，在增值税纳税义务发生时，应开具增值税发票；在向会员收取会费时，应开具社会团体会费票据；暂收、代收性质的财政资金，以及学会内部资金往来结算时，应开具资金往来结算票据；依法接受公益性捐赠的，应在收款时开具公益事业捐赠票据。

3. 票据稽核监督。学会应强化票据会计核算和财务监督的管理，定期组织人员对已开具票据进行稽核检查，遏制各种乱开虚开现象，防止违规开具和舞弊行为发生。

（三）票据内控应遵循的原则

学会开展票据业务内部控制，应遵循以下原则：

1. 合法合规原则。票据是学会财务收支和会计核算中重要的原始凭证，不同类型票据有各自的法律法规要求，学会票据内控应以合法合规为基本前提。

2. 控制前置原则。票据的违规开具是票据内控防范的主要风险，学会应重视开票前的审核把关，将控制前置。

3. "四专"原则。票据内控应指派专人、明确专责、使用专库（柜）、设置专账管理。

4. 不相容职务相分离原则。票据内控应严格遵守不相容职务相分离的原则，做到票据保管、票据开具、票据记账、票据稽核等各个岗位之间相互牵制，相互监督，规避财务舞弊风险的发生。

二、票据业务流程

学会票据业务流程包括票据领购、票据开具和票据稽核三个阶段，具体可以细分为领购票据、登记入册、保管票据、申请开票、开票审核、票据开具、开票记账、票据交付与催款、开票收款核对和票据检查等环节。内控涉及部门和岗位包括票据专管员、财务负责人（票据保管员）、会计（票据记账员）和票据使用的业务部门。具体业务流程如图6-2所示。

	会计 （票据记账员）	财务负责人 （票据保管员）	票据专管员	业务部门
1.票据领购		保管票据	开始 → 领购票据 → 登记入册（票据管理清册）	
2.票据开具	开票记账（收入、应收账款明细账） 收款销账（应收账款明细账）	保管票据 审批（否→申请开票；是→开具票据）	开具票据（票据管理清册）	申请开票（开票申请单）→ 部门负责人审核 → 票据交付与催款（票据登记簿）
3.票据稽核	开票收款核对（收入明细账）	票据检查（票据管理清册、应收账款明细账） 定期对账 结束	开票收款核对（票据管理清册）	

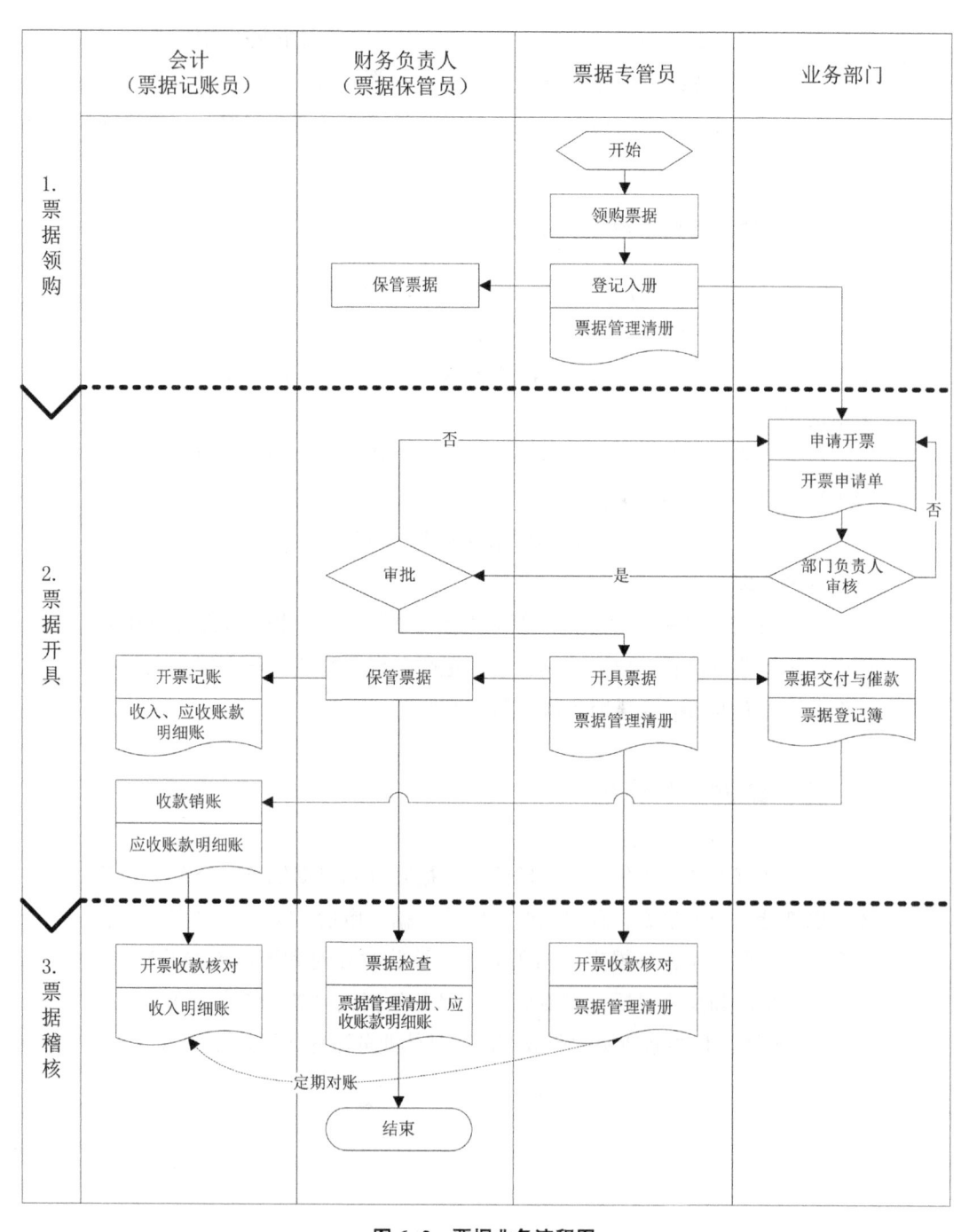

图 6-2 票据业务流程图

三、票据业务环节风险点分析矩阵

业务环节	业务流程	涉及单据	责任部门	风险点	控制措施
票据领购	1. 领购票据		票据专管员	1. 未设专人管理票据。 2. 未掌握各类票据领购的相关规定。 3. 票据购买不及时，导致无票据可用。	1. 建立票据申领管理责任制，规范票据申领程序。票据是学会财务收支的法定凭证和会计核算的原始依据，应当指定专人负责管理。设置票据管理台账，按照规定专人负责使用登记制度，设置票据管理台账，按照规定向财政部门报送票据使用情况。票据的领购应由财务部门安排专人统一办理领购手续，其他内设机构和个人不得购买。 2. 学会应将各类票据领购的相关要求在内控制度中予以明确，方便操作人依法依规执行。 3. 票据专管员需定期检查票据剩余情况，发现余量不足的，应及时购买。
	2. 登记入册	票据管理清册		4. 未对各类票据实施台账管理，导致不能随时掌握票据领购、开具、结存情况。	4. 建立票据管理台账，明确票据保管责任。票据专管员应建立票据领购及缴销管理台账，对每一种票据分户建立票据领购、开具、缴销序时登记工作。发生票据领购、开具、缴销行为，应及时登记票据管理清册，随时掌握票据管理清册存情况。
	3. 保管票据		财务负责人	5. 票据业务不相容职务未分离，由一人领购、开具、保管，无法做到相互监督与制约。	5. 财务部应设置单独的保险柜，由财务负责人负责保管票据，做到票据管理的专人、专责、专账、专柜管理。
票据开具	4. 申请开票 5. 部门负责人审核	开票申请单	业务部门	6. 虚开代开票风险。	6. 业务部门申请开具票据应编制开票申请单，列明业务内容、开票金额、开票对象信息等，票据开具应以真实业务发生为前提，不得虚开、代开。

续表

业务环节	业务流程	涉及单据	责任部门	风险点	控制措施
票据开具	6. 审批		财务负责人	7. 开票种类选择错误。 8. 付款户名与开票名称不符,可能导致票据开具错误。 9. 会费标准导致票据开具错误,会费标准混乱,可能导致会费疑虑收取乱费票据风险。 10. 给非会员开具会费票据,导致涉企收费违规风险。	7. 学会应按规定开具与经济业务活动相应的发票或财政票据。学会开展经营服务取得的收入,应开具增值税纳税义务发生时,应开具增值税发票;在向会员收取会费时,应开具社会团体会费票据,以及学会内部资金往来结算时,应开具资金往来结算票据,暂收、代收性质的财政资金,依法接受公益性捐赠的,应开具公益事业捐赠票据,不同种类票据不得混用,不得互相替代。 8. 财务负责人应审核开票户名与付款户名是否一致,不一致的,应及时查明原因,由他人代付的应由付款人提供委托付款与付款人签章的付款证明。 9. 财务负责人应审核会费标准与开票金额与会费标准是否一致,如存在一次收取多年会费或减免情况,应通知开票人在会费票据中做好"补交/减免/预收"等备注说明。 10. 会费票据必须给会员开具,不得给非会员开具票据。
	7. 开具票据	票据管理清册	票据专管员	11. 开具票据不规范。 12. 未建立票据保管清册,可能导致票据丢失、毁损、被盗现象。	11. 学会应将票据开具的具体要求在内控制度中予以明确,方便操作人依法依规执行。 12. 票据使用完毕,票据专管员应当填写票据管理清册,按顺序清理票据存根,定期装订成册。
	8. 保管票据		财务负责人	13. 票据开具完毕未及时入柜定位置。 14. 票据保存期限太短,票据随意销毁。	13. 票据的保管应由票据管理员负责,每次使用完毕后剩余票据需放回指定位置。 14. 学会应将发票和财政票据存根保存5年及以上,销毁须经财税部门查验或批准,尚未使用但应子作废销毁的财政票据,销毁使用单位名称登记造册,报原核发票据的财政部门或消取财政部门办理财政票据领用证的变更或者注销手续;对已使用的财政票据的存根尚未使用的财政票据应当分别登记造册,报财政部门核准,销毁。

第六章 合同与票据内控制度建设 121

续表

业务环节	业务流程	涉及单据	责任部门	风险点	控制措施
票据开具	9. 开票记账	收入、应收账款明细账	会计	15. 财务未依票登记账，可能导致应开票不开票，开票不入账等问题。	15. 会计应根据已开票据及时登记收入明细账，已开票未收款的同时登记应收账款明细账。
	10. 票据交付与催款	票据登记簿	业务部门	16. 未在票据登记簿上签字登记，可能导致票据重复开具。 17. 票据开具有误，或核对方退回。 18. 未及时催款，可能导致坏账。	16. 票据开出后，票据专管员应及时转交给开票申请人，并设立登记簿签字。 17. 业务部门收到票据后，应及时检查已开票据是否有误，如发现问题应及时重开。 18. 业务部门应及时将票据转交给付款人，属于先开票后付款的，应及时催款销账。
票据稽核	11. 收款销账	应收账款明细账	会计	19. 应收账款未按客户设置二级明细，导致应收债权无法落实到具体客户。	19. 会计核算应收账款时，应按客户全称设置二级明细科目，分别记录不同客户的欠款金额，收回欠款后应及时冲销相应客户的欠款余额。
	12. 开票收款核对	收入明细账、票据管理清册	票据专管员、会计	20. 开票登记与收入记账少勾稽核对，可能导致漏记或错记收入。	20. 票据专管员应结合票据管理清册中的开票情况，定期与会计的收入明细账进行核对，发现已开票未记账或记账金额错误等情形，及时查明原因予以更正。

续表

业务环节	业务流程	涉及单据	责任部门	风险点	控制措施
票据稽核	13. 票据检查	票据管理清册、应收账款明细账	财务负责人	21. 缺乏对票据使用情况进行定期监督。 22. 缺乏对票据开具的合法性进行定期检查。 23. 缺乏对已开票据的回款情况进行监督。	21. 票据稽核监督。学会应强化票据会计核算和财务监督的管理，由财务负责人定期对票据实际情况的领用、缴销、结存情况进行清点核查，做到票据管理清册与票据实际情况的反映相符，若有不符，出现票据遗失、毁损等原因，应及时查明原因，对原核发票据发原式报告以书面形式报告的财政部门，并自发现之日起3日内登报声明作废。 22. 财务负责人应定期对已开具票据的合法性进行稽核检查，对于出现违反票据使用范围违规收费行为的，应责令纠正，遏制各种乱开虚开现象，防止违规开具票据行为的发生。 23. 财务负责人应结合应收账款明细账定期检查已开票据对应的各项资金是否及时足额收回，是否存在开票不入账、坐收坐支、设立"小金库"，甚至收入私吞等贪污犯罪行为。

第七章　会计档案与印章内控制度建设

第一节　会计档案内控制度建设

会计档案是一种在会计核算活动中形成的具有一定保存价值的会计记录，是学会档案的重要组成部分。通过会计档案，可以了解学会业务的来龙去脉，进行经济前景的预测、决策，编制财务计划；利用会计档案资料，可以为解决经济纠纷，处理遗留的经济事务提供重要依据；政府监管机构通过会计档案，可以检查学会有无弄虚作假、违法乱纪等行为。可见，会计档案具有十分重要的利用价值。

一、会计档案概述

（一）认识会计档案

会计档案是指学会在进行会计核算等过程中接收或形成的，记录和反映学会经济业务事项的具有保存价值的文字、图表等各种形式的会计资料，包括通过计算机等电子设备形成、传输和存储的电子会计档案。具体包括以下内容：

1. 会计凭证，包括原始凭证、记账凭证。
2. 会计账簿，包括总账、明细账、日记账、固定资产卡片及其他辅助性账簿。
3. 财务会计报告，包括月度、季度、半年度、年度财务会计报告。

4. 其他会计资料，包括银行存款余额调节表、银行对账单、纳税申报表、会计档案移交清册、会计档案保管清册、会计档案销毁清册、会计档案鉴定意见书及其他具有保存价值的会计资料和满足规定条件的电子会计资料。

（二）会计档案内控的目标

学会应围绕以下目标设计会计档案内控制度：

1. 建立和完善会计档案的收集、整理、保管、利用和鉴定销毁等管理制度。

2. 采取可靠的安全防护技术和措施，保证会计档案的真实、完整、可用、安全。

3. 会计档案管理分工明晰，职责明确，档案保管和使用记录完整明晰，会计档案装订符合保存要求，信息完整。

4. 保证会计档案妥善保管、有序存放、方便查阅、严防毁损、散失和泄密，确保档案信息的可靠性和安全性，建立完善并严格执行会计档案交接规范。

5. 归档的材料进行基本的分类、组合和编目，使其系统化、科学化，有利于档案的保管和使用，提高档案归档工作的效率，提高档案工作的质量和效率。

6. 会计档案销毁符合国家规定，销毁记录完整清晰。

（三）会计档案内控应遵循的原则

学会开展会计档案内部控制，应遵循以下原则：

1. 集中统一管理原则。学会应将会计档案与其他档案资料集中安排专人统一管理，确保会计档案的安全与完整。

2. 保密原则。会计档案管理应严格遵守保密制度，履行保密手续，确保会计档案信息安全、不外泄。

3. 销毁法定原则。会计档案保管期限应符合法定要求，定期对已到保管期限的会计档案进行鉴定，并形成会计档案鉴定意见书，经鉴定可以销毁的会计档案，应当按照法定程序销毁。

二、会计档案业务流程

学会会计档案业务流程包括会计档案整理与移交、会计档案借阅与复印、会计档案销毁三个业务环节,具体可以细分为整理会计档案、加盖财务专用章和公章、档案移交、借阅复印与审批、使用与交回、鉴定会计档案、申请销毁与审批和正式销毁会计档案等业务流程。会计档案内控相关部门包括档案管理部门、财务部和秘书处。具体业务流程如图 7-1 所示。

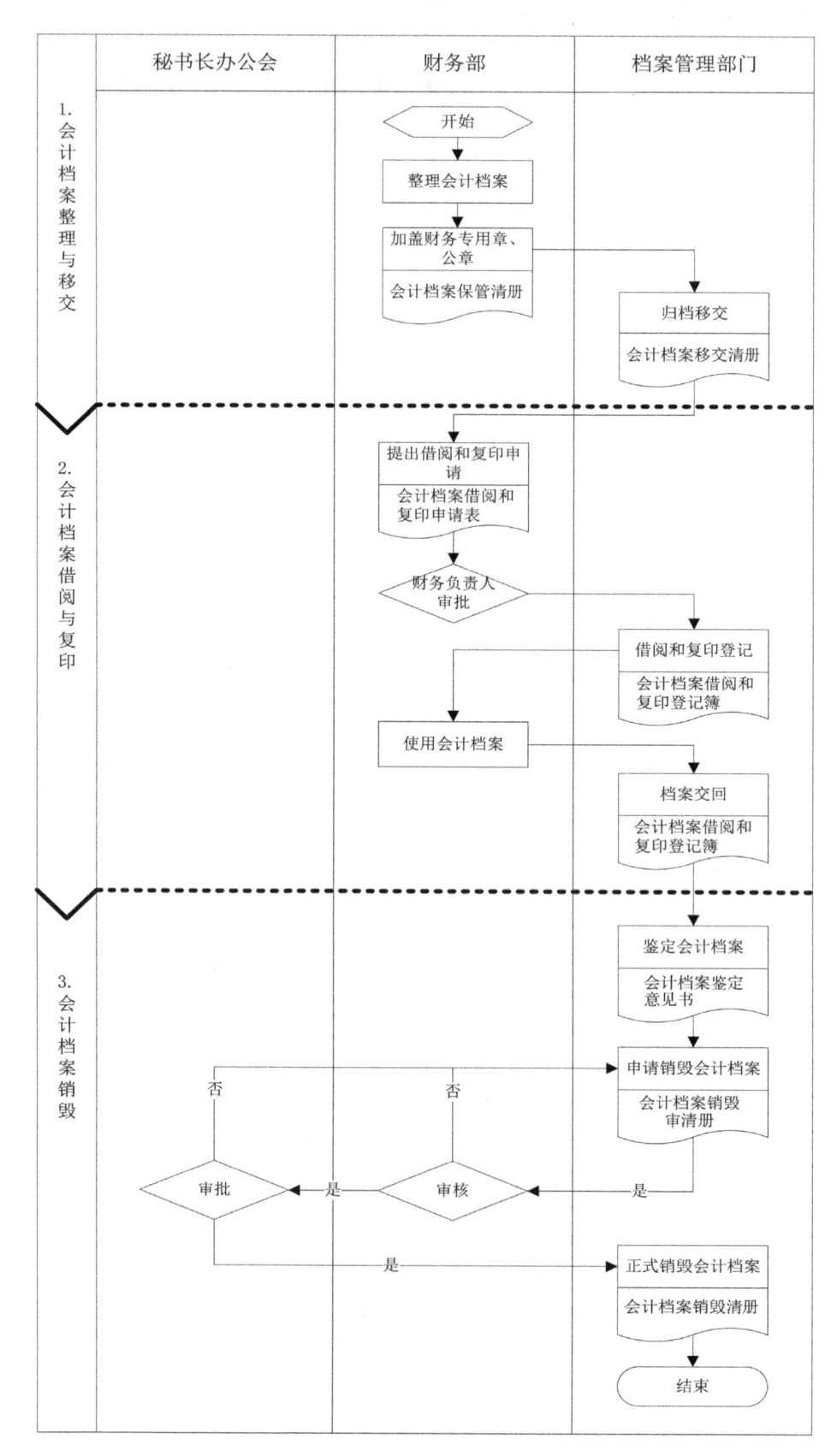

	秘书长办公会	财务部	档案管理部门
1. 会计档案整理与移交		开始 → 整理会计档案 → 加盖财务专用章、公章（会计档案保管清册）	归档移交（会计档案移交清册）
2. 会计档案借阅与复印		提出借阅和复印申请（会计档案借阅和复印申请表）→ 财务负责人审批 → 使用会计档案	借阅和复印登记（会计档案借阅和复印登记簿）→ 档案交回（会计档案借阅和复印登记簿）
3. 会计档案销毁	审批（否→、是→）	审核（否→、是→）	鉴定会计档案（会计档案鉴定意见书）→ 申请销毁会计档案（会计档案销毁审清册）→ 正式销毁会计档案（会计档案销毁清册）→ 结束

图 7-1　会计档案业务流程图

三、会计档案业务环节风险点分析矩阵

业务环节	业务流程	涉及单据	责任部门	风险点	控制措施
会计档案整理与移交	1. 整理会计档案 2. 加盖财务专用章、公章	会计档案保管清册	财务部	1. 会计档案整理不齐全。 2. 会计档案整理不及时，导致档案散乱，最终盖公章，可能丢失。 3. 档案封面信息不完整。 4. 会计档案装订成册后随意撤页，导致档案丢失、不完整。 5. 未编制会计档案保管清册，导致档案管理不规范，不利于查询和管理。	1. 财务部每年形成的会计档案，应当由财务部门按照归档要求，整理立卷，装订成册，编制会计档案保管清册。 2. 会计档案应于年度决算完成后一个月内将所打印的各种账簿，加具封面、封底，装订成册，并在封面上注明名称、所属期限、编号，连续编号，加盖财务专用章、公章。 3. 会计档案的封面应注明本册记账凭证的日期、编号，由财务负责人、会计人员封面装订人签章。 4. 会计凭证一旦装订成册，不得任意撤页、换页或抽页。 5. 财务部应当设置会计档案保管清册，严防会计档案的损毁、遗失和泄露。
	3. 档案移交	会计档案移交清册	档案管理部门	6. 会计档案长期由会计机构保管，缺少专人管理。 7. 会计档案移交缺少登记。 8. 档案经办人临时移交给档案时间过长，未及时移交档案无法及时归档保管。 9. 会计档案存放管理不规范，导致会计档案丢失。 10. 出纳兼管会计档案，违反法律法规。 11. 电子档案丢失，可能降低工作效率。	6. 财务部完成会计档案整理工作后移交给档案管理部门由专人管理，会计机构临时保管会计档案最长不超过三年。 7. 会计档案移交前，应填写会计档案移交清册，列明应当移交的会计档案名称、案卷号、保管期限等内容，并由移交人、接收人、监交人签字。 8. 当年形成的会计档案，在会计年度终了后，可由会计经办人保管一年，再移交档案管理员保管，因工作需要推迟移交的，应经财务部负责人同意。 9. 会计档案的存放，须有独立的档案室，配备专用档案柜，并且有一定的防盗、防火、防潮、防尘和防磁等安全措施。 10. 档案管理部门指定专门人员保管会计档案，出纳不得兼管会计档案。 11. 电子会计档案，每日由档案经办人备份，每月档案管理员通过移动硬盘再次备份，避免数据的篡改或丢失。

续表

业务环节	业务流程	涉及单据	责任部门	风险点	控制措施
会计档案借阅与复印	4. 提出借阅和复印申请	会计档案借阅和复印申请表	财务部	借阅和复印会计档案随意，缺少登记管理。	12. 会计档案查阅、复制、借出时须严格履行登记手续，严禁篡改和损坏，一般不得对外借出，不得将会计档案中家中保管，借阅人需要借阅和复印会计档案的，应填写会计档案借阅和复印申请表，注明借阅和归还日期等情况。
	5. 审批		财务部	13. 财务负责人对档案借阅情况不知情，导致重要会计机密泄露。	13. 财务负责人审批通过后，方可对外借阅和复印会计档案。
	6. 借阅和复印登记	会计档案借阅和复印登记簿	档案管理部门	14. 借出会计档案未登记，可能导致档案丢失。	14. 档案管理员对借出的会计档案应登记会计档案借阅和复印登记簿。
	7. 使用会计档案		财务部	15. 借阅人抽换会计档案、毁损、能导致档案外泄。	15. 借阅人在查阅、复印会计档案时，严禁在会计档案上涂画、拆封、抽换和携带外出。
	8. 档案交回	会计档案借阅和复印登记簿	档案管理部门	16. 借阅档案未归还，可能导致档案丢失。	16. 借出的会计档案，档案管理员要按期如数收回，并填写会计档案借阅和复印登记簿。

第七章　会计档案与印章内控制度建设

续表

业务环节	业务流程	涉及单据	责任部门	风险点	控制措施
会计档案销毁	9. 鉴定会计档案	会计档案鉴定意见书	档案管理部门	17. 保管期限未到，提前销毁会计档案。 18. 会计档案销毁前未进行鉴定。	17. 会计档案的保管期限分为永久、定期两类。永久保管的会计档案包括年度财务会计报告、会计档案保管清册、会计档案销毁清册、会计档案鉴定意见书；保管30年的会计档案包括原始凭证、记账凭证、总账、明细账、日记账、其他辅助性账簿、会计档案移交清册；保管10年的银行对账单、纳税申报表、季度、半年度财务会计报告、银行存款余额调节表、会计档案交接清册；固定资产卡片须在固定资产报废清理后保管5年。 18. 档案管理部门应定期组织财务人员对已到保管期限的会计档案进行鉴定，并形成会计档案鉴定意见书。经鉴定，仍需继续保存价值的会计档案，应当重新划定保管期限；对保管期满、确无保存价值的会计档案，可以销毁。
	10. 申请销毁会计档案	会计档案销毁清册	档案管理部门	19. 销毁会计档案缺少必要登记。	19. 档案管理员申请销毁会计档案的，应编写会计档案销毁清册，列明拟销毁会计档案的名称、卷号、册数、起止年度、档案编号、应保管期限、已保管期限和销毁时间等内容。
	11. 审核		财务部	20. 会计档案已到期但有未了事项，就进行销毁，可能导致未了事项缺乏证据，无法受法律保护。 21. 财务负责人未签署意见。	20. 财务部应审核预销毁会计档案是否存在未结清的债权债务会计凭证和涉及其他未了事项的会计档案，相关会计凭证不得销毁，纸质会计档案应当单独抽出立卷或转存相关会计档案，保管到未了事项完全结清为止；电子会计档案单独转存，应当在会计档案销毁意见书、销毁清册和会计档案保管清册中列明。 21. 财务负责人审核无误后，应在会计档案销毁清册上签署意见。
	12. 审批		秘书长办公会	22. 单位负责人未签署意见。	22. 秘书长办公会应对预销毁会计档案进行审批，单位负责人应在会计档案销毁清册上签署意见。

续表

业务环节	业务流程	涉及单据	责任部门	风险点	控制措施
	13. 正式销毁会计档案	会计档案销毁清册	档案管理部门	23. 会计档案销毁前缺少监销员监销、监销人在会计档案销毁清册上签名，应当按照会计档案销毁清册所列内容进行点核对和经办人签名。	23. 档案管理机构负责组织会计档案销毁工作，并与会计管理机构共同派员监销。监销人在会计档案销毁前，应当按照会计档案销毁清册所列内容进行点核对；在会计档案销毁后，应当在会计档案销毁清册上签名或盖章。电子会计档案的销毁还应当符合国家有关电子档案管理和信息系统管理的规定，会计管理机构和信息系统管理机构共同派员监销。电子档案管理机构、信息系统管理机构共同派员监销，并由学会监销。

第二节 印章内控制度建设

印章是学会权力的标志,是学会管理活动中行使职权的重要凭证和工具。印章的管理关系到学会正常经营管理活动的开展。加盖有印章的文件,是学会行使权利的依据,也是学会承担责任的凭证。因此,为了杜绝违法行为,维护学会利益,加强学会印章管理至关重要。

一、印章概述

(一) 认识印章

印章指学会公章、合同专用章、财务专用章、发票专用章和法人专用章等。

1. 公章。学会公章在所有印章中具有最高的效力,是法人权利的象征,审查是否盖有学会公章成为判断民事活动是否成立和生效的重要标准。除法律有特殊规定外(如发票的盖章),均可以公章代表法人意志,对外签订合同及其他法律文件,凡是以公司名义发出的公告、信函、公文、证明或其他公司材料均可使用公章。

2. 合同专用章。合同专用章主要用于加盖学会对外签订的合同,合同生效,学会承受相应的权利义务。

3. 财务专用章。财务专用章主要用于银行事务办理,以及学会财务往来的结算,比如银行的各种凭证、汇款单、支票的用印。

4. 发票专用章。发票专用章是学会向税务局申领发票之用,在税务局办发票领购的时候,需要盖发票专用章。

5. 法人专用章。法人专用章主要用于学会有关决议、对外签署合同,以及银行有关事务办理时使用。

上述五枚印章是学会设立时需要刻制和备案的,学会加盖印章意味着以下法律效力的形成:

1. 印章代表主体。无论是公章还是个人名章,经行政机关(公安机关)备案公示后都代表着申请刻制印章的主体。需要特别说明的是,公安机关备案的法人人名章，其代表的是学会主体（如法定代表人），而不再代表该人名对应的自然人，其属于学会印章范畴。

2. 加盖印章的含义是以印章主体身份做出意思表示或表达意志。通俗说，就是以主体身份表达某种意愿、意志，例如签署合同（多方或双方法律行为）、授权（单方法律行为）、通报公告（意志）等。

3. 加盖印章的目的多为设立、变更、消灭法律关系，以及以主体身份做出的说明等。前者如和客户签约、授权学会员工办理对公事务、开具收货证明、结清证明等，后者如发布春节放假通知等。加盖印章的背后是权利、义务，这些权利、义务可能对应着相应的名誉、荣誉、商誉、金钱等。

除此之外，根据法院的裁判规则，学会为了便利开展业务，没有在公安机关备案，但曾经对外部实际使用的印章，对学会也具有拘束力。

（二）印章内控的目标

学会应围绕以下目标设计印章内控制度：

1. 增强印章使用风险防范意识与责任意识，确保严格按照印章管理要求对各类型印章进行有效管理，规避运营风险。

2. 建立印章使用审批流程，有效的审批流程不但能够提高工作效率，更能通过学会内部不同层级的授权来实现印章的层次化管理，真正做到审批者有责、使用者有责。

3. 建立印章使用留痕机制，实行印章使用登记制度。学会应当建立统一的印章使用台账。各部门申请用印应履行相应的审批程序，并在印章使用台账完整登记用印内容、用印人等信息。

（三）印章内控应遵循的原则

学会开展印章内部控制，应遵循以下原则：

1. 分类管理原则。学会应安排专门部门负责印章的刻制申报、登记备案和监督使用等综合管理工作。办公室一般负责公章和合同专用章的保管，财务部负责财务专用章、发票专用章和法人专用章的保管。

2. 专人专柜保管原则。各部门必须安排专人专柜保管，存放于安全场所，做到随用随锁。

3. 分散保管原则。印章保管应注意规避职责冲突，法人专用章、财务专用章和公章不能由同一人保管。

二、印章业务流程

学会印章业务流程包括印章的刻制、印章的保管与使用、印章使用监督三个业务环节，具体可以细分为申请印章刻制与审批、印章启用登记、印章保管、印章申请使用与审批、印章使用登记、印章使用监督与盘点、报告与问题整改等业务流程。印章内控相关部门包括办公室、财务部、秘书处，以及业务部门和分支机构等印章使用部门。具体业务流程如图7-2所示。

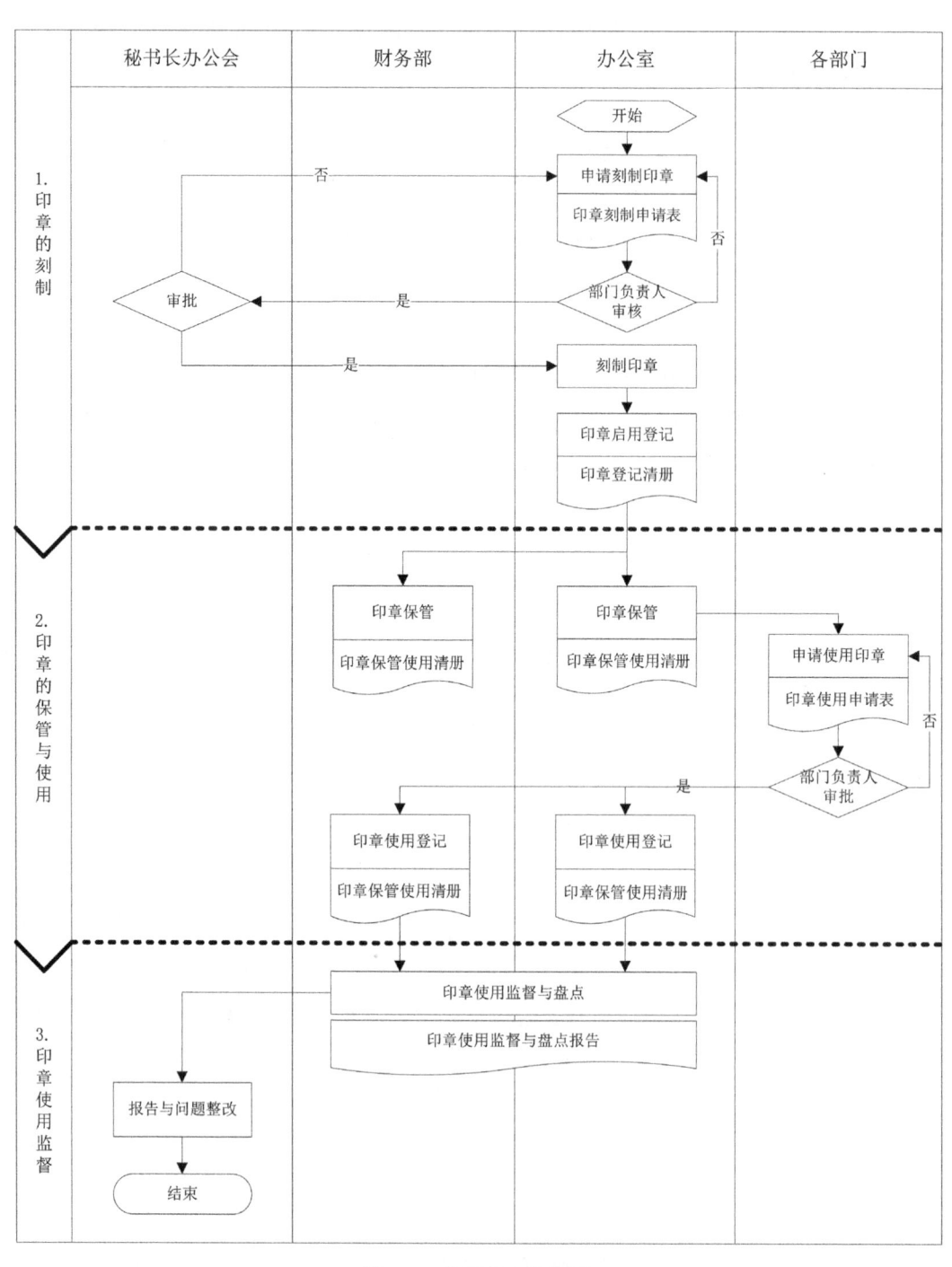

图 7-2 印章业务流程图

三、印章业务环节风险点分析矩阵

业务环节	业务流程	涉及单据	责任部门	风险点	控制措施
印章的刻制	1. 申请刻制印章 2. 部门负责人审核 3. 审批	印章刻制申请表	办公室 秘书长 办公会	1. 印章刻制缺少审批程序，导致私刻印章，且未刻印章管理部门备案。	1. 学会印章的刻制统一由办公室负责办理，其他部门不得刻制印章。刻制印章前，应由办公室经办人员填制印章刻制申请表，经部门负责人审核，秘书长办公会审批后，由办公室人员统一在公安机关核准指定的单位刻制并备案。
	4. 刻制印章		办公室	2. 同一印章，刻制多枚，可能导致舞弊风险。	2. 严格控制印章的刻制，禁止以同一内容、同一序号刻制多枚印章。
	5. 印章启用登记	印章登记清册	办公室	3. 印章刻制后没有下发正式启用文件，未明确印章使用范围和使用时间。	3. 办公室在印章交付使用前，应在印章登记清册做好备查登记，并在内部下发印章启用文件，明确印章使用范围和使用时间。
印章的保管与使用	6. 印章保管	印章保管使用清册	办公室 财务部	4. 印章未设专人专柜保管，可能导致丢失、被盗。 5. 印章保管未规避舞弊行为，可能导致职责冲突。 6. 分支机构印章未统一管理。 7. 印章代保管缺少报告机制。	4. 印章必须安排专人专柜保管，存放于安全场所，财务负责公章和合同专用章的保管，财务专用章、发票专用章由财务部门负责保管。负责保管的人员应建立印章保管使用清册。 5. 印章保管应注意规避职责冲突，财务部负责保管的法人专用章与财务专用印章应由不同人员保管。 6. 对分支（代表）机构印章要实施统一保管，并按要求填写和妥善保存印章保管使用登记。 7. 印章保管人长时间外出时，应报告部门负责人，经指定代理人后，移交有关人员代管，代管结束，代管人应将印章使用登记一并交回。

续表

业务环节	业务流程	涉及单据	责任部门	风险点	控制措施
	7. 申请使用印章 8. 部门负责人审批	印章使用申请表	各部门及分支机构	8. 未经审批使用印章，可能引发法律风险。	8. 印章的使用地在办公室内，任何人未经授权均不得擅自使用印章，各部门及分支机构需要使用印章或外借印章的，应由经办人填写印章使用申请表，详细记录使用印章的人、用印事由、用印时间，印章交回时印章使用信息，经部门负责人审批后，到印章保管部门申请用章使用。
	9. 印章保管使用登记	印章保管使用清册	办公室财务部	9. 加盖印章的文件未经审核，可能导致印章乱盖。 10. 空白文件加盖印章陷入法律纠纷。 11. 印章未加盖在指定位置，可能导致相关文件无效。	9. 印章管理人员应对印章使用申请表和用印文件认真审查，审核相关文件与申请用印内容是否一致，审核无误后，空白处加盖印章。 10. 严禁印章管理人员在空白介绍信、空白单据等空白文件上加盖印章。 11. 印章使用时要压在落款文字上，不得盖在空白纸张，要端正、清晰、美观，便于识别。
印章使用监督	10. 印章使用监督与盘点	印章使用监督与盘点报告	办公室财务部	12. 未定期盘点印章和用印登记，印章丢失或被盗后无法及时发现，存在潜在的用印风险。	12. 学会应定期对印章使用的登记情况和印章实物存放情况进行监督和盘点，形成印章使用监督与盘点报告，若发现印章遗失或有印章造假的情况，应及时报告。
	11. 报告与问题整改		秘书长办公会	13. 用印问题未及时整改。	13. 秘书长办公会应对报告中发现的用印问题认真总结，督促相关部门和人员及时整改，并完善相关管理规定。

第八章 财务报告与监督内控制度建设

第一节 财务报告内控制度建设

财务报告借助国际通用的会计语言记录和反映了学会的经济业务情况和财务状况,是学会管理者、政府监管者、外部合作者快速了解学会情况,且具备法律效力的媒介。财务报告记录信息的真实、可靠直接影响到报告使用者对学会的决策与判断。因此,加强对财务报告的内部控制和管理,显得尤为重要。

一、财务报告内控概述

(一) 认识财务报告

财务报告,是反映学会财务状况、业务活动情况和现金流量等的书面文件。其核心是向财务报告的使用者反馈学会过去一段期间的经营活动与财务成果。学会属于非营利组织,资金主要来源于会员缴纳的会费、政府委托项目的经费、企业对非营利活动的资助费,以及社会公众的捐赠,这些资源进入学会往往是限定使用用途的,比如政府补助资金是限定用于执行指定项目的,会员缴纳会费是希望开展会员活动的,这种外部限定性就产生了重要的受托责任。因此,学会有义务向会员、政府、支持企业、捐赠人报告资金的使用情况及相关会计信息,以评价其受托责任的履行情况。

学会应当划分会计期间，分期结算账目和按期编制财务报告。财务报告分为年度财务会计报告和中期财务会计报告。年度财务会计报告是以整个会计年度为基础编制；中期财务会计报告则是以短于一个完整的会计年度的期间（如半年度、季度和月度）为基础编制。中期财务会计报告的内容相对于年度财务会计报告可以适当简化，但也要包括中期期末财务状况和中期业务活动情况及其现金流量相关的重要财务信息。

（二）财务报告的内容

财务报告由会计报表、会计报表附注和财务情况说明书组成。其中会计报表包括资产负债表、业务活动表和现金流量表。学会对外提供的财务会计报告的内容、会计报表的种类和格式、会计报表附注应予披露的主要内容等，由《民间非营利组织会计制度》规定。学会也可以根据自身管理需要编制内部会计报表，其报告格式由学会自行规定。

1. 资产负债表

资产负债表，是反映学会在资产负债表日的资产、负债和净资产金额的报表。借助资产负债表，使用者可以掌握如下信息：

（1）某一时点学会拥有和控制的资产总额及其构成。

（2）某一时点学会因过去的交易或者事项形成的现时义务（负债）及其构成。

（3）某一时点学会运营资产所产生的经济利益（非限定净资产）和限定性净资产的结余情况。

学会作为非营利组织，其资产负债表与企业相比有一定特色，财务人员在编制报表时应重点关注以下三点区别：

（1）净资产。非营利组织不存在股东的概念，不存在组织归谁所有的划分。因此，企业资产负债表中的"实收资本""资本公积""未分配利润"等报表项目均不适用非营利组织。非营利组织发起人投入的初始资金和机构运营的收支结余均作为"净资产"，并按其是否受到限制，分为限定性净资产和非限定性净资产在资产负债表中列报。

（2）受托代理资产和负债。学会从委托方收到受托资产，并按照委托人的意愿将资产转赠给指定的其他组织或者个人，学会本身只是在交易过程中起中介作用，无权改变受托代理资产的用途或者变更受益人，收到和交付委托资产时不应认定为一项收入和支出，应作为受托代理资产和负债在资产负债表分别列报。

（3）文物文化资产。学会用于展览、教育或研究等目的的历史文物、艺术品以及其他具有文化或者历史价值并作长期或者永久保存的典藏等，在资产负债表中，应当单独填列"文物文化资产"项目予以反映。

2. 业务活动表

业务活动表，是反映一定时期内（如月度、季度或年度）学会运营业绩的财务报表，列示内容包括学会在当期取得的收入、发生的费用以及净资产的变动情况。业务活动表的主要功能是用以评价学会的经营绩效。

学会的业务活动表相当于企业的利润表，两者的区别表现在以下几个方面：

（1）报表项目的区别。部分报表项目体现非营利组织特点，例如捐赠收入、会费收入、政府补助收入、筹资费用等。

（2）收入的限定与非限定区分。如果资产提供者对资产的使用设置了时间限制或者（和）用途限制，则所确认的相关收入为限定性收入；除此之外的其他所有收入，为非限定性收入。换句话说，非营利组织对于各项收入按是否存在限定区分为非限定性收入和限定性收入进行核算。

（3）企业利润表中的收入扣除成本、费用形成利润，非营利组织没有"利润"的概念，业务活动表中的收入扣除成本、费用后，形成"净资产的变动额"，增加或减少资产负债表中的"净资产"。

3. 现金流量表

现金流量表，是反映一定时期内（如月度、季度或年度）学会经营活动、投资活动和筹资活动对其现金及现金等价物所产生影响的财务报表。其中现金，指学会库存现金以及可以随时用于支付的存款；现金等价物，指学会持有的期限短、流动性强、易于转换为已知金额现金、价值变动风险很小的投资。

编制现金流量表的目的是便于会计报表使用者了解和评价学会获取现金和现金等价物的能力，并据以预测学会未来现金流量。

4. 会计报表附注

会计报表附注，是对资产负债表、业务活动表和现金流量表等报表中列示项目的文字描述或明细资料，以及对未能在这些报表中列示项目的说明等。会计报表附注可以使报表使用者全面了解学会的财务状况、经营成果和现金流量。会计报表附注至少应当包括下列内容：

（1）重要会计政策及其变更情况的说明。

（2）理事会（或类似权力机构）成员和员工的数量、变动情况以及获得的薪金等报酬情况的说明。

（3）会计报表重要项目及其增减变动情况的说明。

（4）资产提供者设置了时间或用途限制的相关资产情况的说明。

（5）受托代理业务情况的说明，包括受托代理资产的构成、计价基础和依据、用途等。

（6）重大资产减值情况的说明。

（7）公允价值无法可靠取得的受赠资产和其他资产的名称、数量、来源和用途等情况的说明。

（8）对外承诺和或有事项情况的说明。

（9）接受劳务捐赠情况的说明。

（10）资产负债表日后非调整事项的说明。

（11）有助于理解和分析会计报表需要说明的其他事项。

5. 财务情况说明书

财务情况说明书，是对学会一定会计期间内财务、成本等情况进行分析总结的书面文字报告，也是财务报告的重要组成部分。财务报告说明书全面提供学会经营活动情况，分析总结经营业绩和存在问题及不足，是学会财务报告使用者，特别是理事会了解和考核学会经营以及业务活动开展情况的重要资料。财务情况说明书至少应当对下列情况作出说明：

（1）学会的宗旨、组织结构以及人员配备等情况。

（2）学会业务活动基本情况，年度计划和预算完成情况，产生差异的原因分析，下一会计期间业务活动计划和预算等。

（3）对学会业务活动有重大影响的其他事项。

（三）财务报告内控的目标

学会财务报告内部控制建议围绕以下目标设计：

1. 确保财务报告严格按照《民间非营利组织会计制度》规定的基础、依据、原则和方法编制。

2. 保证财务报告信息真实、可靠、及时提供，避免因虚假记载、误导性陈述、重大遗漏和未按规定及时披露导致损失。

3. 充分运用财务分析方法和指标体系，分析学会运营管理状况和存在的问题，为管理层的决策提供可靠依据。

（四）财务报告内控应遵循的原则

学会开展财务报告内部控制，应遵循以下原则：

1. 真实性原则。财务报告是依据真实发生的业务事项按照统一的会计制度核算、登记、汇总而成，以确保真实反映学会业务活动情况和财务状况。

2. 准确性原则。财务报告要以核对无误的会计账簿记录为依据，登记的数字要确保准确。

3. 完整性原则。财务报告体系中的各类报表应编制齐全，不得缺表、少表；在填写时，财务报表中包含的每个项目的数据除未发生者外，都必须填写齐全，不得遗漏，尤其要注意根据国家收支统一管理、全面反映财务各项收支的要求，将发生的有关收支项目全部编入财务报表中；除财务报表外，针对财务报表有关需要说明的事项，应编写会计报表附注和财务情况说明书，从而形成一份完整的财务报告。

4. 及时性原则。财务报告应按照国家会计制度规定的时间及要求按时编制，并按照政府部门、主管部门和其他财务信息使用者规定的时间及时报送。

二、财务报告业务流程

学会财务报告业务流程包括财务报告编制、财务报告对外提供和财务报告应用三个业务环节，具体可以细分为制定财务报告的编制方案、确定重大事项的会计处理、清查资产核实债务、结账、编制学会母体财务报告、编制分支机构或下属实体财务报告、编制合并财务报告、财务报告审核审批、归档保存、对外提供，以及财务分析、分析结果运用和监督改正等业务流程。财务报告内控相关部门包括财务部、秘书处和理事会（常务理事会）。具体业务流程如图 8-1 所示。

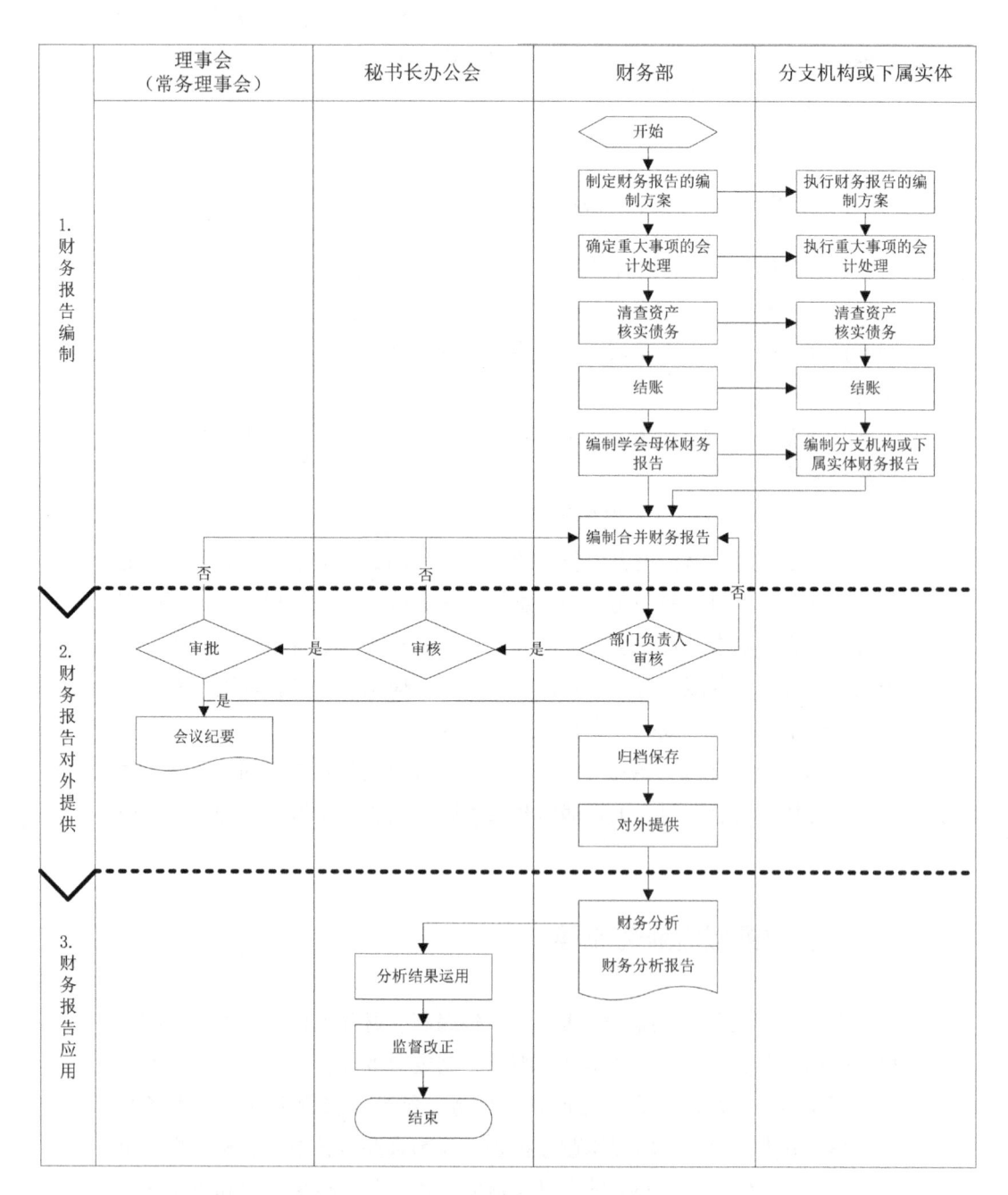

图 8-1 财务报告业务流程图

第八章 财务报告与监督内控制度建设

三、财务报告业务环节风险点分析矩阵

业务环节	业务流程	涉及单据	责任部门	风险点	控制措施
财务报告编制	1. 制定财务报告的编制方案	财务报告编制方案	财务部	1. 会计政策未能及时更新，不符合有关法律法规。 2. 重大会计估计、会计政策变更未经审批，导致会计政策使用不当。 3. 会计政策未能有效贯彻、执行，各部门职责分工不清，政策理解速度不一致，可能导致信息传递出现差错、遗漏、式不标准等。 4. 财务报告编报各步骤时间安排不明确，可能导致编制进度延后，违反相关报送要求。	1. 学会编制财务报告所遵循的会计政策应符合国家有关会计法规和最新监管要求。学会应按照国家制定的最新会计制度规定，结合自身情况制定学会统一的会计政策。学会应指定专人关注与会计相关的法规政策变化及监管部门的最新规定等，并及时对学会的内部会计规章制度和财务报告流程作出相应的更改。 2. 学会适用的会计政策和会计估计的调整，无论法规强制还是自愿，均应由财务部编写财务报告编制方案，由财务负责人审核，经秘书长办公会审批后执行。 3. 学会应建立完备的信息沟通渠道，将内部会计规章和财务流程、会计科目表和报表格式等相关文件及时有效地传达至相关人员，使其了解相关职责要求，掌握适当的会计知识，会计政策并有效执行。财务部可通过内部审计等方式，定期进行测试，保证会计政策并有效执行；各部门应及时向财务部提供编制财务报告所需信息，并对信息的真实性完整性负责。 4. 财务部应根据编制财务报告的报送要求，倒排工时，为各步骤设置关键时间点，并掌控各部门工作进度，及时提醒。
	2. 确定重大事项的会计事项的处理	重大事项财务处理请示报告		5. 学会对非货币性交易、公允价值计量、资产减值等重大事项的会计处理不当，导致财务报告无法真实反映学会实际情况。	5. 财务部应对财务报告产生重大影响的重大事项予以充分关注。重大事项包括以前年度审计调整对当期的影响，会计制度的变化及对财务报告的影响，新增业务和其他发生的事项及对财务报告的影响，上述重大事项应由财务部编写重大事项财务处理请示报告，由财务负责人审核，经秘书长办公会审批后执行。

续表

业务环节	业务流程	涉及单据	责任部门	风险点	控制措施
	3. 清查资产核实债务	资产盘点表、资产负债核对表		6. 资产负债账实不符，虚增或虚减资产负债。 7. 资产负债的账实相符的差异未得到及时审批和相应的会计处理，导致差异长期存在。	6. 财务部应在编制财务报告前，组织财务和相关部门进行资产清查、价值测试和债权债务内控制度中明确具体内容，并在相关内控制度中明确具体内容。 7. 财务部应当分析清查过程中发生差异的原因，取得合法证据，提出处理意见，报经秘书长办公会审批后，按民间非营利组织会计制度的规定作出会计处理。
	4. 结账	反结账申请单		8. 账务处理存在错误，导致账证、账账不符。 9. 结账时间不符合相关规定。 10. 随意进行反结账操作修改财务信息。	8. 财务部编制财务报告前，应在日常定期核对会计信息的基础上完成对账、调账、差错更正等业务，确保财务处理符合民间非营利组织会计制度和会计制度的核算方法，然后实施关账操作。 9. 财务部应当严格执行会计制度要求，将当期发生的交易或事项记在当期，不得为迟编财务报告而提前结账，或把当期发生的交易或事项延至下期登账，不得不编财务报告而延后结账。 10. 如果在结账之后需要重新打开已关闭的会计期间执行调账工作，须填写反结账申请单，经财务负责人批准后进行。
	5. 编制学会母体单体财务报告	母体单体财务报告		11. 因下属实体与学会适用的会计制度不一致而不合并。 12. 财务报告格式不标准，报告数据不完整，不准确。 13. 财务分工不明确，未实施交叉核对，可能导致表间数据勾稽错误。	11. 学会应当统一下属实体所采用的会计政策，使下属实体与学会不一致的，应当按照学会的会计政策对下属实体财务报表进行必要的调整，或者要求下属实体按照学会的会计政策另行编报财务报表。 12. 财务部应按照《民间非营利组织会计制度》规定的财务报告种类、格式和内容，根据登记完整、核对无误的会计账簿的有关资料编制财务报告，做到内容完整、数字真实、计算准确、不得瞒报、漏编报或编制范围不完整。 13. 财务部编制财务报告前应明确编制财务报告编制岗位的分工及职责；财务报告负责人负责制定财务报告编制规范后取舍。

第八章　财务报告与监督内控制度建设 | 145

续表

业务环节	业务流程	涉及单据	责任部门	风险点	控制措施
					编制岗位负责根据财务账簿汇总编制财务报告，确保财务报告项目与相关会计科目对应关系正确，计算公式无误；财务负责人负责财务报告的校验审核工作，包括期初数核对，财务报告内有关项目的对应关系审核，期末数与试算平衡表的初稿核对，财务报告与财务报表以及财务报表审核，表间勾稽关系校验等。
	6. 学会设立的独立核算的分支机构和存在控制关系的下属实体，均需执行学会统一制定的财务报告编制方案，清查资产核实债务、结账和编制单体财务报告等业务流程。				
	7. 编制合并财务报告	学会财务报告	财务部	14. 财务报告合并范围不完整。 15. 学会的下属实体（代表）未按法规要求编制合并财务报表。 16. 学会的分支（代表）机构未按法规要求编制汇总财务报表。 17. 合并内部交易事项及合并抵消分录不准确。	14. 学会应当编制合并财务报告。财务部应依据学会最新的分支机构组织结构图，确定财务报告的合并范围。 15. 学会持有对外投资，占投资单位资本总额50%以上（不含50%），或者虽然实体股权投资不足50%但具有实质上的控制权的，或者对被投资单位具有控制权，应当编制合并报表。 16. 学会的财务会计报告范围和审计范围应当包含所有分支（代表）机构独立核算的学会分支（代表）和学会一会计年度终了时将合并报表并入学会会计账簿，定期向学会报告收支、合计核算，按照《民间非营利组织会计制度》的要求进行设置会计账簿，定期向学会报告收支情况，并在每一会计年度终了时将合并报表并入学会会计账簿。 17. 财务部负责收集、审核下级单位财务报告，并汇总出本级次的财务报告，其中内部交易事项和在抵消分录应由本级财务负责人审核。

续表

业务环节	业务流程	涉及单据	责任部门	风险点	控制措施
	8. 部门负责人审核	学会财务报告	财务部	18. 财务报告未经审核，编制责任未落实。	18. 财务报告对外提供前须按规定程序审核。财务负责人应对财务报告格式的合规性、内容的真实性、完整性、准确性等予以审核，并签名盖章。
	9. 审核		秘书长办公会	19. 财务报告签名责任不明，可能导致签名责任不清。	19. 学会负责人应对财务报告整体的合法合规性予以审核，并签名盖章。
	10. 审批		理事会	20. 财务报告未经理事会审批或未做会议记录。	20. 学会对外财务信息披露属重大财务事项，应由会员（代表）大会或理事会（常务理事会）、监事会（监事）决策，并形成会员大会议议纪要。学会应定期向理事会（常务理事会）、监事会（监事）和会员（代表）大会报告财务状况，定期向中国科协报送年度财务报告。
财务报告对外提供	11. 归档保存			21. 财务报告未归档成册，或少签名盖章。	21. 学会财务报告应当依次编页数，加具封面，组织登记证号，组织形式，地址，报表形式，装订成册。封面上应当注明：组织名称，组织登记证号，组织形式，地址，报表负责人，报表日期（会计主管人员）签名并盖章；设置负责人（会计主管人员）签名并盖章。
	12. 对外提供		财务部	22. 财务信息泄露或者让不知晓的对象获悉。 22. 对外提供的财务报告经审核流程把关。 24. 未能及时对外提供财务报告。 25. 未按规定履行信息公开责任。	22. 学会应设置严格的保密制度，对能够接触财务报告信息的人员进行权限设置，确保财务信息安全。 23. 学会对外提供的财务报告由财务部统一负责，经规定审批程序后由专人负责对外提供，任何个人不得私自提供，确保所提供的财务报告数据真实、完整、准确。 24. 学会的年度财务报告应在业务主管单位或民政部门规定的期限内对外提供。如果学会被要求对外提供中期财务报告的，至少应当于年度终了后4个月内对外提供。如政有明确规定的，应当在规定的同内对外提供。 25. 学会应建立和完善财务信息公开制度。通过特定的媒介方式，主动定期向社会公开财务信息，不得有虚假记载、误导性陈述或重大遗漏，保证信息公开真实、准确、完整、及时。

续表

业务环节	业务流程	涉及单据	责任部门	风险点	控制措施
财务报告应用	13. 财务分析	财务分析报告	财务部	26. 缺少对财务报告的分析和问题总结。	26. 财务部应定期编写财务分析报告，并通过定期召开财务分析会等形式对分析报告的内容予以完善，以充分利用财务报告反映的综合信息，全面分析学会的运营管理状况和存在的问题，不断提高学会运营管理水平。
	14. 分析结果运用		秘书长办公会	27. 财务分析流于形式，未达成提升管理的实际作用。	27. 秘书长办公会应针对财务分析情况，尤其是存在的问题，组织相关部门负责人追溯问题原因，提出有效解决措施，必要时可以邀请外部专家共同研讨，属于管理制定缺失或不完善的，应及时增补或修订相关制度。
	15. 监督改正			28. 相关责任部门未落实改正。	28. 秘书长办公会应根据分析报告的意见，明确各部门职责，督促责任部门的落实情况。

第二节　内控制度实施的监督与评价

学会的内控制度随着时间而变化，曾经有效的控制措施可能会变得不相关，控制活动可能会失效，或者不再被执行，学会的目标也可能发生变化。面对这些变化，学会管理层需要定期或不定期对内控制度实施的有效性进行监督和自我评价，以确保各项控制流程、控制措施、制度条款能够持续执行。

一、监督与评价的对象

内控制度实施的监督与评价是对内控制度的有效性进行监控和发表意见。内控制度的有效性是学会建立与实施内控制度体系，对内控目标的实现提供合理保障的程度，具体包括内控制度设计合理性和内控制度运行有效性。内控制度设计合理性是指为实现控制目标所必需的内控要素都存在，并且设计恰当；内控制度运行有效性是指在内控制度设计合理的基础上，现有内控制度是否按照规定程序得到了正确执行。

学会可以单独设立监督部门或岗位，明确岗位职责权限，规定内部监督的程序和要求，定期或不定期检查以下事项：

1. 学会内控制度和机制的建立情况，现有内控制度是否在风险评估的基础上涵盖了学会各项重要业务活动的风险。

2. 学会内部控制关键岗位及人员的设置、职责分工和授权是否合理。

3. 学会是否建立有利于促进内控制度条款落实和问题整改的机制。

二、监督与评价的步骤

对内控制度进行监督与评价主要是为了发现内部控制中的具体问题，特别是制度缺失、损失浪费、非授权使用或滥用职权等问题，找出失控原因，提出相应的整改方案、补救措施。学会开展内控制度的监督与评价可以参考以下步骤：

（一）拟定资料清单

学会开展内控制度监督与评价，通常是先通过资料审查，寻找潜在的制度设计缺陷，然后确定现场工作的业务范围和需要访谈的问题，通过现场检查和访谈，进一步确定重点检查范围。所以，在开始监督与评价之前，需要先列出所需资料清单，以便对学会内控制度基本情况有所了解。内控制度监督与评价的主要资料清单包括：

1. 学会组织架构图。
2. 部门职能和岗位说明书。
3. 学会职能部门设置情况。
4. 内控制度汇编。
5. 年度工作报告和工作计划。
6. 信息系统资料。
7. 主要项目情况。
8. 财务报表等。

（二）获取证据

学会通过现场抽样调查、穿行测试、访谈等方式，跟内控制度相关部门人员进行充分沟通，了解内控制度设计和执行的基本情况、主要业务风险点和关键控制措施，获取与内控制度有效性相关的证据，并做好工作记录，必要时由相关责任人签字确认。

（三）专业判断

学会根据所收集的证据，判断相关制度的设计与运行是否合理有效。学会在判断内控制度设计合理与运行有效时，可以考虑下列因素：

1. 是否针对风险设置了合理的细化控制目标。
2. 是否针对细化控制目标设置了对应的控制措施。
3. 控制措施是否通过制度予以体现。
4. 相关制度条款是否得到了持续一致的运行。
5. 制度是否覆盖了主要经济业务。
6. 制度内容的可执行性。

7. 制度之间的一致性。

8. 制度与现行法律法规是否存在抵触。

9. 制度相关控制人员是否具备必要的权限和能力。

10. 与内控制度监督评价相关的其他因素。

(四) 对内控制度缺陷进行分类和认定

学会在内控制度监督与评价中，应对内控制度缺陷进行分类分析，对发现的问题可以从定量和定性等方面予以衡量，判断是否构成内控制度缺陷。存在下列情况之一的，学会应当认定内控制度存在设计或执行缺陷：

1. 未实现规定的控制目标。

2. 未执行规定的控制活动。

3. 突破规定的权限。

4. 不能及时提供控制运行有效性的相关证据。

无论是设计缺陷还是执行缺陷，在评价其严重程度时，一般被分为三级：重大缺陷、重要缺陷和一般缺陷。其中，重大缺陷，是指可能导致学会严重偏离控制目标；重要缺陷的严重程度或经济后果低于重大缺陷，但也可能导致学会偏离控制目标；而一般缺陷则是除重大缺陷、重要缺陷之外的其他缺陷。三类缺陷的具体认定标准，由学会管理层根据风险容忍度自行确定。

(五) 编写内控制度监督与评价报告

内控制度监督与评价报告主要说明内控制度是否符合国家有关规定，是否符合学会管理战略和方针，是否满足学会运营管理需要，是否有利于学会经营目标的实现，内控制度在运行中存在的漏洞或缺陷，改进的措施及具体计划和进度安排等。

三、整改与持续改进

针对内控制度监督与评价过程中发现的内控缺陷，学会应组织相关业务部门讨论核实，结合相关法律法规和行业最佳实践，查找这些缺陷形成的根本原因，集体讨论并提出内控制度的整改建议，并制定切实可行的整改方案。

　　发现问题的相关部门应当根据整改方案,积极采取有效措施进行整改,力争把风险控制在可承受范围之内。整改期间,学会应定期组织人员对缺陷整改情况进行跟踪、审查。整改期满,应对整改情况进行验收。通过内控制度的监督与评价发现缺陷、整改缺陷,然后再检查、整改,不断完善、更新,实现内控制度体系的持续改进。

第九章 信息系统与业财融合

如果说，建立一套完善可行的内控制度体系是内控制度建设 1.0 版，那么，将内控制度体系用信息系统来落地执行可谓是内控制度建设的 2.0 版。在当今信息化时代下，信息已经成为创造竞争优势和风险源头防控的重要资源。借助现代计算机和信息技术，将业务流程、制度标准、财务核算嵌入信息系统中，将提高信息收集、传递、分析、报告等工作的处理速度，降低员工之间的沟通成本，改变员工传统工作方式，促进业务与财务的管理融合。

第一节 信息系统概述

一、认识信息系统

《企业内部控制应用指引》将信息系统定义为：企业利用计算机和通信技术，对内部控制进行集成、转化和提升所形成的信息化管理平台。从定义分析，信息系统是由计算机硬件、软件、数据通信装置、内控制度和有关人员等组成的人造系统，通过及时、正确地收集、加工、存储、传递和提供信息，系统性管理与学会活动有关的信息，以支持学会各级管理决策与各项业务活动。

二、信息系统的功能

信息系统包括信息处理、事务处理、计划控制、预测决策四个主要功能。

（一）信息处理功能

这是信息系统最基本的功能，涉及数据的采集、输入、加工、存储、传输和输出。通过合理分析信息管理者的需求，信息系统可以全面系统地组织信息，并通过相应的技术手段加工、分析和输出相应信息，为有效应用信息奠定数据基础，如合同档案管理、员工档案管理等。

（二）事务处理功能

信息系统直接支持各项业务职能的具体实现，协助各部门完成最基本的、每日例行的业务处理活动，帮助管理人员完成一些烦琐的重复性劳动，使他们将更多的精力投入系统不可替代的管理决策工作之中，如费用报销审批、会计自动记账、实时财务报告等。

（三）计划控制功能

利用信息系统合理安排各部门的计划，向不同层级的管理人员提供相应的计划报告，并对计划的执行情况进行检测、检查，比较执行差异，并分析原因，辅助管理人员及时应对和跟进，如预算管理、项目进度提醒、财务风险预警等。

（四）预测决策功能

通过运用数学、数理统计或模拟等模型化方式，对内部和外部数据进行处理，力图挖掘信息内在的规律和特征，对未来的发展作出估计，及时推导出有关问题的最优解决方案，并以易于理解和使用多媒体方式提供给决策者，辅助管理人员进行决策，如销售分析与预测、定价决策分析等。

第二节 业财融合概述

一、认识业财融合

2014年财政部印发《关于全面推进管理会计体系建设的指导意见》（财会〔2014〕27号），2016年出台《管理会计基本指引》（财会〔2016〕10号），两份文件明确提出了业财融合的理念，指明了传统会计向管理会计转型的方向，为学会开展业财融合工作奠定了基础。近年来，随着学会业务规模的不断增长，项目逐年增加，外部合作风险升高，政府监管力度加强，现有的"重业务、轻财务"思想以及两者相对独立运行的模式已经难以满足学会日益迫切的管理需求。因此，推进学会业务和财务的深度融合是打造世界一流学会的基石与保障，刻不容缓。

业财融合，是指业务与财务在工作流程中的密切配合与数据信息上的高度共享。未来学会的业财融合应以"合作、共享"为主旋律，将财务专业知识运用到业务实践当中，实现业务流程与财务流程的深层次融合，业务信息与财务信息的高度共享，业务岗位与财务岗位默契配合，业务操作系统与财务操作系统无缝链接，达到业务实践与财务管理融会贯通的理想状态。

二、业财的四项融合

业财融合是业务与财务逐渐融合的过程，依次包括流程融合、信息融合、岗位融合和系统融合。

（一）流程融合

流程的本质是业务过程的职责分工。业务负责收益的创造，财务负责收益的管理，业财双方基于共同的管理目标和风险防范需求，合理分工、各司其职、默契配合，并根据管理需求的变化不断融合和演化业务流程，提高业财双方的工作效率。同时，流程的融合也是信息融合的基础，没有流程的融合，就谈不上信息的融合，流程各环节之间本质上就是在传递信息。

（二）信息融合

信息融合是指业务信息和财务信息融合的过程。业务部门需要为财务部门提供会计核算和财务分析所需要的必要信息；财务部门需要将收集的信息进一步加工处理，为业务部门提供决策参考。业财双方信息沟通与传递的效率，决定了机构运作的整体效率和对外部情况变化的反应速度。促进信息融合的最佳方法是建立业财一体化信息系统，实现业务财务操作系统上的融合。

（三）系统融合

通过业财一体化信息系统，业务部门提高了获取、处理和提供数据的速度，财务部门也能提高业务处理、会计核算、财务分析的效率。信息系统让业务财务在同一操作平台上协同工作，数据共享，大量重复性工作交给计算机完成，业财双方有更多精力聚焦管理和创新。在追求业财融合的发展背景下，需要进一步实现业务财务的岗位融合。

（四）岗位融合

无论多么先进的系统也要基于人的管理思维来设计，由具体岗位的具体负责人来操作。系统融合、流程融合、信息融合实现的深层动因在于业务财务的岗位融合。这就需要在业务与财务的岗位定位上，不能彼此孤立，应相互理解与熟悉。财务岗位需要深入业务，熟悉业务流程、理解业务诉求、洞悉业务特点，才能进一步优化业务流程，有效识别和防范风险，更好地为业务提供管理服务。同样，业务岗位也需要掌握基本的财务管理知识，以便更好地读懂财务分析报告，更好地配合财务人员提供业务信息。实操中，重视预算管理的机构会在业务部门专门设置预算岗位，协助财务部门做好本业务部门的预算管理工作，这是业财岗位融合的一种表现。另外，现代企业管理的一个新兴职位叫财务 BP（Business partner），字面翻译是财务业务伙伴，他们既懂财务又懂业务，是财务管理与业务管理的通才，更是链接财务部门与业务部门的关键纽带。他们具备良好的沟通能力，善于用财务专业知识帮助业务部门解决具体问题，敏锐的洞察力能够在业务前端快速的识别和规避风险，有效解决财务与业务脱节的问题。无论财务 BP 也好，业务预算岗位也罢，都是为了追求业财岗位的融合，培养机构未来的管理通才。

可见，业财融合不是一个简单的业务财务融合过程，流程融合与信息融合满足了业财管理的基本需求，系统融合提高了业财信息的沟通效率，岗位融合扭转了业财人员的管理意识，最终实现业财融合的终极管理目标。现代信息技术的发展，为业财融合提供了便捷路径。

第三节　业财融合：信息系统解决方案

长久以来，业务与财务在一家机构的管理架构中是相互独立的两个部门，彼此沟通由人来完成，沟通的效率与效果受沟通者的沟通技巧、沟通方式、甚至沟通时的心情影响。业财沟通不畅，甚至产生纠纷，让工作无法顺利开展，这种内耗成本是无形且无法计算的。

如今，随着互联网、信息技术的发展，现代管理步入数字信息化时代，业财壁垒被信息系统攻破，业务与财务在同一系统平台上共享信息，协同工作，各司其职，系统协助业财双方完成日常简单重复的信息采集传递与计算统计工作，明确的标准预设和条件限定让预算管理、费用控制由事后转为事前，逐步建立起"制度管人""系统管事"的内控运作机制。

现从预算管理、收入管理和项目管理三个方面探讨信息系统在内控管理中的具体应用。

方案一：全面预算落地之困与信息系统破局

全面预算是通过一系列量化指标对学会整体业务活动进行动态控制的一种管理方法。其特点在于"全"，即全员参与全部业务的全过程管理。其价值在于动态监控和随机应变。全面预算不仅反映的是管理思路、业务过程、经营成果，还反映业务问题与管理问题，而不是单纯的财务问题。业务体量达到一定规模的学会，都会考虑借助全面预算进一步加强管理。但实操中，全面预算容易陷入了领导愿意推行、部门难于落实、管理价值无法体现的尴尬境地。

调研了解到，业务部门觉得每年收入预算难于预测，尤其政府委托项目和捐赠，变动太大，做了预算也不准，不如不做；财务部门反馈预算编制工作烦琐且低效，时间浪费在预算数据的收集、汇总，以及大量的电话沟通工作，各部门编制的预算照搬往年，并不科学，也无法有效执行；人力部门认为用预算完成率考核绩效是一个好想法，但预算编制完了，不能进行实际发生数的动态监控，无法制定出一个合理有效的绩效考核方法。

综上分析，以下三点阻碍了全面预算的有效落地。

1. 预算编制效率低

预算编制缺乏统标准化流程管理，预算表格来回发送，效率低下且容易出错。

2. 缺少动态监控

预算采用 Excel 表格方式管理，无法和其他应用系统数据集成，难以多角度、立体、动态地反映数据。

3. 预算分析周期长

预算管理与会计核算系统脱节，导致预算分析周期过长，不利于管理层实时掌握预算执行情况。

面对上述问题，预算管理系统提供了有效解决方案，系统通过内置的流程引擎，实现多层级的预算管理分布，从目标制定分解、预算编制，到预算执行控制、预算分析等多个环节，高效完成全闭环管理生态的构建。让学会与分支机构、业务板块、部门之间的业务、财务指标联动，实现业财融合，形成统一财务数据中心，为管理层决策提供实时数据支持。

1. 预算目标设定：多维度结果预测

预算管理系统可根据历史数据，外部市场数据等多角度与多版本信息，制定学会预算目标，同时模拟测算收入、支出、项目、财务各个业务线，不同运营计划造成的结果，多版本、多方法将预算目标分解到具体的部门、项目、客户等维度。

2. 预算控制：全周期

预算管理系统、费用控制系统与财务核算系统的无缝连接，可以帮助学会实现"预算导入–费用申请–报销申请–主管审批–资金支付–自动记账–预算分析"全流程，贯穿"事前、事中、事后"的全周期预算控制。

员工报销申请受支出标准和预算双重控制，原始单据利用扫描仪实现批量扫描、自动信息识别、智能匹配报销申请，审单助手配合会计查验发票真伪，借助银企直联提高出纳付款效率，付款成功自动完成记账，各预算管理主体可按不同部门、项目、期间等维度与预算数实时对比，建立数字化决策体系。

3. 预算分析：应变决策支持

预算管理的一个重要价值体现在应变决策支持，即通过有效的预算分析，及时发现外部环境变化，并提示管理层作出应对举措。信息系统预设以使用者为核心的决策分析主题指标，配合可穿透下钻的多维分析跟踪体系和分析报告展示方案，确保数据可以穿透到底层、追溯到源头。通过预设行动计划和报警条件，系统可以第一时间发现重要项目预算未执行风险，并要求相关责任部门提交原因说明，同时通过仪表盘、大屏、移动端等多终端向管理层展现分析结果，为应变决策提供信息支持。

方案二：全流程收入管理系统让领导实时看汇报

收入是学会可持续运营的基本保障，学会的收入管理涉及会员会费管理、会议收费管理、项目管理、应收款管理、合同管理、票据管理等多个管理环节，部门协同管理要求较高，管理难度较大，调研中了解到的管理诉求也较多，例如：

1. 每次举办大型学术活动业务财务齐上阵，报名、收费、核对、开票忙不过来，如何提高工作效率？

2. 财务每天收到若干笔汇款，小到几十元的会费，大到上万元的项目款，哪个部门负责？收入类型是什么？属于哪个项目？都要找相关业务人员核对清楚才能记账，于是财务天天往业务室跑；反之，客户总算答应汇款，但落袋为安，于是业务天天往财务室跑。来款认领耗时耗力，有没有方法可以自动核对？

3. 平时都忙，一到年底财务报表总趴着大量已开票未收回的应收款，时间长了容易坏账，如何有效规避？

4. 应收款还有踪可查，那些已签合同、已执行完毕，因没开票未记账，导致的损失被无形中淹没在合同管理的缺陷中，难以估量。如何从合同根源链接开票与收款管理？

5. 领导永远搞不清的一件事：为什么业务报的收入数总和财务对不上？

实操中关于收入管理的低效困局还有很多，造成困局的主要原因是收入流程的复杂性导致业财沟通频次太高。从收入预算开始，无论一笔金额多小的收入都要经历签约、开票、收款、对账、催款、记账、编报等多项业务流程，这期间业务与财务的沟通不下十次，这还只是一笔收入的沟通频次。

面对如此高频的沟通需求，现代信息沟通技术在业财融合方面又能发挥哪些作用呢？

1. 收入预算：多维度、多层级、更高效

信息系统设置好统一的预算模板和填写说明后，可根据业务考核主体选定业务部门、业务人员、分支机构作为预算编制主体，编制预算时可以选择按项目、区域、渠道、客户等维度进行收入预算指标分解，同时提供往年参考数据作为预算编制的参考依据，预算编制更加轻松高效。

2. 收入管理：全流程、全闭环

信息系统有效链接多个管理系统实现信息共享协同管理，这些系统包括会议管理系统、会员管理系统、项目管理系统、合同管理系统、票据管理系统、应收管理系统和财务核算系统。实现从收入预算编制到预算执行分析、从销售合同签订登记到项目实际执行、从收款认领到开票记账的收入全流程闭环管理。

3. 收入分析：实时数据、深度分析

信息系统与财务核算系统的关联共享，财务核算实现业务发生即自动记账，有效减少了业务、财务大量的重复录入工作。配合财务分析模块，实时生成财务分析报告，领导在开会时就可调取第一手的财务数据，信息传递更加及时、便捷。

方案三：业财一体化项目管理系统保障项目顺利结项

项目管理就像一面"潜望镜"，将学会管理能力的高低，从"里"反射到"外"，项目管理水平的高低直接影响到学会的诚信与发展。近年来，随着政府对项目资金监管的日趋严格，项目结项中的财务问题日益凸显，折射出财务参与项目管理的重要性。学会常见的项目管理方式是"人工

EXCEL"模式，这种模式下只解决项目立项与执行跟进问题，如项目人员工时管理、项目进度管理等，但忽略了财务在项目管理中的资金管控与分析作用，项目管理表格与财务核算系统独立运作，不能共享，业财人员平时再缺少必要沟通，势必出现项目承接越多、管理压力越大、管理质量无法保障、项目人员疲于应付的不利局面。

学会项目规模和管理要求达到一定程度后，可以考虑用"多系统协作"模式替代传统"人工EXCEL"模式。"多系统协作"模式是以项目管理系统为主体，预算管理系统、费用控制系统、财务核算系统、合同管理系统、档案管理系统等多个管理系统联合协作参与管理，从而实现项目计划、团队组建、项目立项、项目预算、项目执行、项目收款、支出控制、收支核算、进度分析、项目结项、资料归档的项目全生命周期管理。接下来，以项目进度管控为例说明"多系统协作"模式的具体应用。

项目方案与预算经审批立项，项目经费预算便纳入预算管理系统，项目执行中的每笔经费支出由费用控制系统进行标准和预算双重把控，对于超过项目资金支出标准和预算额度的支出，在报销申请时系统自动提示修改；审批付款成功后自动进行项目会计核算，登记项目专属明细账，做专账管理；同步更新预决算对照表中的决算数据，自动生成项目进度分析报告，项目负责人可随时调阅，实时掌握项目预算执行进度信息；预算执行提醒可根据资金使用计划设置关键时点自动提醒，进一步保障项目预算按时执行，顺利结项。

第四节　信息系统实践中的问题与建议

一、信息系统实践中的常见问题

（一）信息数据格式标准不统一，降低工作效率

信息系统是对学会经济业务所产生的财务信息和资金流动数据的集成，并形成巨大的信息数据库。但是，预算管理、合同管理、收入管理等方面，存在不同部门数据格式标准不统一，结果只能采用传统的数据传递

模式，拉低了工作效率，影响财务管理信息化的进程。

（二）"信息孤岛"现象严重，系统功能单一，未实现财务信息资源共享

信息系统功能单一，只实现了简单的财务会计信息化功能，等同于会计电算化，未能与其他业务系统实现有机连接，信息资源得不到共享，形成信息孤岛，影响了学会财务信息化水平的提高。

（三）信息系统安全性低，最终成"烂尾系统"

信息系统运行维护和安全措施不到位，或者对系统的关注和投入不足，导致学会财务信息泄露或毁损，系统无法正常运行。以致学会出于对信息安全的考虑，而减少使用财务管理信息系统，长此以往，便成了"烂尾系统"。

（四）财务人员的综合素质有待提高

财务管理信息化不仅要求财务人员具备相关的财务专业知识，也要有运用信息技术的能力。财务人员综合能力不够高，不少财务人员仍然习惯用传统方法核算，运用信息化手段处理财务事宜的能力较弱，不能及时跟进学习掌握新的知识和技术手段，影响了财务管理信息化建设的进程。

二、建立信息系统的几点建议

（一）建立数据格式标准，实现财务数据有效沟通

目前大部分学会信息系统还是相对独立的，要实现财务信息共享，必须建立财务系统与各业务系统的有效对接，通过标准统一的数据交换格式，使得财务信息与各业务信息进行有效数据交换，真正实现数据共享，消除"信息孤岛"现象。

（二）打破业财壁垒，实现业财融合

业财融合就是将资源进行糅合、共享利用，同时将财务相关工作前移，由事后监督向事前预测、事中控制、事后监督转变，全程参与业务过程，促进业务和财务数据的有机统一，实现财务信息资源共享；业财融合是顺应学会发展形势的必然结果，实现业财融合，可以更好地发挥财务管理对学会管理的作用。

(三) 完善授权管理及信息安全管理

近年来，随着信息系统的大量普及，信息系统的安全问题也频繁出现。信息的传递必然不止涉及一步流程、一个部门、一个组织。若传递环境不安全，授权管理混乱或信息系统参数出现问题等，这些都可能导致信息在传递中发生泄露，被违法利用。进而导致相关人员、相关部门甚至学会陷入运营困境，损害学会形象，还可能关乎学会的存亡。因此，营造安全的网络环境，严格信息系统的授权、使用设置，是学会信息系统建设的基础。

第十章　内控制度化建设

第一节　内控制度概述

制度是学会全体人员在运营管理活动中都必须遵守的规定和准则，是保障学会健康有序发展的基石，它以一定的标准和规范来调整学会内部的运营要素，调动员工的积极性和创造性，提高学会的运营效率。当学会发展到一定规模后，能否进行高效率的管理，对学会的发展至关重要。世界一流学会的背后往往有一套健全成熟的内控制度在规范地运行。

一、制度的特点

制度具有如下特点：

1. 权威性。制度制定发布后，在其适用范围内具有强制约束力，一旦形成，不得随意篡改和违反。

2. 排他性。某种管理原则或管理方法一旦形成制度，与之相抵触的其他做法均不能被允许。

3. 普遍适用性。各种制度都有自己特定的适用范围，在这个范围内，所有同类事情，均需按此制度办理。

4. 相对稳定性。管理制度一旦制定，在一段时间内不能轻易变更，否则无法保证其权威性。当然，这种稳定性是相对的，当企业内外部环境发生变化，使制度与实际情况不符时，就需要及时修订。

二、制度与内部控制的关系

对于学会来说，制度建设是各项管理工作的基础。制度既规定学会成员应该做什么、应该由谁做、应该达到什么效果，又规定了工作该按照什么样的流程进行，还包含了业务活动流程及流程各环节的执行说明和要求。

对于内部控制来说，制度体系是基础，是内控思路和方法的文字化体现，内部控制措施构成了制度的主要内容。

因此，在内控制度制定过程中，要避免制度条款描述不清、规定不明、缺乏实际标准、对相关操作程序没有说明等情形，否则，制度将很难落地发挥"控制"作用。

第二节　制度编制框架说明

制度一般包括总则、具体内容和附则三个部分。

一、制度总则部分的说明

制度总则部分一般包括该制度的依据，制度涉及业务名称的定义，制度目标和应遵循的原则等。

（一）依据

制度编写中的"依据"，是制定某一制度所需要依据的主要法律法规和规定，一般主要列示相关上位法和学会章程，彰显制度的合法合规性和法律来源。

（二）定义

制度编写中所涉及的"定义"，是对某一业务名称的描述解释，让制度使用者能更清晰的了解制度所管控的项目、活动等内容。可以使有关规定更加准确，便于人们理解和贯彻执行。

（三）目标

制度编写中的"目标"，是制度实施所希望达到的结果，包括对主要风险点的控制、人员分工、职责安排等。

（四）应遵循的原则

制度编写中的"应遵循的原则"，是指此制度所涉及的业务流程，在执行过程中，需要遵守的基本准则，制度中所编写的具体条款不得与此原则相悖，是制度所依托的基调。

二、制度具体内容部分的说明

制度的具体内容是制度的核心部分，通常会按照业务流程详细描述各项控制措施，指导业务相关人员开展具体工作，包括执行人、执行方式、执行标准、时间要求等内容。这部分内容需要学会结合实际情况量身定制，切不可生搬硬套，否则制度将不具有可操作性。

三、制度附则部分的说明

（一）"本制度由××部门起草并负责解释"的作用

每一项制度最后都有一句话：本制度由××部门起草并负责解释。这句话被称为制度剩余，制度剩余的存在是因为制度规定的内容总是有限的，它无法穷尽组织所面临的复杂多变的实际情况，它在当今动态不确定的环境下不足以指导员工所有的行为。因此，需要组织成员在面临实际问题时，要从实际出发进行权变处理。这不仅仅依赖于组织成员的工作能力和工作主动性，更取决于组织与其成员之间的相互信任：组织承担放权的风险、成员承担工作创新的风险。

（二）"本制度经理事会批准"的作用

制度中"本制度经理事会批准"这句话，是用来揭示制度最终的审批机构，同时明确由谁来承担审批责任。

（三）"本制度自××年××月××日起施行"的作用

关于实施时间的规定。所有的法律、法规不论是否设立了附则一章，都有实施时间的规定，并且只要设有附则一章，其实施时间一般都放在附则中规定，主要作用是明示制度使用者，制度生效并施行的时间。

（四）"原《×××管理制度》同时废止"的作用

废止是指完全作废原来的制度，主要作用是提示制度使用者旧制度已失效。

附录1 内控制度编制基础框架参考

一、预算业务内控制度基础框架

第一章 总则

第一条 为了促进中国＊＊学会（以下简称"学会"）实现发展战略，发挥全面预算管理作用，根据《中国科协所属全国学会财务管理指引大纲》等相关法律法规，结合工作实际，制定本制度。

第二条 本制度所称的预算业务是指学会对未来业务活动和相应财务结果进行充分全面的预测和筹划，并通过对执行过程的监控和分析，及时改善和调整业务活动。

第三条 学会预算业务内控的主要目标如下：

（一）建立符合学会实际且具有可操作性的预算业务内控制度和业务流程，明确年度预算编制程序和执行监控措施，确保学会预算业务各个环节有章可循、规范有序。

（二）科学设置预算管理岗位，明确各业务环节的审批事项和岗位职责，确保预算管理运行机制健全高效。

（三）在符合国家法律法规的基础上，根据学会年度目标和工作计划编制预算，确保预算编制依据充分、程序规范、方法科学、编制及时、内容完整、项目细化、数据准确。

（四）建立预算执行情况预警机制，做到预算执行过程可控，确保预算执行信息能够全面、及时地传递给学会领导，便于随时发现学会运营中存在的问题。

（五）建立畅通、高效的预算调整申报与审批机制，对因外部条件发生变化或突发情况作出的依据充分合理的预算调整应及时审批，确保学会运营更高效，预算更真实，充分发挥预算管理功能。

（六）加强决算分析和结果运用，建立预决算分析、报告机制，使决算和预算有效衔接、相互映衬，从而进一步提升学会的内部管理水平，提高资金使用效率。

（七）加强预算执行的考核与评价，结合学会绩效管理，建立起"预算编制有目标、预算执行有监控、预算完成有评价、评价结果有反馈、反馈结果有应用"的全过程预算绩效管理体系。

第四条 学会预算业务内控应遵循以下原则：

（一）战略性原则。预算业务内控的思想要体现学会的发展战略，学会的全年预算要依据学会的中长期战略规划进行编制，符合学会年度目标与工作计划。

（二）全员参与原则。预算编制需要全员参与，采取上下结合、分级编制、逐级汇总的程序进行。

（三）权责对等原则。学会要给予各级部门一定授权，被授权人对预算的执行、控制等承担相应的责任。

（四）实事求是的原则。各部门要根据市场状况及实际需要，合理确定预算额度。对预算编制过程中的收入、成本、费用等采取稳健谨慎、保守的原则，确保以收定支，不得高报预算。

（五）例外管理原则。预算管理者应把管理注意力集中在非正常的例外事项上，对于实际发生的正常且差异不大的事项，一般不逐一查明原因。

第五条 学会预算业务内控包括预算编制、预算执行和预算监督三个业务环节。

第二章　预算编制

第六条 预算编制业务包括确定年度目标与工作计划、部门预算指标分解、编制部门预算、汇总年度预算、年度预算的审核、平衡与审批，以及预算下达等业务流程。

第七条 学会预算管理应当建立由秘书处统一领导，财务部提供专业支持，各部门负责人参与其中的组织管理架构，必要时可以组建"预算管理委员会"。学会应明确各部门、分支机构预算编制责任，使其各项经济活动全部纳入预算管理，保证学会预算的完整性。

第八条 学会应当重视和加强预算编制基础管理工作，包括预算相关历史资料记录、支出标准制定、标准化工作、会计核算等，确保预算编制以可靠、翔实、完整的基础数据为依据。同时，应对预算编制相关人员做好前期培训，贯彻落实相关具体规定。

第九条 理事会应在集体讨论的基础上，提前规划学会未来发展战略，明确各年发展目标和工作计划，并作为预算指标分解的首要依据。

第十条 秘书长办公会应当结合各部门工作职能和往年工作情况，将战略目标和年度工作计划分解为各部门的预算指标，日常支出预算实行定员定额管理，项目支出预算实行项目库管理，细化日常支出和项目支出预算编制要求，切实做好项目考察论证和筛选、确定，按照轻重缓急将有限的资金优先安排到最急需的项目，把预算编细、编实、编准。

第十一条 预算指标设计应由秘书处牵头，财务部提供专业支持，按照"财务指标为主体、非财务指标为补充"的原则设计，将各部门经济活动的各个环节、各个方面的内容都纳入预算指标体系当中，并确保与绩效考评指标协调一致。

第十二条 学会应当根据自身规模大小、经济活动的复杂性、预算编制的熟练程度、预算开展的深度和广度等因素，合理确定预算启动时间，并严格按照时间进度编制预算，确保预算编制工作在预算年度开始前如期完成。

第十三条 财务部应结合预算管理要求，设计统一的预算方案模板，明确填写内容的具体要求，在各部门编制预算前对各部门负责预算编制的人员做好统一培训。

第十四条 各部门应当在符合国家法律法规的基础上，根据学会部门年度工作计划，以工作事项为基础，列示预计支出的费用项目，依据学会制定的费用支出标准编制预算。部门预算编制的主要依据包括：

（一）部门活动涉及的相关法律法规。

（二）本部门工作目标和年度工作计划。

（三）本部门上一年度预算收支执行情况。

（四）本年度预算收支的变化影响因素。

（五）本部门资产占用和使用情况。

（六）其他影响预算完整合理的因素。

第十五条 各部门应当深入分析上一年度的预算收支执行情况，充分考虑预算年度部门资源状况、年度工作计划及重点工作任务等情况变化，确保预算编制符合本部门经济活动的客观实际。

第十六条 秘书长办公会在审核平衡预算时，应重点关注其科学性和可行性，确保责任部门和责任人的预算指标应当是通过该责任部门和责任人的努力可以达到的，责任部门与责任人以其责权范围为限，对预算指标负责。

第十七条 理事会（常务理事会）应对预算方案的合法合规进行审核，确保预算中列式的各项活动符合国家相关法律法规，符合学会章程规定的宗旨和业务范围。

第十八条 理事会（常务理事会）应对预算目标与学会战略目标、年度目标和工作计划的协调统一性进行审核。

第十九条 理事会（常务理事会）对年度预算方案的集体讨论过程应当形成会议纪要，并归档保存。

第二十条 年度预算方案经理事会审批后生效，秘书处应当及时以文件形式下达各责任部门，作为日后预算执行、支出报销和预算考核的依据。

第三章 预算执行

第二十一条 预算执行业务包括预算指标责任落实、预算的执行、记账与分析，以及预算调整与审批。

第二十二条 学会应当建立严格的预算执行责任制度，秘书长办公会应将理事会审批的年度预算方案分解为部门年度预算表，将预算指标转化为部门的预算责任指标。并对照责任指标，定期或不定期地对相关部门及人员的预算责任指标完成情况进行检查，实施考评，必要时可通过签订预算指标责任书以进一步明确各部门的预算责任，确保预算执行的强制性与严肃性。

第二十三条 学会应当加强资金收支业务的预算执行控制，及时组织预算资金的收入，严格资金支付业务的审批控制。结合业务或支出事项的重要性和金额大小，建立授权审批权限和程序，避免越权审批、重复审批、违规审批现象发生。对于超预算或预算外事项，应当实行严格、特殊的授权审批程序；对于不符合预算目标的经济行为，应当及时制止。

第二十四条 学会应当建立完善的预算执行及实施监督制度，各部门定期编制部门预决算对照表，实时监控预算执行进度，定期或不定期地组织对部门预算执行情况进行检查，及时发现和纠正预算执行中的偏差，确保各部门业务事项均符合预算指标要求，执行进度和任务完成情况符合预期。

第二十五条 财务部进行支出报销审核时，应首先核实该笔支出是否属于预算范围，超预算支出原则上不予报销。

第二十六条 学会应当建立完善预算执行情况分析制度。各部门定期编制部门预算执行进度报告，定期召开预算执行例会，通报预算执行情况。对预算目标实现有重大影响的项目，应当根据不同情况采用定量分析和定性分析相结合的方法，充分反映预算执行的现状、发展趋势及潜力，分析预算执行中存在的问题，认真分析产生原因，并及时提出改进措施与建议。预算分析流程包括确定分析对象、收集资料、确定差异及分析原因、提出措施、反馈报告及预算调整等环节。

第二十七条 为全面掌握预算执行的动态和结果，学会应当建立健全预算执行情况反馈与报告工作机制，确保预算执行信息及时、畅通和有效地传输。各部门应定期将预算执行进度、执行差异、差异原因、执行中的问题及整改情况，编制部门预算执行进度报告上报秘书长办公会集体决策。部门预算执行进度报告应力求简洁、明晰，注重信息内容的真实性、时效性、系统性和有用性。

第二十八条 学会应当结合自身特点，科学设计预算预警指标，合理确定预警范围及标准，及时发出预警信号，积极采取应对措施。

第二十九条 财务部应当审核部门预算执行进度报告中涉及的财务数据是否与财务账一致，发现差异应及时与责任部门核对查明原因，消除差异。

第三十条 各部门在预算执行过程中发生如下事项将导致预算与实际执行情况偏差较大时，应履行预算调整流程：

（一）国家有关政策法规发生重大调整。

（二）突发自然灾害、卫生事件。

（三）临时承接重大项目。

（四）工作任务发生重大调整。

（五）影响预算的其他经济活动。

第三十一条 各部门预算调整应当由部门提出书面申请，阐述预算执行的具体情况，客观因素变化情况及其对预算执行造成的影响程度，并提出相应的部门预算调整方案，方案应当列明调整原因、项目、数额及有关说明。

第三十二条 财务部汇总各部门预算调整时，应同时审核部门预算调整方案是否按标准格式编制，金额计算是否准确，编制整体的预算调整方案。

第三十三条 秘书长办公会应审核预算调整方案是否符合学会长远战略规划、年度目标和现实状况，调整理由是否充分、恰当、合理、可行。

第三十四条 预算调整方案经理事会（常务理事会）审核后方可下达执行。

第四章 预算监督

第三十五条 预算监督业务包括决算与分析、预算执行情况报告和预算考评。

第三十六条 学会应在全面清理核实收入、支出、资产、负债，并办理年终结账的基础上编制决算。各部门编制决算报告前，应与财务部核对决算金额，不得以估计数字代替决算金额，不得弄虚作假。

第三十七条 各部门应按期编制部门决算报告，本着实事求是的原则，认真分析预决算差异原因，对重大差异应进行单独说明，并提出改进措施与建议。

第三十八条 财务部应当审核部门决算报告中的预算金额是否与最终预算下达（含预算调整）金额相符，决算金额是否与财务记录的部门账相符，确保决算数字真实准确、内容完整、账证相符、账实相符、账表相符、表表相符。

第三十九条 财务部负责汇总各部门决算报告并编制学会年度决算报

告，汇总后的决算金额应与业务活动表中的年度收支金额勾稽一致，存在差异应及时查明原因，防止漏报错报、重报虚报等现象。

第四十条 财务部应做好学会整体的决算分析工作，学会决算分析包括：预算与决算差异原因分析；收入、支出、结余年度间变动原因分析；资金使用效益分析；资产、负债规模与结构分析；以及其他满足财务管理与管理决策的各项专题分析。

第四十一条 财务部分析决算时，应综合运用多种分析方法，如分类比较法、趋势分析法、比率分析法和因素分析法等。同时，注意财务数据与非财务数据的收集，定量分析与定性分析的结合，对预算执行差异较大项目应深入分析，与预算执行部门充分沟通，找出关键问题和原因。此外，还可以运用趋势分析法进行历史数据比对，找出学会财务收支的变化规律和趋势，重点分析各项支出安排是否合理、资金使用是否达到预期效果，为以后年度的预算编制提供重要参考依据。

第四十二条 秘书长办公会应关注年度决算报告中反馈的预算执行中存在的问题和原因，落实到责任部门和相关责任人，并通知其整改，以便督促各部门自觉提高预算执行的规范性、有效性，维护预算的权威性和约束力。

第四十三条 理事会（常务理事会）应重视决算分析结果的运用，结合预算实际执行与预算目标的差异，实际执行中的问题反馈与改进程度，学会外部与内部环境变化等综合因素，确定下一年度的战略规划与年度工作计划。

第四十四条 理事会（常务理事会）应将年度决算报告的集体审议和战略规划与年度工作计划的制定过程形成会议纪要，归档保存。

第四十五条 学会应当制定预算考评制度，明确规定预算考评主体、考评对象、考评期间、考评指标、考评程序、考评结果公布以及奖惩原则等内容。学会应当定期组织实施预算考评，对学会内设机构、分支机构和下属实体进行考评，以有效发挥学会预算的激励和约束作用，确保预算目标的完成。

第四十六条 学会应当根据预算考核内容及标准，科学设计预算考评指标。考评指标应以定量指标为主，同时根据实际情况辅之以适当的定性指标；考评指标应当具有可控性、可达性和明晰性。

第四十七条 学会预算考评应当坚持公开、公平、公正的原则，考评过程及结果应形成完整的记录。公开原则是指预算考评应当以客观事实为依据，考评程序、标准、结果应当公开；公平原则是指预算考评应以预算目标实现为标尺，遵循公平合理、奖罚并存的原则，并确保有关奖惩措施得到及时落实；公正原则是指学会奖惩方案制定应当注意预算执行主体资源配置的合理性，根据其承担的工作难易程度和技术含量，合理确定奖惩差距，要奖罚并举，不能只奖不罚。

第五章 附 则

第四十八条 本制度由××部门起草并负责解释，经理事会批准。

第四十九条 本制度自××年××月××日起施行。原《×××管理制度》同时废止。

二、收入内控制度基础框架

第一章 总 则

第一条 为加强中国＊＊学会（以下简称"学会"）收入的管理和控制，保证学会资金保管的安全性、资金使用的有效性，根据《中华人民共和国会计法》《民间非营利组织会计制度》《中华人民共和国现金管理暂行条例》《中国科协所属全国学会财务管理指引大纲》等相关法律法规，结合学会实际，制定本制度。

第二条 本制度所称的收入是指学会在日常业务活动中形成的、会导致净资产增加的经济利益或服务潜力的总流入。全国学会收入主要包括捐赠收入、会费收入、提供服务收入、政府补助收入、投资收益、商品销售收入等主要业务活动收入和其他收入。学会收费主要包括会员会费、经营服务性收费等。

第三条 学会收入内控的主要目标如下：

（一）建立健全收入内控制度，合理设置收入业务相关岗位，岗位职责明确，不相容岗位相互分离。

（二）收入中的各项潜在风险已梳理清楚，并得到有效控制。

（三）收入来源合法合规，收入用途符合非营利性，属于学会章程规定的宗旨和业务范围。

（四）收入的会计核算完整、真实、准确、及时，严格执行"收支两条线"政策，杜绝"小金库"。

（五）建立和落实收费公示机制，收入信息公开及时、内容完整，定期分析和检查收入状况，及时发现问题，确保收入业务正常进行。

第四条 学会收入内控应遵循以下原则：

（一）依法依规收费原则。学会收入应依据国家相关法律法规，对明令禁止的收费行为应坚决落实自觉遵守，不变相收费。

（二）坚持非营利性原则。学会收入应符合章程规定的宗旨和业务范围，全部收入必须用于章程规定的非营利性事业，除学会运营管理的合理支出外，盈余不得分配。

（三）会计核算及时、完整、准确原则。学会应按《民间非营利组织会计制度》规定，按类别及时、完整、准确核算各类收入，将全部收入纳入法定账户统一管理，严格执行"收支两条线"政策，杜绝"小金库"。

第二章 建立健全收入管理体系

第五条 学会应当持续完善收入管理体系，建立收入管理岗位责任制，明确各类收费的依据、范围、标准和程序。加强会计人员管理，加强印章管理，建立收入授权审批机制。

第六条 学会应当合理设置收入管理岗位，明确相关岗位的职责权限，开票、收款与会计核算等不相容岗位相互分离。

第七条 学会应当加强收入管理岗位人员的专业培训，不断提升风险防范意识和识别能力。

第八条 学会收入（收费）应符合章程规定的宗旨和业务范围。学会应将全部收入纳入法定账户统一管理，严格执行"收支两条线"政策，严禁账外建账或坐收坐支，杜绝"小金库"。

第九条 学会的收入必须全部用于章程规定的非营利性事业，除列支学会管理、开展业务活动等必要成本及与学会有关的其他合理支出外，盈余不得分配。

第十条 学会经费收入不得与行政机关及企事业单位混管。学会收入不得用于弥补其他行政事业单位经费不足，或发放其他行政事业单位工作人员各项补贴。

第十一条 财务部门应加强对收入业务的会计核算。

（一）学会应按民间非营利组织会计制度正确核算收入。学会应按类别及时、完整、准确核算各类收入，准确区分政府补助收入和经营服务性收入，不得长期挂账、跨期核算。

（二）学会财务部门应及时将各项收入登记入账，保障财务报表的真实性和准确性。

（三）学会财务部门应对照收入预算计划、合同情况，定期对收入情况进行分析，定期与业务部门进行对账，判断有无应记未记、应收未收等异常情况，并做出必要的处理。

第十二条 学会应加强收入的信息公开。学会应将捐赠情况主动定期向社会公开，收费标准应向社会公示。

第三章 会费收入管理

会费标准的制定

第十三条 学会会员会费标准的制定或修改应由学会会员（代表）大会表决通过，表决采取无记名投票方式进行。

第十四条 会员会费标准的额度应当明确，不得具有浮动性。

会费收费计划

第十五条 会员部负责制定会费收费计划，并填写会费收取请示，用于记录会费收取的详细信息，以及会费收取的过程控制留痕等。

第十六条 会员部应当编制会费收取统计表，对会费应收未收情况进行监控，表中应详细记录会员名称、会费标准、应收会费、减免会费、已收会费等信息。

第十七条 会员部负责人应当审核会费收取统计表和会费收取通知中的会费标准是否符合经会员（代表）大会审批通过的会费收费标准。

第十八条 会员部负责人应当审查会员的入会资格，禁止向非会员收取会费。

第十九条 秘书长办公会应当审核会费收取是否符合自愿原则，不得强制企业入会、摊派会费。

第二十条 秘书长办公会应当审核相关责任部门是否已履行必要审核程序，会费收费请示责任人签字是否齐全。

第二十一条 秘书长办公会应将会费收费请示的审议过程讨论和结果形成会议纪要，并统一归档。

会费收费执行

第二十二条 会员部负责向会员发送会费收取通知，并要求会员汇款时严格填写附注或备注，写明缴纳会费、＊＊服务、＊＊捐赠等字样。

第二十三条 会员部发送会费收取通知后，应逐一向会员进行电话确认，并做好确认留痕工作。

第二十四条 学会分支机构不得开设独立的银行账户，不得单独制定会费标准，应在学会授权范围内依据学会的会费标准代表学会收取会费，其收取的会费属于学会所有，应当纳入学会对应账户统一核算，不得截留会费收入。

第二十五条 对于困难企业或小微企业会员，可以由会员单位申请，学会主动减免其应交会费，会员部应将会费减免申请与批复留档保存。

第二十六条 财务部每日应将业务相关的收款情况发送会员部认领，会员部应核对会员名称和付款单位信息，确保付款单位与会员单位保持一致。

第二十七条 财务部与会员部应及时核对会费收取与到账情况，经双方核对无误后方可开具会费票据。

第二十八条 财务部应严格把关会费票据的使用范围，不得擅自扩大社团会费票据使用范围，不得将社团会费票据与其他财政票据、税务发票互相串用。

第二十九条 会员部应及时将会费票据交付会员单位，并获得会员收到会费票据的确认信息。

会费收费监督

第三十条 会费收入的核算应严格按照《民间非营利组织会计制度》和《关于非营利组织免税资格认定管理有关问题的通知》（财税〔2018〕13号）要求，单独设置明细科目，单独核算，不得与其他各类收入混淆核算。

第三十一条 会员一次交纳多年会费，会费收入核算时应严格按照权责发生制原则，将属于本年会费的部分记入"会费收入"，属于预收以后年度会费的，应记入"预收账款"科目。

第三十二条　会员部应根据会费到账情况登记会费收取统计表中的"已收会费"栏次，对应收未收的会员，应查明未交原因，及时催收；对长期不缴纳会费的会员应建立会员退出机制。确保年度会费收缴率达到60%以上。

第三十三条　会员部登记的会费收取统计表与财务部登记的会费收入明细账应定期核对，及时发现差异，并查明原因，避免少收或多收会费。会员部与财务部对账时发现的时间性差异应以会费到账日期为准，补充记账。

第三十四条　会员部应当编写会费收入报告，在法定的截止时间前向会员公布会费收入情况，若遇到特殊情况不能按时公布，应作出说明，写明不能按时公布的原因、新的公布日期等信息。

第三十五条　财务负责人应当核对会费收入报告中的财务数据和相关财务信息，确保信息公开数据与财务账相符。

第三十六条　秘书长办公会应当对会费收入报告披露内容的完整性与恰当性进行审核。

第三十七条　会费收入报告向会员公开前必须经理事会审批，理事会（常务理事会）对相关部门意见统筹把握后，形成会议纪要，签批报出。

第三十八条　会员部应当将审批后的会费收入报告及时向会员公开，公开方式可以采用学会网站发布和会员大会发放等形式。

第四章　收入（收费）管理

第三十九条　学会收入（收费）应符合章程规定的宗旨和业务范围。学会应将全部收入纳入法定账户统一管理，严格执行"收支两条线"政策，严禁账外建账或坐收坐支，杜绝"小金库"。各类收费应履行章程规定的程序，不得以任何方式强制企业或者个人入会、摊派会费、派捐索捐、强拉赞助。

第四十条　学会经营服务性收费应遵循自愿、公平、公开的原则，不得具有强制性、垄断性，不得转包或委托与学会负责人、分支机构负责人有直接利益关系的个人或组织实施，收费标准应向社会公示。

第四十一条 学会不得利用行政机关影响或行政资源牟利，不得借行政机关的登记、验证、年检等行政行为搭车收费，不得利用所掌握的会员信息、行业数据、捐赠人和受赠人信息等不当牟利。

第四十二条 学会举办评比达标表彰活动应按规定报经有关部门批准。学会举办评比达标表彰活动一般应在会员范围内开展，坚持谁举办、谁出钱的原则，不得以营利为目的，不得将活动委托营利机构主办或承办；不得收取任何费用或变相收取费用，不得在事后组织要求参与对象出钱出物的活动；不得面向基层政府主办，不得超出登记的活动地域、活动领域和业务范围举办。

第四十三条 学会将大型学术交流活动委托其他组织承办或者协办的，应加强对活动的主导和监督，不得向承办方或者协办方收取任何费用或变相收取费用。

第四十四条 学会接受捐赠应坚持自愿和无偿原则，且须符合本学会章程规定的宗旨和业务范围，并向捐赠人出具合法有效的公益事业捐赠票据。学会接受大额捐赠时，须与捐赠人订立捐赠合同，捐赠合同约定的用途应当符合章程规定的业务范围。

第五章　其他类型收入管理

第四十五条 学会不得接受附加对捐赠人构成利益回报条件的赠与和不符合公益性目的的赠与。

第四十六条 学会从中国科协机关各部门、各直属事业单位承接的项目均为财政项目，应准确区分为资助类项目和采购类项目，分别进行管理。

第四十七条 学会承接资助类项目，收到项目资金时应按规定记入政府补助收入科目，无需开具发票。

第六章　附　则

第四十八条 本制度由××部门起草并负责解释，经理事会批准。

第四十九条 本制度自××年××月××日起施行。原《×××管理制度》同时废止。

三、支出内控制度基础框架

第一章 总 则

第一条 为加强中国＊＊学会（以下简称"学会"）支出的管理和控制，保证学会资金保管的安全性、资金使用的有效性，根据《中华人民共和国会计法》《民间非营利组织会计制度》《中国科协所属全国学会财务管理指引大纲》等相关法律法规，结合学会实际，制定本制度。

第二条 本制度所称的支出是指学会在日常活动中发生的现金流出，现金包括库存现金、银行存款和其他货币资金等。支出可以按照其功能分为业务活动成本、管理费用、筹资费用和其他费用等。

第三条 学会支出内控的主要目标如下：

（一）建立健全支出内控制度，合理设置支出业务相关岗位，关键岗位职责清晰，不相容岗位相互分离。

（二）贯彻落实中央八项规定精神，根据学会章程规定的宗旨和业务范围制定主要支出事项的开支范围、标准和相关单据，保证学会支出的合法合规，进一步提高资金管控效率和效果。

（三）建立科学完善的支出控制流程，尤其应重视支出的前置审批，规避风险于事前，对重大活动、重要项目严格执行预算管理、单独核算，确保资金专款专用。

（四）严格按照《民间非营利组织会计制度》进行支出核算，并及时归档、妥善保管支出相关。

（五）对需要信息公开的重大支出事项，相关部门之间应定期核对支出情况，发现异常及时纠正，保证信息公开真实、准确、完整、及时。

第四条 学会支出内控应遵循以下原则：

（一）预算控制原则。费用支出应建立预算控制，经批准的预算内支出可授权由部门负责人控制，预算外支出须执行预算追加流程。

（二）授权审批原则。为提高支出审批效率，学会应当授予各层级管理人员一定的审批额度，相关人员在授权范围内行使审批权力。

（三）真实合法原则。费用支出必须以真实性、合法性为前提，支出时应取得真实、合法、有效的发票或凭据，不得多列或虚拟经济业务套取资金。

（四）最必要原则。学会应当积极开展会员活动，充分、高效运用学会财产，并遵循支出最必要原则，厉行节约，减少不必要的开支。

第二章 支出管理

第五条 学会应加强支出的管理工作，重视支出合规性的前置控制，支出管理环节包括支出申请与审批、支出报销与审批，以及支出监督。

支出申请与审批

第六条 支出申请与审批包括支出申请、申请审批与资料归档。

第七条 支出部门申请支出需编写支出申请单，作为支出的事前审批记录，支出申请单应当列明支出事项、支出金额、支出的费用项目、是否为年度预算范围，涉及接待、会议、出差、临时出国、培训、劳务费的需详细列明支出标准。

第八条 部门负责人应当审核支出申请单填写的完整性，避免因信息缺失影响后续审批；应当审核支出业务的真实性，避免虚假业务套取学会资金。

第九条 部门负责人应当结合业务需求审核支出的必要性，遵循合理、节约的支出原则。

第十条 实施全面预算的学会，部门负责人应当审核支出是否在年度预算范围内，未列入的应先履行预算追加流程。

第十一条 支出申请单中增加收款方为学会非关联方的承诺，部门负责人应对收款方的选择予以关注，尤其规避向学会负责人、分支机构负责人有直接利益关系的个人或者组织进行采购。

第十二条 学会应加强对重大支出事项的集体决策。部门负责人应当判断支出是否属于重大支出事项，如属于的应同时提交重大支出申请单，支出归属项目管理的还需提交项目方案和项目预算。

第十三条 财务部应当重点审核支出中是否包含不予报销事项。一般情况下，学会不予报销的支出事项应包括：燕窝、鱼翅等高档菜肴，用野生保护动物制作的菜肴；烟酒、土特产品、烟花爆竹、年历等物品；花卉、水果、年货节礼（不含慰问离退休人员、老专家，以及发放正常职工福利）；贺卡、明信片、礼品、纪念品（不含赠送重要专家的单价在200元及以下的，以及按照对等原则赠送国际组织和国际友人的贺卡、明信片、礼品、纪念品）；旅游、健身和高消费娱乐活动；违反规定到风景名胜区举办会议和活动发生的费用；其他不予报销事项（如个人因私消费事项等）；超出章程规定的宗旨和业务范围的支出事项。

第十四条 财务部审核项目发生的支出时，应按照项目委托方的资金使用标准和要求来审核。按规定记入学会政府补助收入科目的财政项目资金，在支出时须严格按照国家有关规定和财政项目委托单位制定的支出标准执行。按规定记入学会政府补助收入科目之外的财政项目资金，与财政项目委托单位有明确约定的，在支出时按约定执行；与财政项目委托单位没有明确约定的，在支出时可按学会标准执行。

第十五条 学会开展业务活动应当严格限制在学会章程规定的宗旨和业务范围之内，秘书长办公会在审批时应关注支出背后的业务活动。

第十六条 秘书长办公会应当审核支出对应的经济活动是否符合民政部等部门的管理规定，重点关注评比达标表彰活动。

第十七条 秘书长办公会应当审核重大支出事项潜在风险控制情况，相关部门已履行审核职责，签章齐全。

第十八条 已经审批的重大支出申请单、项目方案和项目预算由支出部门负责归档保存。

支出报销与审批

第十九条 支出报销与审批包括执行支出事项、申请报销、报销审批与资金拨付。

第二十条 支出部门申请报销时，应填写支出报销单，其内容包括款项的用途、金额、预算、支付方式、收款账户信息、采购方式、非关联方承诺等内容，并附支出合同或相关证明材料，经办人填写时不得有空项。

第二十一条 部门负责人应对填写内容的完整性和支出发票的真实性进行审核，发票真实性包括两个方面：一是发票为真发票；二是发票承载的支出业务真实发生。

第二十二条 财务部应当对支出涉及原始凭证的合规性、完整性、时效性进行严格审核。合规性主要指支出的原始凭证应符合财政部、国家税务总局关于票据管理的规定；完整性主要指支出的原始凭证应包括支出过程中的合同协议、发票，以及支出真实性的证明材料；及时性主要指各部门发生的支出应及时报销，不跨月不跨年，财务部年底前应做好当年发票的集中报销工作，对于跨年的发票原则上不予报销。

第二十三条 财务部应当对照学会授权审批权限，审核支出部门的负责人是否存在超权限审批情形。

第二十四条 秘书长办公会应当审核支出部门是否按照已经批准的资金用途和费用项目使用资金，不得擅自改变用途，不得挪作他用，不得列支与业务无关支出，不得超预算支出。

第二十五条 秘书长办公会应按照民主集中制原则，对重大支出事项实行集体领导、集体决策。

第二十六条 学会"一把手"领导发生的支出不得由本人审批，应由其他人履行审批流程。

第二十七条 出纳对外支付资金前，应当审核经济活动的内部审批手续、签字是否齐全。经审核无误的支出，出纳应尽快支付，不应超过三个工作日。

第二十八条 学会应减少支票付款方式，尽量采用网银直接支付，出纳付款时要确保收款信息未经涂改，更改收款信息时应重新履行支出申请流程。

支出监督

第二十九条 支出监督包括支出记账、重大支出总结与汇报和支出信息公开。

第三十条 已支付完毕的支出，财务部应当及时登记现金银行日记账和成本费用明细账。

第三十一条 财务部对支出费用记账时，应当按照《民间非营利组织会计制度》规定，将费用按照其功能分为业务活动成本、管理费用、筹资费用和其他费用等。其中：

（一）业务活动成本，是指民间非营利组织为了实现其业务活动目标、开展其项目活动或者提供服务所发生的费用。

（二）管理费用，是指民间非营利组织为组织和管理其业务活动所发生的各项费用。它包括民间非营利组织董事会（或者理事会或者类似权力机构）经费和行政管理人员的工资、奖金、福利费、住房公积金、住房补贴、社会保障费，离退休人员工资与补助，以及办公费、水电费、邮电费、物业管理费、差旅费、折旧费、修理费、租赁费、无形资产摊销费、资产盘亏损失、资产减值损失、因预计负债所产生的损失、聘请中介机构费和应偿还的受赠资产等。其中，福利费应当依法根据民间非营利组织的管理权限，按照董事会、理事会或类似权力机构等的规定据实列支。

（三）筹资费用是指民间非营利组织为筹集业务活动所需资金而发生的费用，它包括民间非营利组织为了获得捐赠资产而发生的费用，以及应当计入当期费用的借款费用、汇兑损失（减汇兑收益）等。民间非营利组织为了获得捐赠资产而发生的费用包括举办募款活动费、准备、印刷和发放募款宣传资料费以及其他与募款或者争取捐赠资产有关的费用。

（四）其他费用，是指民间非营利组织发生的、无法归属到上述业务活动成本、管理费用或者筹资费用中的费用，包括固定资产处置净损失、无形资产处置净损失等。

第三十二条 如学会从事的项目、提供的服务或者开展的业务种类较多，财务部记账时应当在"业务活动成本"项目下分别按项目、服务或者业务大类进行核算和列报。"业务活动成本"一般与收入来源配比分类，如捐赠收入对应的支出计入"公益活动成本"、会费收入对应的支出计入"会员服务成本"、提供服务收入对应的支出计入"提供服务成本"、政府补助收入对应的支出计入"政府补助成本"、销售商品收入对应的支出计入"销售商品成本"等。

第三十三条 会费收入和捐赠收入均属于企业所得税的免税收入，会费收入对应的会员服务成本和捐赠收入对应的捐赠支出，应按照《关于非营利组织免税资格认定管理有关问题的通知》（财税〔2018〕13号）规定，单独设置明细科目，单独核算，不得与其他支出混淆核算。

第三十四条 支出部门应对重大支出事项做好日常分类分项支出登记，如重大学术活动支出、项目支出、会员活动支出等。

第三十五条 支出部门应做好重大支出事项的事后总结与报告。举办重大学术活动的部门应做好重大活动报告，接受登记管理机关、业务主管单位、纪检监察部门和审计机关的监督检查，并在年度工作报告中作为重大业务活动事项报告；会员部应做好会费支出报告，向会员信息公开并接受监督；承接对外项目的部门应做好项目支出报告，接受资金提供部门的结项审查；接受捐赠执行公益项目的部门，应做好公益项目支出报告，主动定期向社会公开捐赠资金的使用情况。

第三十六条 支出部门负责人应定期、及时组织报告的编写和汇报，并审核报告披露信息的真实性。

第三十七条 财务负责人应当核对报告中的财务数据和相关财务信息，确保对外报出的财务数据与财务账相符。

第三十八条 秘书处应当对报告披露内容的完整性与恰当性进行审核。

第三十九条 需要信息公开的内容必须经理事会（常务理事会）审批。

第四十条 支出部门应将重大活动支出情况、会费支出情况在年度工作报告书中详细披露。

第三章 主要支出事项管理要求

工作人员薪酬管理

第四十一条 薪酬管理是指学会依据有关规定，对学会工作人员薪酬支付原则、薪酬水平、薪酬结构、薪酬构成进行确定、分配和调整的动态管理过程。本章只对薪酬管理涉及财务管理的部分进行要求和明确标准，薪酬考核与发放等管理内容参看学会薪酬管理办法。

第四十二条 学会对内部薪酬分配享有自主权，应按有关规定自主制定学会工作人员薪酬标准，充分体现学会的非营利性。在学会工作的劳务派遣人员、纳入行政事业编制人员的薪酬按照国家相关规定执行。

第四十三条 学会应实行工资总额预算管理制度。学会应将工资总额预算纳入年度预算，经会员（代表）大会或理事会批准后严格执行，不得超提、超发薪酬。学会专职工作人员平均工资水平，一般不宜超过办事机构所在地上一年度同行业同类组织平均工资水平的2倍。

第四十四条 学会行政管理人员的薪酬应列入管理费用，不得列入业务活动成本。

第四十五条 学会向学会工作人员支付工资时，应提供工资清单。

第四十六条 学会应与学会专职工作人员平等协商，在协商一致的基础上签订劳动合同。对于通过市场化选聘和管理的学会办事机构负责人、引进的急需紧缺专业人才的薪酬水平，可结合学会自身发展实际，参照市场的人力资源部门公布的薪酬水平或双方协商确定。非市场化选聘和管理的学会负责人（包括组织委派）工资水平不得超过上一年度本学会专职工作人员平均工资的 4 倍。

第四十七条 学会应按规定为学会专职工作人员缴存社会保险和住房公积金。有条件的学会，应为学会专职工作人员建立企业年金及其他补充保险。

第四十八条 在学会兼任理事长（会长）、副理事长（副会长）、监事长、监事、秘书长、副秘书长的人员，且无限制性规定的，可按规定标准领取薪酬；未领取薪酬的，可适当安排工作经费，但不得超过规定标准和实际支出。本条款所述兼职人员领取薪酬的情况应向会员（代表）大会公开。

第四十九条 党政机关领导干部、退（离）休领导干部、公务员和国有独资企业、国有控股企业（含国有独资金融企业和国有控股金融企业）及其分支机构的领导班子成员，在学会兼任本条款所述学会职务的，按规定不得领取任何报酬。

第五十条 党政机关领导干部不得在学会兼任领导职务。因特殊情况确需在学会兼职的，应由中国科协业务管理部门征得干部所在单位同意，并经干部所在单位组织、人事部门审核后，由干部主管部门按规定程序报批。

第五十一条 党政机关领导干部兼任学会领导职务的（包括兼任学会分支机构负责人的），不得领取任何报酬。确需学会安排工作经费的，应向批准兼职的有关机关报备，且不得超过规定标准和实际支出。

第五十二条 党政机关领导干部是指担任现职的副县（处）长以上领导干部，以及按照中共中央、国务院有关规定，经组织部门正式任命的副县（处）级以上非领导职务的人员。

第五十三条 退（离）休领导干部在学会兼职不得领取薪酬、奖金、津贴等兼职报酬和获取其他额外利益，也不得领取各种名目的补贴等；确需安排工作经费的，应从严控制，且不得超过规定标准和实际支出。

第五十四条 公务员因工作需要在学会兼职的，应经有关机关批准，且不得领取兼职报酬。确需学会安排工作经费的，应向批准兼职的有关机关报备，且不得超过规定标准和实际支出。

第五十五条 国有独资企业、国有控股企业（含国有独资金融企业和国有控股金融企业）及其分支机构的领导班子成员经批准兼任学会领导职务的，不得领取薪酬及其他收入。确需学会安排工作经费的，应向批准兼职的有关单位报备，且不得超过规定标准和实际支出。

第五十六条 事业单位在职的编制内人员因工作需要在学会兼职的，且所在地区、行业领域、系统、单位等未对兼职取酬做出限制性规定的，可视情况由学会做出规定。

劳务支出管理

第五十七条 劳务支出是指学会向为本学会提供服务的非雇佣关系的个人支付的一次性劳务费，包括咨询费、学术专题报告费、讲课费、评审费、材料撰写费、翻译费、编辑费、编审费、调研费、稿酬（稿费）等。学会应根据章程规定的宗旨和业务范围，按照实际工作需要自主确定劳务费类别。

第五十八条 学会根据自身发展阶段、所从事业务领域等因素自主制定劳务支出标准。按规定记入政府补助收入科目的财政项目资金，在支付劳务费时，应按照国家有关规定和财政项目委托单位制定的劳务支出标准执行。按规定记入政府补助收入科目之外的财政项目资金，财政项目委托单位有明确约定的，应按其约定执行；没有明确约定的，在支付劳务费时，可按照学会自主制定的劳务支出标准执行。

第五十九条 学会劳务费发放对象为向本学会提供服务且与本学会未订立劳动合同的专家、在读研究生、访问学者、项目临时人员等。与学会订立劳动合同的专（兼）职人员，不应以任何形式在本学会领取劳务费，稿酬（稿费）不在此限。

第六十条 在学会兼任理事长（会长）、副理事长（副会长）、监事长、监事、秘书长、副秘书长的人员，已在本学会领取薪酬的，不得以任何形式领取劳务费，稿酬（稿费）不在此限；没有在本学会领取薪酬的，也不得以所兼任职务为由领取劳务费，但以专家身份为学会提供兼任职务之外的专业技术或学术交流服务时，可以按规定标准据实领取劳务费。本条款所述兼职人员领取劳务费的情况应向会员（代表）大会公开。

第六十一条 其中，党政机关领导干部、退（离）休领导干部、公务员和国有独资企业、国有控股企业（含国有独资金融企业和国有控股金融企业）及其分支机构的领导班子成员，在学会兼任本条款所述学会职务的，按规定不得领取任何报酬。

第六十二条 学会支付境内人员劳务费的，应通过本学会银行账户转账；支付境外人员劳务费的，一般应通过本学会银行账户外汇专户办理境外汇款。

第六十三条 学会向诺贝尔奖得主，或者相当于诺贝尔奖的国际知名科技大奖（如菲尔兹奖、图灵奖、狄拉克奖等）得主，国际知名学者、专家等发放劳务费的，应"一事一议"，严格按照本学会财务决策程序报批后执行。

第六十四条 学会应严格按照自主制定的劳务支出标准发放劳务费。未制定劳务支出标准的学会，可暂时参考以下标准发放：

业务名称	费用内容及职称或职务		建议标准（税后）
咨询费	会议形式	院士、全国知名专家	≤5500元/人天 ≤3300元/人半天
		高级专业技术职称人员	≤3600元/人天 ≤2160元/人半天
		其他专业人员	≤1800元/人天 ≤1080元/人半天
	会议形式（第三天及以后，按50%）	院士、全国知名专家	≤2750元/人天
		高级专业技术职称人员	≤1800元/人天
		其他专业人员	≤900元/人天
	通讯形式	院士、全国知名专家	≤2750元/人次
		高级专业技术职称人员	≤1800元/人次
学术专题报告费		院士、全国知名专家	≤3300元/人次
		高级技术职称	≤2160元/人次
		其他专业技术人员	≤1080元/人次

续表

业务名称	费用内容及职称或职务			建议标准（税后）
讲课费	院士、全国知名专家			≤1800元/学时
	高级技术职称			≤1200元/学时
	其他专业技术人员			≤600元/学时
评审费	国际学术会议	摘要评审费		≤80元/篇
		全文评审费		≤400元/篇
	国内学术会议	摘要评审费		≤40元/篇
		全文评审费		≤300元/篇
		论文形审及查重费		≤20元/篇
	项目评审	院士、全国知名专家		≤5000元/人天 ≤3000元/人半天
		高级技术职称		≤3000元/人天 ≤1800元/人半天
		其他专业人员		≤1800元/人天 ≤1000元/人半天
		通讯评审		≤200元/份
材料撰写费 （不含稿酬）	院士、全国知名专家			≤600元/千字
	高级职称（或相应职务）			≤320元/千字
	中级职称（或相应职务）			≤240元/千字
	学生及无职称撰稿人			≤160元/千字
翻译费	中译英	翻译		≤360元/千字
		校核		≤260元/千字
	英译中	翻译		≤320元/千字
		校核		≤200元/千字
	同声传译			≤10000元/天
编辑费	中文	深度编辑、加工、整理		≤300元/千字
	英文	正文		≤120美元/千字
		参考书籍及介绍信材料		≤20美元/千字
		校对排版或数码打样文章		≤40美元/千字

续表

业务名称	费用内容及职称或职务		建议标准（税后）
编审费	高级专业技术职称		≤1000元/篇
	其他专业人员		≤600元/篇
	仅审稿	期刊	≤200元/篇
		图书	≤60元/千字
调研费	现场访谈、勘察、调研	院士、全国知名专家	≤5500元/人天
		高级专业技术职称	≤3600元/人天
		其他专业人员	≤1800元/人天
	现场访谈、勘察、调研（第三天及以后，按60%）	院士、全国知名专家	≤3300元/人天
		高级专业技术职称人员	≤2160元/人天
		其他专业人员	≤1080元/人天
其他劳务费	学术活动现场服务劳务费	学生志愿者	≤300元/人天
		其他协办人员	≤900元/人天
	学术活动筹备劳务费		≤900元/人天
	各类监考劳务费		≤400元/人次
	短期参与项目的研究人员（非雇佣关系）劳务费	院士、全国知名专家	≤3300元/人天
		高级专业技术职称人员	≤2160元/人天
		其他专业人员	≤1080元/人天
	短期参与项目的辅助人员（非雇佣关系）劳务费	包括实习生、在读研究生、其他临时人员等	根据其在项目中承担的工作任务确定

第六十五条 稿酬（稿费）是指新闻、出版机构在文稿、书稿、译稿采用后付给著译者的劳动报酬。学会支付稿酬（稿费）的，应按国家有关规定执行。

会议、培训、差旅费管理

第六十六条 学会可自主制定会议费支出标准。其中，学会工作性会议，如全体理事会议、常务理事会议等，涉及的住宿、餐饮、场地租赁等有市场公开报价的采购事项，采购价格一般不宜超过公开报价。

第六十七条 学会可自主制定培训费支出标准。其中，学会内部培训，如学会工作人员业务技能培训、职业道德培训等，涉及的住宿、餐饮、场地租赁等有市场公开报价的采购事项，采购价格一般不宜超过公开报价。

第六十八条 学会应加强国内差旅费管理。城际交通费应参照《中央和国家机关差旅费管理办法》（财行〔2013〕531号）规定的交通工具等级确定，住宿费应参照中央和国家机关工作人员赴地方差旅住宿费标准执行。其中，高级专业技术职称专家可参照"司局级及相当职务人员"标准执行，院士及国内知名专家可参照"部级及相当职务人员"标准执行。学会工作人员出差期间，无相关单位统一安排用餐的，可按每人每天100元领取伙食补助；市内交通费可据实报销。

第四章 附 则

第六十九条 本制度由××部门起草并负责解释，经理事会批准。

第七十条 本制度自××年××月××日起施行。原《×××管理制度》同时废止。

四、分支机构收支内控制度基础框架

第一章 总 则

第一条 为加强中国**学会（以下简称"学会"）分支机构管理，规范分支机构活动，激发分支机构活力，推动分支机构发展，更好地发挥其在学会发展中的积极作用，根据《社会团体登记管理条例》《社会团体分支机构、代表机构登记办法》《中国科协所属全国学会分支机构管理办法（试行）》和《中国科协所属全国学会财务管理指引大纲》等相关法律法规，制定本制度。

第二条 本制度所称的分支机构是指学会根据开展活动的需要，依据业务范围划分或者会员组成的特点而设立的专门从事某项活动的机构。

第三条 学会分支机构是学会的组成部分，不具有法人资格，法律责任由设立该分支机构的学会承担。分支机构不得开设独立的银行账户，不得单独制定会费标准。

第四条 分支机构接受学会理事会（常务理事会）的领导，不得另行制订章程，分支机构应按学会章程规定的宗旨和业务范围，在学会授权的范围内开展活动。学会不得向其分支机构收取或变相收取管理费用，不得将分支机构委托其他组织运营。

第五条 分支机构收支内控的主要目标如下：

（一）学会对分支机构开展的各项活动事前有审批，事中有监督，事后有总结与汇报。

（二）分支机构各项收费符合法规规定，严禁各类违规涉企收费行为。

（三）分支机构运营规范，学会不以收取或变相收取管理费为目的，将分支机构委托其他组织运营。

（四）分支机构全部收支纳入学会账户统一管理、统一核算，避免汇入其他单位、组织或个人账户。

第六条 分支机构收支内控应遵循以下原则：

（一）视同学会管理原则。分支机构不具有法人资格，法律责任由学会承担，分支机构开展活动应符合学会章程规定的宗旨和业务范围，法律法规对学会明令禁止的收费行为，不得利用分支机构收取或变相收取，分支机构支出应按照学会管理要求执行。

（二）坚持非营利性原则。分支机构开展活动应坚守非营利底线，不得借助活动或学会资源牟利，不得与其他民事主体合作开展商业活动。

（三）收支完整性原则。分支机构全部收入支出均应纳入学会账户统一管理，严格执行"收支两条线"政策，杜绝分支机构截留会费收入和捐赠收入，设立"小金库"。

（四）预算控制原则。分支机构也应作为学会的一部分，将收支纳入学会预算控制范围。

第七条 分支机构收支内控包括年度活动计划、活动执行和年度活动报告与监督三个业务环节。

第二章 年度活动计划

第八条 分支机构应全面梳理年度工作安排，制定分支机构年度活动计划及年度预算，分支机构的活动纳入学会活动管理，分支机构的预算纳入学会全面预算管理，分支机构负责人对年度活动的规范性和预算的完整性负责。

第九条 学会分支机构开展活动应当符合章程规定的宗旨和业务范围。

第十条 财务部应当审核分支机构编制的年度预算是否符合学会预算编制要求，预算金额与活动方案的相关性、合理性和可行性。

第十一条 秘书长办公会应当审核相关责任部门是否已履行必要审核程序，责任人签字是否齐全。

第十二条 秘书长办公会应将分支机构年度活动计划及年度预算的审议过程讨论和结果形成会议纪要，并统一归档。

第十三条 分支机构年度活动计划及年度预算经秘书长办公会审批生效，分支机构经学会授权后开展年度活动。

第三章 活动执行

第十四条 分支机构在开展每项活动前应提交分支机构活动方案与预算，用于记录活动时间、地点、规模、收费标准、预算收支等，分支机构负责人对年度活动的规范性和预算的完整性负责。

第十五条 分支机构开展经营服务性活动时，不得转包或者委托与分支机构负责人有直接利益关系的个人或者组织实施。

第十六条 分支机构开展活动需要签订经济合同的，应由学会统一签署并加盖学会公章（或合同专用章），不得以分支机构名义签订任何形式的经济合同；未经学会授权或批准，分支机构不得与其他民事主体开展合作活动。

第十七条 分支机构分管部门应当审核合作办会的收费方式，分支机构将大型学术交流活动委托其他组织承办或者协办的，应加强对活动的主导和监督，不得向承办方或者协办方收取任何费用或变相收取费用。

第十八条 分支机构不得在活动中开展评比达标表彰，更不得将此类活动委托营利机构主办或承办。

第十九条 分支机构举办大型学术交流活动，不得利用党政机关名义举办，不得进行与收费挂钩的品牌推介、成果发布、论文发表等活动。

第二十条 属于收费活动的，分支机构分管部门应当审核是否做到公开活动收费范围、标准，并判断收费方式是否恰当，是否存在强拉赞助情形。

第二十一条 财务部应当审核分支机构活动方案与预算，按照活动方案预算支出项目，依据学会费用支出标准和要求，从严控制活动成本，努力提高活动资金使用效益。

第二十二条 秘书长办公会应当审核相关责任部门是否已履行必要审核程序，责任人签字是否齐全。

第二十三条 分支机构应按审批后的活动方案执行；分支机构分管部门应加强对活动的全过程监督，确保活动开展的实际情况与活动方案相符。

第二十四条 学会应将分支机构全部收支纳入学会账户统一管理、统一核算，不得自行接受捐赠收入，不得截留会费收入和捐赠收入，不得计入其他单位、组织或个人账户。

第二十五条 分支机构开展活动对外收费和开发票的，应执行学会的"收入业务流程"和"票据开具流程"；活动支出报销时，应执行学会的"支出业务流程"。

第二十六条 分支机构应将活动的收款情况与支出报销情况逐笔登记，定期与学会财务部核对。

第四章 年度活动报告与监督

第二十七条 年度终了，分支机构年终应对全年工作情况进行总结，对全年预算完成情况进行分析，编制分支机构年度工作报告和分支机构年度决算报告，分支机构负责人对报告的真实性和完整性负责。

第二十八条 分支机构管理部门负责审核分支机构年度工作报告，并结合分支机构年度活动计划，对分支机构全年工作完成情况和取得的社会效益进行分析。

第二十九条 财务部应当审核分支机构年度决算报告中的决算金额是否与财务记录相符，确保决算数字真实准确。

第三十条 分支机构年度活动中属于学会重大学术交流活动的，应履行大型学术活动报告流程，接受登记管理机关、业务主管单位、纪检监察部门和审计机关的监督检查，并在年度工作报告中作为重大业务活动事项报告。

第三十一条 学会应当在年度工作报告中将其分支机构、代表机构的名称、负责人、住所、设立程序、开展活动等有关情况报送业务主管单位，接受年度检查，不得弄虚作假。同时，应当将上述信息及时向社会公开，自觉接受社会监督。

第三十二条 学会应当制定分支机构考核评估体系，明确规定考核评估的对象、指标、期间、程序，以及奖惩原则等内容。学会应当定期组织实施分支机构考核评估，确保分支机构有效完成年度目标和计划。

第五章 附 则

第三十三条 本制度由××部门起草并负责解释，经理事会批准。

第三十四条 本制度自××年××月××日起施行。原《×××管理制度》同时废止。

五、财政项目资金内控制度基础框架

第一章 总 则

第一条 为加强中国**学会（以下简称"学会"）财政项目资金管理，规范项目资金运作，提高资金使用效率，根据《中国科协所属全国学会财务管理指引大纲》等相关法律法规，制定本制度。

第二条 本制度所称的财政项目是指中央财政安排中央和国家有关部门完成公共服务和事业发展目标的项目，不含基本建设类、转移支付类项目。

学会从中国科协机关各部门、各直属事业单位承接的项目均为财政项目，可以分为资助类项目和采购类项目。

资助类项目是指中国科协项目实施部门（单位）主要通过申报评审等方式，支持学会等相关单位开展相关业务活动、提供公共服务等事项的财政项目，该类项目事权是以受资助单位为主的共同事权。

采购类项目是指中国科协项目实施部门（单位）通过公开招标、竞争性磋商、申报评审等竞争性方式，向相关单位采购货物、服务和工程等事项的财政项目，该类项目事权为中国科协事权。来自中国科协机关本级的政府购买服务项目均属于采购类项目。

第三条 财政项目资金的基本管理要求如下：

（一）资助类项目的基本管理要求

学会承接资助类项目，收到项目资金时应按规定记入政府补助收入科目，无需开具发票。项目内容发生重大调整的，学会应向中国科协项目实施部门（单位）履行报批手续。项目内预算调整的，学会应报经中国科协项目实施部门（单位）同意，在结项验收时做出说明。项目资金需要结转的，学会应向中国科协项目实施部门（单位）履行报批手续。项目资金结余的，应按规定及时交由中国科协上缴国库。

学会承接资助类项目，应按照国家和中国科协有关项目管理规定，以项目任务书为依据，接受中国科协项目实施部门（单位）对项目实施成果、项目资金使用情况进行的"双验收"。

（二）采购类项目的基本管理要求

学会承接采购类项目，收到项目资金时应按规定记入提供服务收入科目（或商品销售收入科目等），且须开具相应发票。对学会来讲，采购类项目不涉及项目内预算调整、项目资金结转、项目资金结余等情况。

学会承接采购类项目，应按照国家和中国科协有关项目管理规定，以项目合同书为依据，接受中国科协项目实施部门（单位）对学会交付货物、提供服务、完成施工等相关履约情况进行验收。除项目合同书有明确约定外，履约验收时一般不对项目资金使用情况进行审验。

第四条 财政项目资金内控应遵循以下原则：

（一）专款专用原则。财政项目资金只限用于批复的项目，按项目实施方案规定用途使用，专款专用，不得挤占、挪用、截留和滞留财政项目资金。

（二）专账管理原则。学会应按项目名称设置项目明细账，对财政项目资金施行专账管理，单独核算项目收入与支出，不得与其他项目收支混淆记账。

（三）预算控制原则。申请财政项目资金应根据项目实施方案编制项目预算，取得资金后应严格按照预算范围使用，避免超预算支出情形。

第五条 财政项目资金内控包括项目立项、项目实施和项目监督三个业务环节。

第二章 项目立项

第六条 业务部门在项目立项前，应结合项目任务要求评估自身执行能力，进行充分的可行性论证。

第七条 业务部门提出立项申请，编写项目立项报告和项目预算表。项目立项报告至少应包括项目名称、立项依据、项目任务、目标宗旨、资金用途、项目组织实施方式等内容。项目预算表至少应包括支出项目、单价、数量、预算金额、计价依据等内容。

第八条 业务部门编制项目预算表时应与财务部充分沟通，预算应紧密联系实际执行，根据项目实施方案细分工作事项，列明将要发生的费用项目，依据项目委托单位发布的费用支出标准，编制项目预算。

第九条 学会承接中国科协财政项目，项目资金中不得列支以下支出：

（一）应纳入财政预算单位基本支出预算开支的各项费用。

（二）中国科协机关各部门、各直属事业单位在职的编制内人员的劳务费（不含稿酬、讲课费）。

（三）罚款、还贷、捐赠、赞助、对外投资等费用。

（四）应列支基建支出的费用。

（五）与项目实施无关的费用。

（六）不得列支本学会工作人员薪酬（仅限资助类项目）。

（七）国家财政财务规定不能列支的其他费用。

第十条 秘书长办公会应审核项目立项依据是否充分，项目应符合学会章程规定的宗旨和业务范围，满足学会中长期战略发展目标的实现。

第三章 项目实施

第十一条 财务部收到项目委托单位拨付的项目款后，应及时通知相关业务部门，做好收款确认工作。

第十二条 学会承接资助类项目，收到项目资金时应按规定记入政府补助收入科目，无需开具发票。学会承接采购类项目，收到项目资金时应按规定记入提供服务收入科目（或商品销售收入科目等），且须开具相应发票。

第十三条　财务部应按项目名称设置辅助核算，对项目的各项支出实施单独核算、专账管理，确保项目资金专款专用，为项目执行进度监控提供财务数据支撑。

第十四条　业务部门应严格按照项目委托书规定的项目任务和工作计划执行，确保项目资金的专款专用。

第十五条　业务部门应对标项目任务书规定的验收要求，在执行项目过程中应随时收集项目执行留痕资料。

第十六条　业务部门提交项目支出报销申请时，应附送项目预算表，确保支出事项与金额不超预算范围。

第十七条　财务部应定期生成项目预决算对照表反馈给业务部门，方便其掌握项目资金使用情况，把控项目完成进度。

第四章　项目监督

第十八条　业务部门应提前做好项目中期、末期验收准备工作，严格对照项目任务书规定的工作步骤和验收要求，编写项目阶段性执行报告和项目预决算对照表。

第十九条　财务部应将项目预决算对照表中的决算金额与项目收支明细账中的支出总额进行核对，确保账表相符。

第二十条　学会应定期对项目的管理规范、目标设定、实施过程、资金管理、投入产出、任务完成、实施效果等进行全面评价。

第二十一条　学会应建立项目库管理机制。学会应结合自身业务特点和发展需要，合理设置项目库，通过项目库储备项目，并按照轻重缓急进行排序，实施动态管理和年度间滚动管理。

第五章　附　则

第二十二条　本制度由××部门起草并负责解释，经理事会批准。

第二十三条　本制度自××年××月××日起施行。原《×××管理制度》同时废止。

六、货币资金内控制度基础框架

第一章 总 则

第一条 为加强中国＊＊学会（以下简称学会）货币资金的管理和控制，保证学会资金保管的安全性、资金使用的有效性，根据《中华人民共和国会计法》《民间非营利组织会计制度》《中华人民共和国现金管理暂行条例》《中国科协所属全国学会财务管理指引大纲》等相关法律法规，结合学会实际，制定本制度。

第二条 本制度所称的货币资金是指学会拥有的，以货币形式存在的资产。货币资金包括库存现金、银行存款及其他货币资金。

第三条 学会货币资金内控的主要目标如下：

（一）安全性。借助完善的内部控制，确保货币资金的安全，预防被盗、诈骗和挪用风险。

（二）完整性。收到的货币资金全部入账，预防私设"小金库"等侵占学会收入的违法行为发生。

（三）真实性。货币资金收付业务以真实的业务发生为基础，不得凭空付款或收款，支出严格履行授权分级审批制度。

（四）合法性。货币资金的收支要依法办理，业务行为符合国家财经法规要求。

（五）效益性。合理调度货币资金，提高资金使用效益。

第四条 学会货币资金管理应遵循以下原则：

（一）不相容职务相分离原则。货币资金业务要有严格的职务分离，不能由一人完成货币资金业务的全过程。

（二）业务真实完整原则。货币资金收付业务以真实的业务发生为基础，不得凭空付款或收款。全部收入均应汇入学会法定账户，全部支出均从学会法定账户列支。

（三）授权审批原则。学会应当建立货币资金授权审批机制，明确授权范围和审批人的审批权限，属于重大资金支付的应履行民主程序，集体决策审批。

（四）及时记账原则。财务人员应及时登记现金和银行存款日记账，做到日清月结，确保会计信息质量。

（五）内部稽核原则。学会应当建立内部稽核制度，设置内部稽核岗位和人员，以加强对货币资金管理的监督，及时发现货币资金管理中存在的问题并予以改进。

第二章 建立健全货币资金管理体系

第五条 学会应当持续完善货币资金内控管理体系，建立货币资金管理岗位责任制，加强会计人员管理，加强印章管理，建立货币资金授权审批机制。

第六条 学会应当合理设置货币资金管理岗位，明确相关岗位的职责权限，按照规定应当由有关负责人签字或盖章的，应当严格履行签字或盖章手续，确保货币资金的安全和有效使用。

第七条 学会设置货币资金管理岗位时应确保不相容岗位相互分离，不得由一人办理货币资金业务的全过程。

（一）会计不得兼任出纳，出纳不得兼管稽核、会计档案保管和收入、支出、费用、债权债务账目的登记工作。

（二）理事会（常务理事会）、监事会成员及其直系亲属不得担任或兼任会计人员；办事机构负责人及其直系亲属不得担任或兼任会计人员。

（三）会计机构负责人、会计主管人员的直系亲属不得担任出纳。

（四）支出申请和审批岗位应相互分离。

（五）严禁一人保管收付款项所需的全部印章，财务专用章应当由专人保管，个人名章应当由本人或其授权人员保管。

第八条 学会应当加强会计人员管理，重视专业培训，不断提升会计人员的专业胜任能力和风险识别与防范能力。学会应当确保具备会计从业资格的专职人员担任出纳，不得由临时人员担任。

第九条 学会应当加强印章管理，对印章的刻制、使用、销毁实施过程管理。

（一）严禁私自刻制印章。

（二）负责保管印章的人员要配置单独的保管设备，并做到人走柜锁。

（三）印章不可随便委托他人代取、代用。

（四）财务专用章须由会计人员专人保管，未经授权的人员一律不得接触、使用印章。

（五）出纳不得管理印章，会计人员不得将印章转借他人。

第十条 学会应当建立货币资金授权审批机制，明确审核人的审核权限和审批人的审批权限。

（一）审批人应在授权范围内对货币资金业务进行审核，不得越权审批。

（二）重点审核经济活动及其相应的内部审批手续、票据等原始凭证的真实性、合规性、完整性、时效性。

（三）属于重大资金支付的应履行民主程序，集体决策审批。

（四）会计人员应严守审批流程，对越权审批业务可拒绝办理。

第三章　现金管理

第十一条 现金是指学会为满足经营过程中支付需要而保留的人民币和外币现金。现金的日常管理包括现金提取、保管、支取、缴存和盘点清查。

第十二条 出纳负责现金收付和日常管理工作。

（一）出纳以外的任何人员不得操作现金收付与保管。

（二）出纳因工作调动、休假或临时缺勤时，财务主管指定专人接替出纳工作并办理交接手续。

（三）交接双方和财务主管在交接清单上签字以明确相关人员的责任。

第十三条 现金借款与报销。

（一）员工借款应填写现金借款单，履行借款审批手续，出纳人员凭审批后的现金借款单支取现金。

（二）交付现金时，应当场核对金额，并由借款人在现金借款单上签字，出纳在借款单上加盖"现金付讫"章。

（三）借款人员应于借款事由完结后，尽快办理借款核销。

（四）借款人员应根据实际支出情况，填写借款报销单，并履行费用报销审批手续。

（五）若存在余款的情况，应及时归还现金，出纳按借款报销单上标明的还款金额，清点收到的金额是否正确。

（六）在现金交接时，应当场清点钱款，现场核实无误后，并在借款报销单上加盖"现金收讫"章。

第十四条 学会的大额支出和劳务支出应当以支票或银行转账方式支付，不得以现金形式支付。

第十五条 出纳应根据当日现金收支业务及时、逐笔登记"现金日记账"。

第十六条 出纳应控制保险柜现金余额，多出的现金应及时送存银行，以保证现金安全性。

第十七条 现金的盘点与监督。

（一）每日，出纳应对照现金日记账余额核对库存现金，确保现金的账实相符。

（二）月末，财务负责人应对库存现金余额进行监督盘点，出纳应编制库存现金盘点表，由盘点人与监盘人签字确认，作为财务档案统一装订存档。

（三）因账务处理错误造成的，由经手此笔账务处理的会计记账人员写出书面说明，经财务负责人批准后调整账务。

（四）因过失或失职造成的现金短缺，责任人须负责追回现金，并按规定追究有关当事人的责任。

（五）对于现金盘盈情况，查明原因后经财务负责人准后，作为其他收入处理。

第四章 银行账户管理

第十八条 银行存款是指学会存放于银行或其他金融机构的货币资金。银行存款的日常管理包括账户管理和对账管理。出纳负责银行存款的收付和日常管理，会计人员负责银行对账单的打印。

第十九条 学会应当加强对银行账户的管理，严格按照规定的审批权限和程序开立、变更和撤销银行账户。

第二十条 账户开立和开户银行的选择应遵循必要、安全的原则从严控制：

（一）开户银行应选择信誉良好、手续便利、渠道方便、结算费用具有比较优势的全国性商业银行。

（二）凡涉及新增变更银行账户的，财务部需提交申请，经理事长（会长）办公会审批同意后，由财务部人员办理具体手续。

（三）财务部需提交申请，说明变更或撤销账户类型、原因、时间、账号，经理事长（会长）办公会审批同意后，由财务部人员办理具体手续。

（四）不得使用其他单位或个人的银行账户进行资金结算，不得出租出借账户，不得账外建账设立"小金库"。

第二十一条 银行账户分为基本存款账户和一般存款账户：

（一）基本存款账户是办理日常转账结算和现金收付的账户，学会只能开立一个基本存款账户。

（二）一般存款账户是学会因业务需要，在基本存款账户开户银行以外的银行营业机构开立的银行结算账户。

（三）银行账户应做到专户专用：工资、奖金、税费、社保等款项的支付和支取现金，通过基本存款账户办理；一般存款账户可办理业务结算，不能办理现金支取业务。

（四）学会分支（代表）机构不得开设银行基本账户；如确有需要，可以开立专用存款账户，并纳入社会组织统一管理。

第二十二条 学会因开展业务需要开通银行账户网银使用功能，由财务部指派专人在学会指定银行进行办理。

第二十三条 网银账户原则上一律要求同时具备登录口令、数字证书（加密U盘）及短信提示三重安全防护功能，确保账户资金安全。网银口令应定期进行变更。

第二十四条 原则上，不得在除学会财务内部电脑以外其他任何电脑下载证书、使用学会网银办理业务。

第二十五条 学会按账户设置银行存款日记账。出纳每日按银行存款收付业务发生顺序逐笔登记日记账，会计负责登记总账和明细账。

第二十六条 月末，登录网上银行打印银行对账单，将银行存款账面余额与银行对账单相核对，填制银行存款余额调节表并存档，余额调节表应注明各调整项目性质、金额、发生日期及原因，当月未达账项应在次月末前解决。

第二十七条 年末，需将全年银行对账单、余额调节表作为财务档案统一保管。

第二十八条 出纳负责提供纸质表，档案保管员负责装订存档。

第五章 附 则

第二十九条 所有人员须严格执行上述规定，因违反本制度相关规定造成学会损失的，视情节轻重按学会有关制度处理。

第三十条 本制度由××部门起草并负责解释，经理事会批准。

第三十一条 本制度自××年××月××日起施行。原《×××管理制度》同时废止。

七、固定资产内控制度基础框架

第一章 总 则

第一条 为规范和加强中国＊＊学会（以下简称"学会"）固定资产内部控制，提高资产使用效率，保证资产安全完整，根据《中国科协所属全国学会财务管理指引大纲》等相关法律法规，结合工作实际，制定本制度。

第二条 本制度所称的固定资产是指同时具有以下特征的有形资产：

（一）为行政管理、提供服务、生产商品或者出租目的而持有的。

（二）预计使用年限超过1年。

（三）单位价值较高。

学会固定资产包括房屋及建筑物、车辆、专用设备、电子设备、办公家具和用于展览、教育或研究等目的的历史文物、艺术品，以及其他具有文化或者历史价值并作长期或者永久保存的典藏等。

第三条 学会固定资产内控的主要目标如下：

（一）建立健全固定资产管理体系，合理设置管理岗位，明确职责权限，不相容岗位相互分离。

（二）强化对固定资产取得、使用和处置等关键环节的管控。

（三）明确产权关系，保障固定资产的安全和完整。

（四）合理配置固定资产，物尽其用，提升资产使用效率。

第四条 学会固定资产内控应遵循以下原则：

（一）合法合规原则。固定资产的采购、验收、使用、处置等决策和审批程序符合相关法律法规要求。

（二）"谁使用、谁保管、谁负责"原则。落实使用与保管责任，为固定资产建档立卡，定期清查与盘点，定期对账，做到家底清楚，账、卡、实相符，防止固定资产流失，保证资产安全完整。

（三）使用效率原则。定期追踪固定资产使用状态，对于未到使用年限而闲置的资产应及时查明原因，不断优化资产配置，提高资产使用效率。

第五条 固定资产内控包括固定资产预算与请购、采购与领用、盘点与处置三个业务环节。

第二章 固定资产的预算与请购

第六条 各部门申请采购固定资产，应当编写固定资产申购单，作为采购事前审批记录，固定资产申购单应当列明采购资产名称、型号、数量、价格、资产用途、是否为年度预算范围等。

第七条 实施全面预算的学会，部门负责人应当审核采购是否在年度预算范围内，未列入的应先履行预算追加流程。

第八条 部门负责人应当判断支出是否属于重大支出事项，如属于应履行重大支出审核流程。

第九条 资产管理部门应结合部门工作内容和资产配置情况，对固定资产采购申请进行购置必要性判断，确保物尽其用，避免资产闲置浪费。

第三章 固定资产的采购与领用

第十条 固定资产采购应与供应商签订合同明确双方权利义务，执行内部合同管理流程和采购业务流程。

第十一条 申请采购的资产使用部门应负责采购资产的验收，确保资产没有瑕疵，符合使用采购标准。

第十二条 财务部应审核资产供应商发票的合规性，确保发票列式名称、型号与实物一致，验收合格后与供应商结清货款，及时登记固定资产明细账。

第十三条 财务部应严格按照《民间非营利组织会计制度》规定核算固定资产，取得的固定资产应计入"固定资产"科目，不得计入成本费用科目。

第十四条 财务部应严格按照《民间非营利组织会计制度》规定对固定资产计提折旧，根据固定资产的性质和消耗方式，合理地确定固定资产的预计使用年限和预计净残值，在固定资产的预计使用寿命内系统地分摊固定资产的成本。

第十五条 财务部应预估资产残值率，按照各类资产的预设折旧年限，按月计提固定资产折旧。用于展览、教育或研究等目的的历史文物、艺术品，以及其他具有文化或者历史价值并作长期或者永久保存的典藏等，作为固定资产核算，但不必计提折旧。在资产负债表中，应当单独填列"文物文化资产"项目予以反映。

第十六条 资产管理部门应建立资产管理台账，对新增固定资产应及时登记，登记内容包括资产名称、型号、使用部门、使用人、资产状况等。资产管理部门应与财务部定期对账，发现不符的，应当及时查明原因，及时处理。

第十七条 资产管理部门应为每个固定资产建立信息卡片，并将卡片贴于固定资产方便辨认位置，固定资产卡片一经确认不得随意涂改、撤换。固定资产卡片应按登记对象逐一登记，每一个固定资产设立一张卡片。在每张卡片中，应记载该固定资产的编号、名称、规格、技术特征、附属物、使用部门、所在地点、购置年份、开始使用日期、原价、使用年限等详细信息。

第十八条 资产登记完毕后，资产使用部门应向资产管理部门办理领用交接手续，明确资产使用部门、使用人，使用人也承担相应资产的保管责任。

第十九条 资产使用部门应严格落实资产保管责任，遵守资产操作手册使用资产；除工作需要外，不应将资产私自带离学会；做好资产的日常维护和保养，确保资产正常使用寿命。

第四章 固定资产的盘点与处置

第二十条 学会应当建立固定资产盘点机制，资产管理部门应组织财务部负责固定资产核算的人员，至少每年对固定资产实地盘点一次，摸清资产使用状况、资产新旧程度、资产数量，对固定资产盘点中发现的问题，应当查明原因，追究责任，妥善处理，确保账实相符。

第二十一条 财务部应编制固定资产明细表，与资产管理部门编制的固定资产盘点表进行账面核对，核对无误后实施盘点。

第二十二条 资产管理部门应将盘点情况详细记录于固定资产盘点表，记录内容包括资产状况、新旧程度、使用状态、盘盈盘亏数量及原因，盘点人、监盘人、资产使用人应签字确认。

第二十三条 资产管理部门应将盘点结果、资产使用情况，及资产使用中存在的问题和建议，形成书面报告，上报秘书长办公会。

第二十四条 秘书长办公会应查明资产盘盈盘亏原因，追查相关人员责任，并及时提出处理意见。

第二十五条 根据秘书长办公会对盘盈盘亏资产的处置意见，财务部应及时进行账务调整，确保账实相符。盘盈的固定资产应当按照其公允价值入账，并计入当期收入；盘亏的固定资产在减去过失人或者保险公司等赔款和残料价值之后计入当期费用。

第二十六条 资产管理部门应及时调整资产管理台账和固定资产卡片。

第二十七条 秘书长办公会应查明闲置资产的闲置原因，必要时追查责任，及时调整和优化资产配置。

第二十八条 秘书长办公会应对已报废资产及时出具处置意见，避免浪费工作空间，避免报废资产长期挂账。

第二十九条 资产管理部门应当加强固定资产处置的控制，关注固定资产处置中的关联交易和处置定价，防范资产流失。

第三十条 资产管理部门应及时将资产处置中的变卖收入转交财务部，财务部应及时进行账务处理。

第三十一条 资产处置完成后，财务部应及时冲销固定资产原值和累计折旧余额，综合处置收入、支付的税金和费用后再确认固定资产清理净损益，收益计入"其他收入"科目，损失计入"其他费用"科目。

第五章 附　则

第三十二条　本制度由××部门起草并负责解释，经理事会批准。

第三十三条　本制度自××年××月××日起施行。原《×××管理制度》同时废止。

八、对外投资内控制度基础框架

第一章　总　则

第一条　为规范和加强中国**学会（以下简称"学会"）对外投资内部控制，明确对外投资项目立项程序、跟踪管理、监督评价，控制投资风险，保障投资效益，根据《中国科协所属全国学会财务管理指引大纲》等相关法律法规，结合工作实际，制定本制度。

第二条　本制度所称的对外投资是指学会以货币资金、实物资产、无形资产等方式，或以购买股票、债券等有价证券的方式，向其他经济实体进行投资。

对外投资分为短期投资和长期投资：短期投资是指能够随时变现并且持有时间不准备超过1年（含1年）的投资，包括股票、债券投资等；长期投资是指除短期投资以外的投资，包括长期股权投资和长期债权投资等。

第三条　学会对外投资内控的主要目标如下：

（一）建立健全对外投资内控体系，合理设置管理岗位，明确相关岗位的职责权限，确保对外投资的可行性研究与评估、对外投资决策与执行、对外投资处置的审批与执行等不相容岗位相互分离。

（二）在国家相关法规规定范围内开展对外投资，确保对外投资活动合法合规；直接进行股权投资的，被投资方的经营范围应当与学会的宗旨和业务范围相适应。

（三）将投资财产的安全性放在首要位置，限定可用于投资的财产范围，明确不可投资或投资风险过高的领域或负面清单，在确保操作稳健、风险合理的基础上实现保值增值。

（四）建立投资决策控制机制，明确投资意向提出、可行性研究或专家论证，以及投资集体决策程序，确保投资行为的科学性、合理性，提高投资经济效益。

（五）建立对外投资项目档案，完整保存投资的论证、审批、管理和回收等过程资料，及对外投资相关权益证书。

（六）加强对外投资项目的跟踪管理，及时掌握被投资单位的经营状况、财务状况、对外投资的价值变动和投资收益情况，避免投资项目失去控制。

（七）规范对外投资账务核算，严格执行《民间非营利组织会计制度》，定期对账，编制合并会计报表，确保投资活动记录的正确与及时，准确反映对外投资的真实价值。

（八）建立投资监督评价控制机制，明确学会对外投资监督重点，对对外投资进行总体评价，及时发现缺陷并提出改进建议。

第四条 学会开展对外投资应当遵循合法、安全、有效的原则，投资取得的收益应当全部用于学会章程规定的非营利性或公益性事业。

第五条 对外投资内控包括投资论证与决策、投资实施与跟踪管理、投资收回与处置和投资的评价与监督四个业务环节。

第二章 投资的论证与决策

第六条 投资的论证与决策包括提出投资意向、可行性论证、制定投资方案、集体论证和决策审批。

第七条 学会应审慎选择投资项目。投资管理部门应根据国家投资法律法规、学会发展战略与需要，结合学会实际情况，充分考虑学会风险承担能力，审慎选择投资项目，编写投资意向书，提出对外投资初步意见。

第八条 学会不得进行下列投资活动：

（一）直接买卖股票。

（二）直接购买商品及金融衍生品类产品。

（三）投资人身保险产品。

（四）以投资名义向个人、企业提供借款。

（五）不符合国家产业政策的投资。

（六）可能使本组织承担无限责任的投资。

（七）违背本组织宗旨、可能损害信誉的投资。

（八）非法集资等国家法律法规禁止的其他活动。

第九条 学会可以用于投资的财产限于非限定性资产和在投资期间暂不需要拨付的限定性资产，学会承接政府项目财政资金不得用于投资。

第十条 投资决策前，学会应选择具备相关经验和能力的人员，必要时可聘请专家或者专业机构，对投资意向书进行可行性研究或专家论证，编制投资可行性研究报告，并制定投资方案。

第十一条 秘书长办公会应对投资可行性研究报告、投资方案进行论证，确保对外投资活动合法合规；潜在投资风险已明确，并可以承担；对于股权投资，重点审核投资是否符合学会战略规划、被投资单位的经营范围与学会的宗旨和业务范围是否相适应、投资收益能否实现、投资风险是否可控。

第十二条 学会对外投资活动应由理事会（常务理事会）集体研究决定，并详细记录决策过程中的理事、监事意见，妥善保存。确保投资决策的科学性和合理性，防止个人决策的随意或舞弊行为。

第三章　投资的实施与跟踪管理

第十三条 投资的实施与跟踪管理包括投资实施、投资的付款与记录、投资项目建档、跟踪管理和投资收益的收款与记账。

第十四条 投资管理部门根据审批通过的投资方案，落实不同阶段的资金投资数量、投资具体内容等，不得擅自调整投资方案，实际投资与方案有变动的，应重新履行投资决策流程；对外投资必须签订合同，明确双方权利义务，并履行学会合同管理流程。

第十三条 财务部应按《民间非营利组织会计制度》规定要求进行准确核算，对外投资应区分期限长短、投资类别分别设置明细账核算。

第十六条 投资管理部应建立对外投资项目档案，完整保存投资的论证、审批、管理和回收等过程资料，以及对外投资相关权益证书，专项档案的保存时间不得少于20年。

第十七条 投资管理部应加强对外投资跟踪管理，及时掌握被投资单位的经营情况、财务状况等；发现潜在投资损失风险，应及时提出处置意见，避免损失扩大。

第十八条 财务部应配合投资管理部门做好投资后续管理的记账与监督，及时回收到期的本金、利息和分红等应得收益；股权投资的应定期与被投资单位对账，编制合并会计报表，确保投资活动记录的正确与及时，准确反映对外投资的真实价值。

第四章 投资的收回与处置

第十九条 投资的收回与处置包括投资处置申请、到期可收回性判断、资产清查核实认定、处置审批、处置投资、投资收回与记账。

第二十条 学会应及时收回或处置到期投资资产。投资管理部门处置对外投资时，应编写投资处置申请，详细记录投资期间收益情况、处置原因、处置方式、处置意见和建议等。

第二十一条 秘书长办公会应重点关注到期不能收回的投资资产，并应参照行政事业单位资产清查核实认定标准进行认定，报理事会（常务理事会）审批。

《行政事业单位资产清查核实管理办法》（财资〔2016〕1号）规定，对外投资损失应当分析原因，有合法证据证明确实不能收回的，区分以下情况可以认定损失：

（一）因被投资单位已宣告破产、被撤销注销工商登记或者被政府责令关闭等情况造成难以收回的对外投资，可以根据法院的破产公告或者破产清算的清偿文件、工商部门的撤销注销文件、政府有关部门的行政决定等认定损失。

已经清算的，扣除清算资产清偿后的差额部分，可以认定为损失。

尚未清算的，被投资单位剩余资产确实不足清偿投资的差额部分，根据社会中介机构出具的经济鉴证证明，认定为损失。

（二）对事业单位参股投资、金额较小、不具有控制权的对外投资，被投资单位已资不抵债且连续停止经营3年以上的，根据社会中介机构出具的经济鉴证证明，对确实不能收回的部分，认定为损失。

（三）债券等短期投资，未进行交割或清理的，不能认定为损失。

第二十二条 学会提前、延期或到期不能收回的投资资产应经理事会（常务理事会）集体审议批准，并做好会议纪要妥善保存。

第二十三条 投资管理部门应妥善做好投资处置工作，确保收回资产的安全与完整，涉及股权转让或清算的应及时完成工商变更清算手续，妥善保管审批文件、投资合同或协议、投资处置等文件资料。

第二十四条 财务部应重点关注投资处置收入及时足额收取，并按《民间非营利组织会计制度》要求进行账务处理。

第五章 投资的评价与监督

第二十五条 投资的评价与监督包括投资总体评价、投资内控评价和投资情况报告。

第二十六条 投资管理部门应定期对投资实施情况进行总体评价，出具投资评价报告，评价内容应包括投资资产收回情况、预期收益率实现情况、现有投资管理情况、对外投资处置情况等。

第二十七条 秘书长办公会应结合投资评价报告，对投资内部控制中存在的重大缺陷提出改进建议，对造成重大投资损失的进行责任追求，促进学会对外投资内部控制制度进一步完善。

第二十八条 学会对外投资情况应定期向理事会（常务理事会）、监事会（监事）报告，并主动向社会公开。

第六章 附 则

第二十九条 本制度由××部门起草并负责解释，经理事会批准。

第三十条 本制度自××年××月××日起施行。原《×××管理制度》同时废止。

九、税务风险内控制度基础框架

第一章 总 则

第一条 为加强中国**学会（以下简称"学会"）合理控制税务风险，防范税务违法行为，依法履行纳税义务，避免因没有遵循税法可能遭受的法律制裁、财务损失或声誉损害，根据《中华人民共和国税收征管法》《中华人民共和国发票管理办法》《中国科协所属全国学会财务管理指引大纲》等相关法律法规，结合工作实际，制定本制度。

第二条 本制度所称的税务风险包括两个方面，一方面是学会因纳税行为不符合税收法律法规的规定，应纳税而未纳税、少纳税，从而面临补税、罚款、加收滞纳金、刑罚处罚以及声誉损害等风险；另一方面是学会未享受到本该享受的非营利组织税收优惠，多纳税款的风险。

第三条 学会税务风险内控的主要目标如下：

（一）税务规划具有非营利性或公益性，符合税法关于非营利组织条件的具体要求。

（二）经营决策和日常经营活动考虑税收因素的影响，符合税法规定。

（三）对税务事项的会计处理符合相关会计制度或准则以及相关法律法规。

（四）纳税申报和税款缴纳符合税法规定。

（五）税务登记、账簿凭证管理、税务档案管理以及税务资料的准备和报备等涉税事项符合税法规定。

（六）做好税务筹划，享受非营利组织税收优惠，努力降低税负，将更多资金用于非营利事业发展。

第四条 学会对税务风险内控应遵循以下原则：

（一）遵纪守法、诚信纳税原则。学会应倡导遵纪守法、诚信纳税的税务风险管理理念，增强员工的税务风险管理意识，并将其作为企业文化建设的一个重要组成部分。

（二）内部管理与外部监管有效互动原则。税务风险管理应由学会负责人负责督导并参与决策，理事会和管理层应将防范和控制税务风险作为学会经营的一项重要内容，促进学会内部管理与外部监管的有效互动。

（三）联合防控原则。税务风险起源于业务，表现在财务，涉及学会各项经营业务的细枝末节，学会应把税务风险内控制度与收支、合同、票据、财务报告等其他内控制度结合起来，形成全面有效的内部风险管理体系。

第五条 税务风险内控涉及的不相容岗位包括办税专员、记账会计和财务负责人：

（一）办税专员负责与主管税务机关对接处理各类涉税事项，按规定期限申报办理税务登记、变更登记、外出经营报验登记、注销登记等工作。

（二）记账会计负责按税法规定期限和要求设置账簿，逐笔记录业务事项。

（三）财务负责人负责对税金计算、税款申报和缴纳情况进行审核，定期实施税务风险评估，不断完善税务风险内控制度。

第六条 税务风险内控相关人员应具备必要的专业资质、良好的业务素质和职业操守，遵纪守法；财务部应定期组织办税专员进行培训，不断提高其业务素质和职业道德水平。

第七条 学会税务风险内控包括机构设立、日常运营和监督检查三个业务环节。

第二章 机构设立税务风险内控

第八条 机构设立税务风险内控包括根据运营规划进行税务筹划、税务登记、账簿和凭证管理、发票管理、税收优惠申请。

第九条 学会投资项目在规划阶段，应邀请财务负责人参与讨论，分析可能享受的税收优惠和税负成本影响情况，相关预算中应包含税负成本指标。

第十条 财务负责人应当合理、充分运用非营利组织税收优惠，在符合税法规定的基础上，力求以最小税负成本对日常业务流程进行规范。

第十一条 办税专员应当自领取营业执照之日起30日内，向主管税务机关申报办理税务登记，如实填写税务登记表，并按照税务机关的要求提供有关证件、资料。

第十二条 办税专员应当自开立基本存款账户或者其他存款账户之日起15日内，向主管税务机关书面报告其全部账号；发生变化的，应当自变化之日起15日内，向主管税务机关书面报告。

第十三条 办税专员在税务登记内容发生变化时，应当自登记管理机关变更登记之日起30日内，持有关证件向原税务登记机关申报办理变更税务登记。

第十四条 办税专员向登记管理机关申请办理注销登记之前，应持有关证件向税务机关申报办理注销税务登记。

第十五条 学会因住所、经营地点变动，涉及改变税务登记机关的，办税专员应当在向登记管理机关申请办理住所、经营地点变动前，向原税务登记机关申报办理注销税务登记，并在 30 日内向迁达地税务机关申报办理税务登记。

第十六条 记账会计应当自领取营业执照或者发生纳税义务之日起 15 日内，按照国家有关规定设置账簿。账簿包括总账、明细账、日记账以及其他辅助性账簿。总账、日记账应当采用订本式。

第十七条 记账会计应当自税收法律、行政法规规定的扣缴义务发生之日起 10 日内，按照所代扣、代收的税种，分别设置代扣代缴、代收代缴税款账簿。

第十八条 记账会计在设置收入、成本、费用明细账和财务核算时，应按照非营利组织免税资格条件要求，将应纳税收入及其有关的成本、费用、损失应与免税收入及其有关的成本、费用、损失分别核算，分别设置明细账。

第十九条 办税专员负责向税务机关领购发票，建立发票登记簿，登记发票的领购、开具情况，发票原件交由财务负责人专柜保存。

第二十条 办税专员应按税法规定及时申请和享受非营利组织相关税收优惠。学会税收优惠包括：

（一）学会会员会费收入可按规定免征增值税。

（二）学会接受公益事业捐赠收入可按规定免征增值税。

（三）学会取得的按规定应记入政府补助收入科目的收入按规定无需缴纳增值税。

（四）学会按照核定的预算和经费报领关系收到的由财政部门或上级单位拨入的财政补助收入可按规定不征企业所得税。

（五）符合小型微利企业条件的学会可按规定享受小型微利企业所得税优惠。

第二十一条 符合规定条件的学会可申请企业所得税免税资格认定。学会申请免税资格认定，须同时满足以下条件：

（一）从事公益性或者非营利性活动。

（二）取得的收入除用于与该组织有关的、合理的支出外，全部用于登记核定或者章程规定的公益性或者非营利性事业。

（三）财产及其孳息不用于分配，但不包括合理的工资薪金支出。

（四）按照登记核定或者章程规定，该组织注销后的剩余财产用于公益性或者非营利性目的，或者由登记管理机关采取转赠给与该组织性质、宗旨相同的组织等处置方式，并向社会公告。

（五）投入人对投入该组织的财产不保留或者享有任何财产权利，本款所称投入人是指除各级人民政府及其部门外的法人、自然人和其他组织。

（六）工作人员工资福利开支控制在规定的比例内，不变相分配该组织的财产。其中，工作人员平均工资薪金水平不得超过税务登记所在地的地市级（含地市级）以上地区的同行业、同类组织平均工资水平的两倍，工作人员福利按照国家有关规定执行。

（七）除当年新设立或登记的学会外，申请前一年度的检查结论为"合格"。

（八）对取得的应纳税收入及其有关的成本、费用、损失应与免税收入及其有关的成本、费用、损失分别核算。

（九）获得企业所得税免税资格的学会，其企业所得税免税收入范围包括：接受捐赠收入；除《中华人民共和国企业所得税法》第七条规定的财政拨款以外的其他政府补助收入，但不包括因政府购买服务取得的收入；会费收入；不征税收入和免税收入孳生的银行存款利息收入；财政部、国家税务总局规定的其他收入。

第三章 日常运营税务风险内控

第二十二条 日常运营税务风险内控包括业务运营中的发票管理、业务记账、税金核算与审核、纳税申报及缴纳、报税截止期检查、税务档案管理。

第二十三条 各部门在开展业务活动时，取得的各项收入、支出均应向财务部门报账，并对外开具相关票据，不得体外循环，不得私设"小金库"；在购买商品、接受服务以及从事其他经营活动支付款项，应当向收款方取得发票，取得发票时不得要求变更品名和金额，不得用虚假发票报销套取资金。

第二十四条 办税专员应严格按照发票管理规定据实对外开具发票，不得出现以下虚开发票行为：

（一）为他人、为自己开具与实际经营业务情况不符的发票。

（二）让他人为自己开具与实际经营业务情况不符的发票。

（三）介绍他人开具与实际经营业务情况不符的发票。

第二十五条 财务负责人应当审核发票开具的规范性，不符合规定的发票，不得作为财务报销凭证，财务有权拒收。

第二十六条 记账会计应当严格遵照《中华人民共和国会计法》《民间非营利组织会计制度》等法律法规要求，及时、准确进行会计核算，编制财务报表，确保学会账簿、记账凭证、报表、完税凭证、发票、出口凭证以及其他有关涉税资料合法、真实、完整。

第二十七条 办税专员负责税金核算，编制税金计提表，并建立税金核算复核机制，确保税金计算的准确性；注意收集和学习最新税收政策，努力提升财务人员专业胜任能力，遇到复杂涉税事项应集体讨论，必要时可向专业机构咨询，或征求主管税务机关意见，确保税收政策运用得当。

第二十八条 财务负责人应对税金的计算结果进行复核，发现错误及时纠正，确保税金计算的准确性。

第二十九条 办税专员应严格按照各税种规定的申报期限进行纳税申报及缴纳，建立年度税务日历，自动提醒办税专员完成涉税业务，财务负责人应于申报截止到日前检查各税种纳税申报的完成情况；纳税期内没有应纳税款的，也应当按照规定办理纳税申报。

第三十条 各税种完成网上纳税申报后，办税人员应同步打印申报成功页面，作为涉税资料归档保存。

第三十一条 财务负责人应于缴税截止日前检查各税种税款缴纳的完成情况。

第三十二条 办税专员应妥善保存账簿、记账凭证、报表、完税凭证、发票、出口凭证以及其他有关涉税资料，保存期限至少10年，且不得擅自销毁。

第三十三条 财务负责人应妥善保存税收自查报告、税务检查结论等涉密资料，未经授权其他人员不得调阅。

第四章 监督检查税务风险内控

第三十四条 监督检查税务风险内控包括税务风险评估、补报补缴税款、税务检查应对、检查结论分析、制度修订与完善。

第三十五条　财务负责人和办税专员应掌握税收优惠资格的取消情形，避免违反相关条款；税收优惠期满应及时申请，保障学会能够长期享受税收优惠。

已认定的享受免税优惠政策的非营利组织有下述情形之一的，应自该情形发生年度起取消其资格：

（一）登记管理机关在后续管理中发现非营利组织不符合相关法律法规和国家政策的。

（二）在申请认定过程中提供虚假信息的。

（三）纳税信用等级为税务部门评定的 C 级或 D 级的。

（四）通过关联交易或非关联交易和服务活动，变相转移、隐匿、分配该组织财产的。

（五）被登记管理机关列入严重违法失信名单的。

（六）从事非法政治活动的。

因上述第（一）项至第（五）项规定的情形被取消免税优惠资格的非营利组织，财政、税务部门自其被取消资格的次年起，一年内不再受理该组织的认定申请；因上述第（六）项规定的情形被取消免税优惠资格的非营利组织，财政、税务部门将不再受理该组织的认定申请。

被取消免税优惠资格的非营利组织，应当依法履行纳税义务；未依法纳税的，主管税务机关应当自其存在取消免税优惠资格情形的当年起予以追缴。

第三十六条　财务负责人应定期对各职能部门发生的经济事项实施税务风险评估，识别和分析特殊经济业务的潜在涉税风险，编制《税务风险评估报告》，必要时可聘请具有相关资质和专业能力的中介机构协助实施。

第三十七条　学会应建立内部税负指标预警机制，财务负责人定期测算税负情况，并结合学会的实际情况，分析税负是否符合行业和地区水平，是否超过风险预警标准。

第三十八条　财务部门通过自查自纠发现的漏缴税款应及时补充申报、补缴税款，避免日后税务检查作为偷税处理，加收罚款和更多的滞纳金。

第三十九条　办税专员收到税务检查通知单或电话通知后，应详细询问检查主体、检查目的、检查日期、检查事项内容和期间，并第一时间向财务负责人汇报。

第四十条 财务负责人应对收集到的检查信息进行分析，编制《税务检查应急预案》，提前筛查涉税风险，必要时可聘请专业机构协助，应急预案应第一时间向主管领导报告。

第四十一条 秘书长办公会应做好税务检查的部署工作，及时安排各部门负责人积极配合财务部提前自查自纠，准备税务检查需要的相关合同协议等资料。

第四十二条 财务部在税务检查中应做好配合工作，提前准备好检查材料和税务档案，详细记录对方提出的问题和质疑，必要时可聘请专业机构协助检查。

第四十三条 财务负责人应对税务检查结论的利害程度和可申诉性进行分析，对于税务机关的检查结论有异议的，学会可行使陈述权、申辩权，甚至在限期内可申请行政复议、提起行政诉讼、请求国家赔偿。行使上述权力前，应征求法律顾问意见，经秘书长办公会集体讨论决定。

第四十四条 财务负责人应结合税务检查和日常的自查自纠中发现的问题，进行溯源分析，查明原因，提出有效解决措施，并据此完善内控制度或业务流程。

第五章 附 则

第四十五条 本制度由××部门起草并负责解释，经理事会批准。

第四十六条 本制度自××年××月××日起施行。原《×××管理制度》同时废止。

十、合同内控制度基础框架

第一章 总 则

第一条 为规范和加强中国＊＊学会（以下简称"学会"）合同内部控制，规范法律风险，确保合同全面有效履行，保障学会合法权益，根据《中华人民共和国民法典》等相关法律法规，结合工作实际，制定本制度。

第二条 本制度所称的合同，是指学会为实现一定经济目的，对外签订的与学会业务活动相关的合同，包括但不限于合同、协议（书）、合同意向书、备忘录、确认书、承诺函或其他具有合同性质的文件等。

学会与职工签订的劳动合同，不适用本制度。

第三条 学会合同内控的主要目标如下：

（一）建立完善的合同内控体系。合理设置归口管理部门，明确合同管理的岗位及职责，建立授权审批程序，优化合同业务流程，梳理各业务环节潜在风险点，提供有效控制措施，建立健全合同内控制度。

（二）合同前期调查充分。对合同相对方主体资格、资信情况和经营状况进行充分调查，确保对方具有履约资格和能力，降低合同违约风险。

（三）确保合同内容的规范性。合同相关法律要素齐全，文字准确表达双方谈判的真实意思，违约责任等关键条款明确，签章齐全。

（四）加强合同履行情况的监控。督促对方积极执行合同，合理解决合同履行中的各项纠纷，按时结算进度款，确保机构利益不受损失。

（五）加强合同登记管理。建立合同管理台账，定期对合同进行统计、分类和归档，详细登记合同的订立、履行和变更情况，防止泄露合同信息，确保实现对合同的全过程封闭管理。

（六）建立合同内控评估机制。定期开展合同管理检查评价，不断完善机构合同管理工作，确保合同内控条款得到有效执行。

第四条 学会合同内控应遵循以下原则：

（一）合法原则，合同应当符合国家法律法规，党中央、国务院文件精神以及其他相关政策规定。

（二）准确原则，合同的内容应当具体，相关权利义务应当明确，避免歧义。

（三）谨慎原则，合同的订立和履行应当全面、严谨、细致。

（四）诚信原则，合同的订立和履行应当诚实守信。

第五条 学会应按照规定的权限和程序签署合同，不得超越权限签署合同，学会的内设机构（或分支机构）不得以本部门（或分支机构）的名义对外订立合同，特殊情况下确需以内设机构（或分支机构）名义订立合同的，应当获得学会的书面授权，授权应当明确授权对象、授权期限、授权事项和范围；以内设机构（或分支机构）名义订立合同的，其相应民事责任仍由学会承担。

第六条 学会合同内控包括合同前期准备、合同订立、合同执行和合同后续管理三个业务环节。

第二章 部门职责

第七条 办公室（或法务部）为合同归口管理部门，负责制订和监督合同业务的管理程序和要求（如设立法务部，可指定法务部作为合同归口管理部门）；合同承办部门为提出合同需求的部门，负责办理合同订立和履行等相关事务；财务部、秘书长办公会及与合同相关的其他部门按照各自职责进行合同内部控制。

第八条 办公室履行以下管理职责：

（一）负责对合同审核会签程序进行审查，对合同文本进行校对确认，核对无误后盖章。

（二）负责合同用印的管理和登记。

（三）负责合同的统一编号、备案和归档，合同各方签字盖章后应当及时留存合同原件。

（四）负责合同及相关文件的备案、归档和保管。

第九条 法务部（或外委法律顾问）应履行以下管理（或审核）职责：

（一）对合同出具合法性审核意见，审核内容包括合同条款是否违反国家法律法规和合同订立原则。

（二）合同内容是否完整、准确、合理，合同签订是否超越本学会章程规定的宗旨和业务范围，以及是否存在其他法律风险。

（三）参与、协调本学会合同纠纷的处理，自行或会同法律顾问机构办理相关仲裁、诉讼事务。

第十条 合同承办部门应当履行以下管理职责：

（一）负责合同对象的筛选与合同业务初审，并出具合同项目分析意见。

（二）组织合同项目谈判。

（三）起草合同文本。

（四）办理合同审核会签及对外签署。

（五）组织合同履行、监督与验收。

（六）指定合同承办人对合同订立、履行、变更、解除、争议处理等全过程负责。

（七）处理其他与合同订立、履行有关的事宜。

第十一条 财务部履行以下管理职责：

（一）对合同出具财务审核意见，审核内容包括合同经费是否列入预算计划，资金拨付和使用等事项是否符合国家及本学会财务管理有关规定。

（二）按照合同约定办理合同结算，进行会计处理。

（三）协助承办部门监督合同结算财务收支的执行情况。

（四）处理其他与合同订立、履行相关的财务事宜。

第三章 合同的审批权限和签署权限

第十二条 学会对外签订的合同按重要性可划分为一般合同和重大合同。其中，重大合同是指对学会正常运行具有重大影响的经济事项，或涉及金额**万元（含）以上的合同；除此之外，属于一般合同。合同重要性分级如下表：

合同重要性分级

合同级别	合同标的金额
重大合同	**万元（含）以上
一般合同	**万元（不含）以下

第十三条 各部门不得将重大合同拆分为金额较小的多个一般合同以规避合同分级审批要求，不得越权审批，擅自签订合同。合同审批权限遵照下表执行：

合同审批权限表

项目		合同承办部门负责人	办公室负责人（含法务）	财务部负责人	秘书长	秘书长办公会
筛选合同对象	一般合同	审核	审核	——		
	重大合同	审核	审核	——		批准

续表

项目		合同承办部门负责人	办公室负责人（含法务）	财务部负责人	秘书长	秘书长办公会
合同谈判	一般合同	参与	——	——	——	——
	重大合同	参与	参与	参与	——	——
合同文本拟定	一般合同	审核	审核	审核	——	——
	重大合同	审核	审核	审核	——	批准
合同签署	一般合同	授权内签署	审核	审核	签署或授权	——
	重大合同	——	审核	审核	签署	批准
合同结算（元）	预算内≤＊＊万	审核	——	批准	——	——
	预算内＞＊＊万	审核	——	审核	批准	——
	预算外	审核	——	审核	审核	批准

第十四条 各部门严禁签订与本部门业务无关的合同，包括担保、投资和借贷合同等。

第四章 合同前期准备

第十五条 合同前期准备业务包括合同对象的筛选与审核、重大合同审批、组织谈判。

第十六条 合同承办部门应指定专人负责与合同对象联络，调查供应商情况，初步筛选合同对象，并出具合同项目分析意见。合同项目分析意见应包括对项目进行业务背景分析、合同相对方履约能力分析、经济可行性分析、其他风险因素分析等。合同相对方履约能力分析包括核查合同相对方的主体资格、资产状况、资信情况、担保、知识产权等情况，核查拟签订的合同内容是否在对方经营范围之内，并要求提供相关证明材料。涉及重大风险的，应当委托专业第三方机构或者专家进行资信调查和评估。

第十七条 部门负责人负责审核合同项目分析意见，确保相关工作流程得到履行。

第十八条 办公室对合同项目分析意见信息及佐证材料进行审核，并通过电话访问、网络查询等手段对相关信息进行核实。

第十九条 对于一般合同,办公室审核通过后即可进入合同谈判阶段;对于重大合同,办公室审核后应提交秘书长办公会审批。

第二十条 秘书长办公会应对重大合同实行集体领导、集体决策,尤其关注合同目标是否与学会运营目标和战略规划相一致。

第二十一条 合同承办部门应组建具有良好素质、结构合理的谈判团队,团队中除了业务人员外,还应当有技术、财会、审计、法律等方面的人员参与谈判,对学会影响重大、涉及较高专业技术或法律关系复杂的合同,学会还应聘请外部专家参与合同谈判的相关工作。

第二十二条 合同承办部门在谈判前应注意收集并研究国家相关法律法规、行业监督、服务价格等与谈判相关的信息,确保合同内容符合国家产业政策和法律法规的要求;收集谈判对手资料,充分熟悉谈判对手情况,做到知己知彼,正确制定谈判策略。

第二十三条 合同承办部门在谈判时应严格审核合同条款、格式,关注合同的核心内容、条款和关键细节。具体包括合同的数量、质量,合同价格的确定方式与支付方式,履约期限和方式,违约责任和争议的解决方法,合同变更或解除条件等;详细记录谈判过程中的重要事项和参与谈判人员的主要意见,作为合同资料待合同签订后,转交办公室归档保管。

第五章 合同订立

第二十四条 合同订立业务包括合同文本的起草与审核、签署合同和登记合同。

第二十五条 学会对外发生经济行为,除即时结清方式外,均应订立书面合同,发现违反规定以口头合同进行交易的,应及时签订书面合同。

第二十六条 合同承办部门负责合同文本的起草:

(一)国家或行业有合同示范文本的优先选用,但对涉及权利义务关系的条款应当进行认真审查,并根据实际情况进行适当修改。

(二)学会有标准合同文本的必须使用标准范本,没有标准范本的拟定时要做到:条款不漏项;标的额计算准确、标的物表达清楚;质量有标准、检验有方法;提(交)货地点、服务方式清晰;结算方式明确;文字表达严谨,不使用模棱两可或含糊不清的词语;违约责任及违约金(赔偿金)的计算方法准确。

（三）重大合同或法律关系复杂的合同应征求法务部（或外部法律专家）的意见，确保合同内容和条款的完整、准确。

（四）由签约对方起草的合同，合同承办部门应当认真审查，确保合同内容准确反映学会诉求和谈判达成的一致意见，特别留意"其他约定事项"等需要补充填写的栏目。

第二十七条 办公室（或法务部）负责合同合法合规性审核。审核内容包括合同条款是否违反国家法律法规和合同订立原则，合同内容是否完整、准确、合理，合同签订是否超越本学会章程规定的宗旨和业务范围，以及是否存在其他法律风险。学会设立法务部的由法务部审核；未设立法务部的，应委托法律顾问机构审核。

第二十八条 合同应当按照项目具体情况明确约定合同条款，一般包括以下内容：

（一）当事人的名称或者姓名和住所。

（二）合同标的和标的物（产品的名称、型号、数量、质量、单价等，项目或服务的名称、范围、内容、提交成果等）。

（三）当事人各方的权利和义务。

（四）完成期限、进度安排或工作计划。

（五）质量要求（服务标准）、检验与验收方法。

（六）合同价款、付款方式及时间。

（七）履行期限、地点和方式。

（八）合同变更与解除。

（九）知识产权归属与保护。

（十）信息安全管理与保密义务。

（十一）违约责任及争议解决方式等。

第二十九条 办公室负责学会常用合同标准范本的制订，并结合使用中遇到的实际问题定期修改完善。

第三十条 财务部负责审核合同经费是否列入预算计划，资金拨付和使用等事项是否符合国家及本学会财务管理有关规定。

第三十一条 财务部应对合同条款中的货物（或服务）交付（或完成）时间、合同对价结算时间、结算票据开具等条款进行审核，并结合财务、税收法规要求对合同收入或支出确认时间、纳税义务发生时间、合同对价产生的涉税金额进行分析，对违反法规或不合理的条款提出修改意见。

第三十二条 办公室负责审查重大合同的判断标准是否有效执行，防止通过化整为零等方式故意规避审批和越权审批行为。

第三十三条 秘书长办公会负责审核重大合同内容是否符合学会战略目标和经营目标的实现。

第三十四条 合同审核会签程序履行完毕，可申请加盖合同专用章。合同专用章由办公室专人保管，盖章前应对合同审核会签程序进行审查，对合同文本进行校对确认，核对无误后盖章，并做好用章登记工作。

第三十五条 办公室应当严格审查合同内容填写是否齐全，不得在空白合同书上盖章，不得在无法定代表人或被授权人签字的合同书上盖章。

第三十六条 办公室应及时将已签订生效合同原件回收归档，建立合同管理台账，详细登记合同的订立、履行和变更情况，定期对合同进行统计、分类和归档，严防合同机密泄露，保障合同全过程封闭管理。

第三十七条 合同承办部门应当核对并确认合同相对方签署人员的合法性、合同上的公章或合同专用章与签约主体名称的一致性、合同相对方提供的合同附件材料的完整性等情况。合同各方应当签字、填写日期，加盖合同章或者公章，并加盖骑缝章。签署合同的各方签字人应是法定代表人，或者是经法定代表人书面授权的代理人。

第六章 合同执行

第三十八条 合同执行业务包括合同履行中的监督与审核、合同变更的申请与审核、合同验收和合同结算。

第三十九条 合同承办部门应在合同履行过程中，定期对合同履行情况及效果进行检查、分析和验收，必要时敦促对方积极执行合同，确保合同全面有效履行。发生因对方情况变化或学会自身原因导致可能无法按时履行的，应当及时补充、变更甚至解除合同。需要变更或解除合同的情形包括：

（一）合同依据的法律、法规、规章修改或废止，相关政策重大调整。

（二）订立合同时的客观情况发生重大变化。

（三）合同相对方财产状况或经营状况恶化导致丧失或者可能丧失履

约能力。

（四）合同相对方出现重大违约或预期违约。

（五）不可抗力等其他导致合同无法正常履行的情形。

第四十条 合同发生纠纷的，合同承办部门应当在规定时效内与对方协商谈判。合同纠纷协商一致的，双方应当签订书面协议；合同纠纷经协商无法解决的，合同承办部门应向学会有关负责人报告，并根据合同约定选择仲裁或诉讼方式解决。

第四十一条 合同相对方当事人提出中止、转让、解除合同，造成学会经济损失的，应向对方当事人书面提出索赔。

第四十二条 合同履行过程中如需变更合同内容的（包括合同标的、项目范围、完成期限、提交成果、合同价款及支付方式、验收标准等），合同承办部门应填写合同变更审批表说明原因，变更协议的签署应按合同订立的审核流程执行。

第四十三条 合同变更或解除应当采用书面形式，严禁在原合同文本上涂抹、添加，变更后的合同视为新合同。

第四十四条 合同履行完毕后，合同承办部门应对合同内容的履行情况进行成果验收，判断是否达成当初合同签订目的，对于产品采购合同，无法在交付时进行验收的，可将产品的验收分为表面验收和质量验收；对于服务采购合同和技术合同，可将工作成果的验收分为阶段验收和总体验收。对于分阶段验收的合同，原则上应当使用分期付款的方式支付合同价款。验收合格的填写合同验收确认单，提交财务部可办理合同结算；不合格的，应督促合同相对方按合同约定履行。

第四十五条 财务部应当对合同条款和合同验收确认单进行审核，审核完毕后办理结算业务，按照合同规定付款，及时催收到期欠款。未按照合同条款履约的，财务部不得办理合同结算。

第四十六条 财务部应及时将已结算完毕的合同和相关票据进行账务处理，登记相关明细账。

第七章 合同后续管理

第四十七条 合同后续管理业务包括合同及相关资料归档、合同核对和合同检查评估。

第四十八条 办公室应安排专人、设置合同存放柜，对合同实行专人专柜管理，各部门需要查询、借阅合同的，合同专管员应做好登记管理工作。

第四十九条 办公室应及时收集合同订立、履行过程中取得的相关资料，做好整理、登记、归档，并妥善保存。合同相关资料包括但不限于：

（一）合同文本、补充或变更协议。

（二）合同相对方的资产、信用、履约能力等情况的分析核实材料。

（三）合同谈判、协商材料。

（四）订货单、验收单、测试报告、文件确认材料。

（五）合同会签单、审核意见、批准文件。

（六）往来信函、文件、传真、电子邮件、财务票据、凭证、通知、会议纪要等履约资料。

（七）法院裁判文书、仲裁机构裁决文书、授权委托书、调解文书。

（八）其他需要归档的材料。

第五十条 学会财务部应与办公室（合同归口管理部门）建立沟通协调机制，实现合同管理与预算管理、收支管理相结合。财务部登记的合同对应收支明细账与办公室登记的合同管理台账应定期核对，确保合同收支登记完整，合同价款及时结算。

第五十一条 办公室应定期对合同履行的总体情况和重大合同履行的具体情况进行检查评估，对发现的合同管理中存在的问题，应了解问题产生的原因，及时改进，必要时追究相关人员的责任。

第八章　责任追究

第五十二条 本制度由××部门起草并负责解释，经理事会批准。

第五十三条 合同订立、履行过程中有下列情形之一的，应当依法依规追究相关负责人、经办人及有关工作人员责任，并视情节轻重给予处分，涉嫌犯罪的依法移交有关机关处理：

（一）超越本单位职权、业务范围，或未经授权、超越授权范围、滥用代理权，或擅自变更经审核、批准的合同文本内容，造成重大损失的。

（二）提供虚假资料或者虚构事实订立合同的。

（三）违反国家有关经济领域法律法规、财务和预算管理制度订立合同的。

（四）在磋商、订立、履行合同中滥用职权、玩忽职守，或与他人恶意串通、利用合同谋取私利，或遗失、篡改、擅自销毁合同及相关文件，或因故意或者重大过失泄露合同所涉及秘密信息，或签订明显不合理期限合同，造成重大损失的。

（五）未及时妥善处理合同纠纷或擅自放弃权利，造成重大损失的。

（六）其他依法依规需要追究责任的。

第九章 附 则

第五十四条 本制度由××部门起草并负责解释，经理事会批准。

第五十五条 本制度自××年××月××日起施行。原《×××管理制度》同时废止。

十一、票据管理内控制度基础框架

第一章 总 则

第一条 为加强中国**学会（以下简称"学会"）发票和财政票据内部控制，规范票据领购、发放、使用、保管、核销、销毁等流程管理，明确票据使用部门、个人及票据管理部门职责分工，根据《中华人民共和国发票管理办法》《中华人民共和国发票管理办法实施细则》《财政票据管理办法》《关于进一步规范社会团体会费票据使用管理的通知》（财办综〔2016〕99号）、《公益事业捐赠票据使用管理暂行办法》（财综〔2010〕112号）、《中国科协所属全国学会财务管理指引大纲》等法律法规和学会章程，结合学会的实际情况，制定本制度。

第二条 本制度所称的发票，是学会在购销商品、提供或者接受服务以及从事其他经营活动中开具、收取的法定收付款凭证；本制度所称的财政票据包括社会团体会费票据和公益事业捐赠票据；社会团体会费票据，是学会向会员收取会费时开具的法定凭证；公益事业捐赠票据，是学会依法接受公益性捐赠时开具的法定凭证。

第三条 学会票据内控的主要目标如下：

（一）票据使用合法。学会应建立票据内控制度，明确票据种类和适用范围、形式、联次和监管员职责，规范票据领购、发放、使用、保管、核销、销毁等行为，确保票据管理符合国家法律法规。

（二）票据开具规范。学会应按规定开具与经济业务活动相应的发票或财政票据。

（三）票据稽核监督。学会应强化票据会计核算和财务监督的管理，定期组织人员对已开具票据进行稽核检查，遏制各种乱开虚开现象，防止违规开具和舞弊行为发生。

第四条 学会票据内控应遵循以下原则：

（一）合法合规原则。票据是学会财务收支和会计核算中重要的原始凭证，不同类型票据有各自的法律法规要求，学会票据内控应以合法合规为基本前提。

（二）控制前置原则。票据的违规开具是票据内控防范的主要风险，学会应重视开票前的审核把关，将控制前置。

（三）"四专"原则。票据内控应指派专人、明确专责、使用专库（柜）、设置专账管理。

（四）不相容职务相分离原则。票据内控应严格遵守不相容职务相分离的原则，做到票据保管、票据开具、票据记账、票据稽核等各个岗位之间相互牵制，相互监督，规避财务舞弊风险的发生。

第五条 学会票据业务流程包括票据领购、票据开具和票据稽核三个业务环节。

第二章 票据领购

第六条 票据领购业务包括领购票据、登记入册、保管票据。

第七条 票据是学会财务收支的法定凭证和会计核算的原始依据，应当指定专人负责管理，建立票据使用登记制度，设置票据管理台账，按照规定向财政部门报送票据使用情况。票据的领购应由财务部门安排专人统一办理领购手续，其他内设机构和个人不得购买。

第八条 社团会费票据的领购。社团会费票据实行凭证申领、分次限量、核旧领新制度。

社会团体首次申领社团会费票据，应向与其注册登记部门同级的财政部门提出申请，提交申请函，说明收取会员费的依据及标准；提供加载统一社会信用代码的社团登记证书及复印件、经民政部门依法核准的单位章程复印件，同级财政部门要求的其他材料，填写财政票据领用证申请表。社会团体提供的所有材料均需加盖社会团体公章。受理申请的财政部门审核材料，对符合条件的，办理财政票据领用证，并发放社团会费票据。

社会团体再次申领社团会费票据，应当出示财政票据领用证，并提交前次申领的社团会费票据存根和使用情况说明，经财政部门审验无误并进行核销后，方可继续申领社团会费票据。

第九条 公益事业捐赠票据的领购。在民政部门依法登记，并从事公益事业的社会团体，按照《公益事业捐赠票据使用管理暂行办法》规定，可以到同级财政部门申领公益事业捐赠票据。公益事业捐赠票据实行凭证领用（购）、分次限量、核旧领（购）新的申领制度。

公益性社会组织首次申领公益事业捐赠票据时，应按规定程序先行申请办理财政票据领用（购）证，并提交申请函、民政部门颁发的登记证书、组织机构代码证书副本原件及复印件、单位章程（章程中应当载明本组织开展公益事业的具体内容），以及财政部门规定的其他材料。财政部门依据《财政票据管理办法》和《公益事业捐赠票据使用管理暂行办法》，对公益性社会组织提供的申请材料进行严格审核，对符合公益事业捐赠票据管理规定的申请，予以核准，办理财政票据领用（购）证，并发放公益事业捐赠票据。

公益性社会组织再次申领公益事业捐赠票据时，应当出示财政票据领用（购）证，并提交前次公益事业捐赠票据使用情况，包括册（份）数、起止号码、使用份数、作废份数、收取金额及票据存根等内容。财政部门对上述内容审核合格后，核销其票据存根，并继续发放公益事业捐赠票据。

第十条 增值税发票的领购。学会办理税务登记后需领用发票的，向主管税务机关申请办理发票领用手续。主管税务机关根据学会的经营范围和规模，确认领用发票的种类、数量、开票限额等事宜。已办理发票票种核定的学会，当前领用发票的种类、数量或者开票限额不能满足经营需要的，可以向主管税务机关提出调整。学会领购发票的地点可通过办税服务厅（场所）、电子税务局办理，具体地点和网址可从省（自治区、直辖市和计划单列市）税务局网站"纳税服务"栏目查询。

第十一条 票据专管员需定期检查票据剩余情况，发现余量不足的，应及时购买。

第十二条 票据专管员应建立票据使用登记制度，设置票据管理清册，对每一种票据分户建立票据领购及缴销管理台账，做好票据领购、开具、缴销序时登记工作。发生票据领购、开具、缴销行为，应及时登记票据管理清册，随时掌握票据开具、缴销和结存情况。

第十三条 财务部应设置单独的保险柜，由财务负责人负责保管票据，做到票据管理的专人、专责、专账、专柜管理。

第三章 票据开具

第十四条 票据开具业务包括申请开票、开票审核、票据开具、开票记账、票据交付与催款。

第十五条 业务部门申请开具票据应编制开票申请单，列明业务内容、开票金额、开具对象信息等，票据开具应以真实业务发生为前提，不得虚开、代开。

第十六条 学会应按规定开具与经济业务活动相应的发票或财政票据。学会开展经营服务取得的收入，在增值税纳税义务发生时，应开具增值税发票；在向会员收取会费时，应开具社会团体会费票据；暂收、代收性质的财政资金，以及学会内部资金往来结算时，应开具资金往来结算票据；依法接受公益性捐赠的，应在收款时开具公益事业捐赠票据。不同种类票据不得串用，不得互相替代。

第十七条 财务负责人应审核开票单位名称与付款户名是否一致，不一致的，应及时查明原因，由他人代付的应由付款人提供委托付款与付款人签章的付款指令证明。

第十八条 票据应当按照规定填写，做到字迹清楚、内容完整真实、印章齐全、各联次内容和金额一致。填写错误的，应当另行填写。

第十九条 因填写错误等原因而作废的纸质票据，应当加盖作废戳记或者注明"作废"字样，并完整保存各联次，不得擅自销毁。

第二十条 填写财政票据应当统一使用中文。财政票据以两种文字监（印）制的，可以同时使用另一种文字填写。

增值税发票开具要求

第二十一条 增值税发票的基本内容包括：发票的名称、发票代码和号码、联次及用途、客户名称、开户银行及账号、商品名称或经营项目、计量单位、数量、单价、大小写金额、开票人、开票日期、开票单位（个人）名称（章）等。

第二十二条 任何单位和个人不得有下列虚开发票行为：

（一）为他人、为自己开具与实际经营业务情况不符的发票。

（二）让他人为自己开具与实际经营业务情况不符的发票。

（三）介绍他人开具与实际经营业务情况不符的发票。

第二十三条 任何单位和个人应当按照发票管理规定使用发票，不得有下列行为：

（一）转借、转让、介绍他人转让发票、发票监制章和发票防伪专用品。

（二）知道或者应当知道是私自印制、伪造、变造、非法取得或者废止的发票而受让、开具、存放、携带、邮寄、运输。

（三）拆本使用发票。

（四）扩大发票使用范围。

（五）以其他凭证代替发票使用。

第二十四条 除国务院税务主管部门规定的特殊情形外，不得跨规定的使用区域携带、邮寄、运输空白发票。禁止携带、邮寄或者运输空白发票出入境。

社会团体会费票据开具要求

第二十五条 社团会费票据实行全国统一式样、规格。社团会费票据设置三联，包括存根联、收据联和记账联，各联次采用不同颜色予以区分。基本内容包括票据名称、票据监制章、票据号码、会费名称、标准、数量、金额、交款单位或个人、开票日期、联次、收款单位、收款人、支票号等。

第二十六条 财务负责人应审核会费票据的开票金额与会费标准是否一致，不得超会费标准收取会费和开具会费票据。如存在一次收取多年会费或减免情况，应通知开票人在会费票据中做好"补交/减免/预收"等备注说明。

第二十七条　会费票据必须给会员开具，不得给非会员开具会费票据。

公益事业捐赠票据开具要求

第二十八条　捐赠票据的基本内容包括票据名称、票据编码、票据监制章、捐赠人、开票日期、捐赠项目、数量、金额、实物（外币）种类、接受单位、复核人、开票人及联次等。捐赠票据一般应设置为三联，包括存根联、收据联和记账联，各联次以不同颜色加以区分。

第二十九条　学会接受捐赠应坚持自愿和无偿原则，且须符合本学会章程规定的宗旨和业务范围，并向捐赠人出具合法有效的公益事业捐赠票据。捐赠票据应当载明捐赠人、捐赠财产的种类及数量、学会名称和经办人姓名、票据日期等。捐赠人匿名或者放弃接受捐赠票据的，学会可以不开具，但应当做好相关记录。

第三十条　全国学会接受大额捐赠时，须与捐赠人订立捐赠合同，捐赠合同约定的用途应当符合章程规定的业务范围。

第三十一条　学会接受货币（包括外币）捐赠时，应按实际收到的金额填开捐赠票据；学会接受非货币性捐赠时，应按其公允价值填开捐赠票据。

第三十二条　如果有确凿的证据表明捐赠物资的公允价值确实无法可靠计量，学会可以暂不开具捐赠票据，但应当设置辅助账，单独登记所取得物资名称、数量、来源、用途等情况，并在会计报表附注中作相关披露。同时，学会应当向捐赠人出具收到捐赠物资的相关证明，证明中应当注明收到捐赠物资的名称、数量等内容。

在以后会计期间，如果该物资的公允价值能够可靠计量，学会应当在其能够可靠计量的会计期间予以确认，并以公允价值计量。

第三十三条　下列按照自愿和无偿原则依法接受捐赠的行为，应当开具捐赠票据：

（一）各级人民政府及其部门在发生自然灾害时或者应捐赠人要求接受的捐赠。

（二）公益性事业单位接受用于公益事业的捐赠。

（三）公益性社会团体接受用于公益事业的捐赠。

（四）其他公益性组织接受用于公益事业的捐赠。

（五）财政部门认定的其他行为。

第三十四条 下列行为，不得使用捐赠票据：

（一）集资、摊派、筹资、赞助等行为。

（二）以捐赠名义接受财物并与出资人利益相关的行为。

（三）以捐赠名义从事营利活动的行为。

（四）收取除捐赠以外的政府非税收入、医疗服务收入、会费收入、资金往来款项等应使用其他相应财政票据的行为。

（五）按照税收制度规定应使用税务发票的行为。

（六）财政部门认定的其他行为。

第三十五条 票据使用完毕，票据专管员应当填写票据管理清册，按顺序清理纸质票据存根、定期装订成册。

第三十六条 票据的保管应由票据管理员负责，每次使用完毕后剩余票据需放回指定位置。

第三十七条 学会应将发票和财政票据存根保存 5 年及以上，销毁须经财税部门查验或批准。尚未使用但应予作废销毁的财政票据，使用单位应当登记造册，报原核发票据的财政部门核准、销毁。财政票据使用单位发生合并、分立、撤销、职权变更，或者收费项目被依法取消或者名称变更的，应当自变动之日起 15 日内，向原核发票据的财政部门办理财政票据领用证的变更或者注销手续；对已使用财政票据的存根和尚未使用的财政票据应当分别登记造册，报财政部门核准、销毁。

第三十八条 会计应根据已开票据及时登记收入明细账，已开票未收款的应同时登记应收账款明细账。

第三十九条 票据开出后，票据专管员应及时转交给开票申请人，并设立登记簿，申请人领取票据应登记签字。

第四十条 业务部门收到票据后，应及时检查已开票据是否有误，如发现问题应及时重开。

第四十一条 业务部门应及时将票据转交给付款人，属于先开票后付款的，应及时催款销账。

第四十二条 会计核算应收账款时，应按客户全称设置二级明细科目，分别记录不同客户的欠款金额，收回欠款后应及时冲销相应客户的欠款余额。

第四章　票据稽核

第四十三条　票据稽核业务包括开票收款核对和票据检查。

第四十四条　票据专管员应结合票据管理清册中的开票情况，定期与会计的收入明细账进行核对，发现已开票未记账或记账金额错误等情形，及时查明原因予以更正。

第四十五条　学会应强化票据会计核算和财务监督的管理，由财务负责人定期对票据的领用、缴销、结存情况进行清点核查，做到票据管理清册与票据实际使用情况相符，若有不符，应及时查明原因，出现票据遗失、毁损等情况的及时以书面形式报告原核发票据的财政部门，并自发现之日起 3 日内登报声明作废。

第四十六条　财务负责人应定期对已开具票据的合法性进行稽核检查，对于出现违反票据使用范围违规收费行为的，应责令纠正，遏制各种乱开虚开现象，防止违规开具和舞弊行为发生。

第四十七条　财务负责人应结合应收账款明细账定期检查已开票据对应的各项资金是否及时足额收回，是否存在开票收款不入账，坐收坐支，设立"小金库"，甚至收入私吞等贪污犯罪行为。

第五章　附　则

第四十八条　本制度由××部门起草并负责解释，经理事会批准。

第四十九条　本制度自××年××月××日起施行。原《×××管理制度》同时废止。

十二、会计档案内控制度基础框架

第一章　总　则

第一条　为了加强中国＊＊学会（以下简称"学会"）会计档案内部控制，保证会计档案妥善保管、有序存放、方便查询、严防毁损、散失和泄密，根据《会计档案管理办法》《中国科协所属全国学会财务管理指引大纲》等相关法律法规，结合学会实际情况，制定本制度。

第二条 本制度所称的会计档案是指学会在进行会计核算等过程中接收或形成的，记录和反映学会经济业务事项的具有保存价值的文字、图表等各种形式的会计资料，包括通过计算机等电子设备形成、传输和存储的电子会计档案。

第三条 学会应加强会计档案管理，主动接受并配合财政部门、档案行政管理部门、登记管理部门和业务主管部门的监督检查。学会的会计凭证、会计账簿、财务会计报告、其他会计资料和满足规定条件的电子会计资料必须归档管理。

第四条 学会会计档案内控的主要目标如下：

（一）建立和完善会计档案的收集、整理、保管、利用和鉴定销毁等管理制度。

（二）采取可靠的安全防护技术和措施，保证会计档案的真实、完整、可用、安全。

（三）会计档案管理分工明晰，职责明确，档案保管和使用记录完整明晰，会计档案装订符合保存要求，信息完整。

（四）保证会计档案妥善保管、有序存放、方便查阅、严防毁损、散失和泄密，确保档案信息的可靠性和安全性，建立完善并严格执行会计档案交接规范。

（五）归档的材料进行基本的分类、组合和编目，使其系统化、科学化，有利于档案的保管和使用，提高档案归档工作的效率，提高档案工作的质量和效率。

（六）会计档案销毁符合国家规定，销毁记录完整清晰。

第五条 学会会计档案内控应遵循以下原则：

（一）集中统一管理原则。学会应将会计档案与其他档案资料集中安排专人统一管理，确保会计档案的安全与完整。

（二）保密原则。会计档案管理应严格遵守保密制度，履行保密手续，确保会计档案信息安全、不外泄。

（三）销毁法定原则。会计档案保管期限应符合法定要求，定期对已到保管期限的会计档案进行鉴定，并形成会计档案鉴定意见书，经鉴定可以销毁的会计档案，应当按照法定程序销毁。

第六条 学会会计档案内控包括会计档案整理与移交、会计档案借阅与复印、会计档案销毁三个业务环节。

第二章 会计档案整理与移交

第七条 会计档案整理与移交业务包括整理会计档案、加盖财务专用章和公章、档案移交。

第八条 下列会计资料应当进行归档：

（一）会计凭证，包括原始凭证、记账凭证。

（二）会计账簿，包括总账、明细账、日记账、固定资产卡片及其他辅助性账簿。

（三）财务会计报告，包括月度、季度、半年度、年度财务会计报告。

（四）其他会计资料，包括银行存款余额调节表、银行对账单、纳税申报表、会计档案移交清册、会计档案保管清册、会计档案销毁清册、会计档案鉴定意见书及其他具有保存价值的会计资料和满足规定条件的电子会计资料。

第九条 财务部每年形成的会计档案，应当由财务部门按照归档要求，负责整理立卷，装订成册，编制会计档案保管清册。

第十条 会计档案应于年度决算完成后一个月内将所打印的各种账簿，加具封面、封底，装订成册，连续编号，并在封面上注明名称、所属期限，加盖学会财务专用章、公章。

第十一条 会计档案的封面应注明本册记账凭证的日期、编号，由财务负责人、会计人员和装订人签章。

第十二条 会计凭证一旦装订成册，不得任意撤页、换页或加页。

第十三条 财务部应当设置会计档案保管清册，严防会计档案的损毁、遗失和泄密。

第十四条 财务部完成会计档案整理工作后应移交给档案管理部门，由专人管理，会计机构临时保管会计档案最长不超过三年。

第十五条 会计档案移交前，应填写会计档案移交清册，列明应当移交的会计档案名称、案卷号、档案起止编号、档案数量（册/页/卷）、最低保管期限和已保管期限等内容，并由移交人、接收人、监交人签字。

第十六条 当年形成的会计档案，在会计年度终了后，可由会计档案经办人临时保管一年，再移交档案管理员保管，因工作需要确需推迟移的，应当经财务部负责人同意。

第十七条 会计档案的存放，须有独立的档案室，配备专用的档案柜，并且有一定的防盗、防火、防潮、防尘和防磁等安全措施。

第十八条 档案管理部门指定专门人员保管会计档案，出纳不得兼管会计档案。

第十九条 电子会计档案，每日由档案经办人备份，每月档案管理员通过移动硬盘再次备份，避免数据的篡改或丢失。

第三章 会计档案借阅与复印

第二十条 会计档案查阅、复制、借出时须严格履行登记手续，严禁篡改和损坏，一般不得对外借出，不得交由学会工作人员放在家中保管。借阅人需要借阅和复印会计档案的，应填写会计档案借阅和复印申请表，注明借阅人姓名、部门、借阅事由、借阅档案名称及编号、借阅日期和归还日期等情况。

第二十一条 财务负责人审批通过后，方可对外借阅和复印会计档案。

第二十二条 档案管理员对借出的会计档案应登记会计档案借阅和复印登记簿。

第二十三条 借阅人在查阅、复印会计档案时，严禁在会计档案上涂画、拆封、抽换和携带外出。

第二十四条 借出的会计档案，档案管理员要按期如数收回，并填写会计档案借阅和复印登记簿。

第四章 会计档案销毁

第二十五条 会计档案的保管期限分为永久、定期两类：永久保管的会计档案包括年度财务会计报告、会计档案保管清册、会计档案销毁清册、会计档案鉴定意见书；保管30年的会计档案包括原始凭证、记账凭证、总账、明细账、日记账、其他辅助性账簿、会计档案移交清册；保管10年的会计档案包括月度、季度、半年度财务会计报告，银行存款余额调节表、银行对账单、纳税申报表；固定资产卡片须在固定资产报废清理后保管5年。

第二十六条　档案管理部门应定期组织财务人员对已到保管期限的会计档案进行鉴定，并形成会计档案鉴定意见书。经鉴定，仍需继续保存的会计档案，应当重新划定保管期限；对保管期满，确无保存价值的会计档案，可以销毁。

第二十七条　档案管理员申请销毁会计档案的，应编写会计档案销毁清册，列明拟销毁会计档案的名称、卷号、册数、起止年度、档案编号、应保管期限、已保管期限和销毁时间等内容。

第二十八条　财务部应审核预销毁会计档案是否存在未结清的债权债务会计凭证和涉及其他未了事项的会计凭证，相关会计凭证不得销毁，纸质会计档案应当单独抽出立卷，电子会计档案单独转存，保管到未了事项完结时为止；单独抽出立卷或转存的会计档案，应当在会计档案鉴定意见书、会计档案销毁清册和会计档案保管清册中列明。

第二十九条　财务负责人审核无误后，应在会计档案销毁清册上签署意见。

第三十条　秘书长办公会应对预销毁会计档案进行审批，单位负责人应在会计档案销毁清册上签署意见。

第三十一条　档案管理机构负责组织会计档案销毁工作，并与会计管理机构共同派员监销。监销人在会计档案销毁前，应当按照会计档案销毁清册所列内容进行清点核对；在会计档案销毁后，应当在会计档案销毁清册上签名或盖章。电子会计档案的销毁还应当符合国家有关电子档案的规定，并由学会档案管理机构、会计管理机构和信息系统管理机构共同派员监销。

第五章　附　则

第三十二条　本制度由××部门起草并负责解释，经理事会批准。

第三十三条　本制度自××年××月××日起施行。原《×××管理制度》同时废止。

十三、印章内控制度基础框架

第一章　总　则

第一条　为规范中国**学会（以下简称"学会"）印章管理，保证学会印章使用的正确性、规范性和严肃性，有效地维护学会利益，确保印章安全使用，根据《中华人民共和国会计法》《中国科协所属全国学会财务管理指引大纲》等相关法律法规，结合学会实际情况，制定本制度。

第二条　本制度所称的印章是指学会公章、合同专用章、财务专用章、发票专用章和法人专用章等。

第三条　学会印章内控的主要目标如下：

（一）增强印章使用风险防范意识与责任意识，确保严格按照印章管理要求对各类型印章进行有效管理，规避运营风险。

（二）建立印章使用审批流程，有效的审批流程不但能够提高工作效率，更能通过学会内部不同层级的授权来实现印章的层次化管理，真正做到审批者有责、使用者有责。

（三）建立印章使用留痕机制，实行印章使用登记制度。学会应当建立统一的印章使用台账。各部门申请用印应履行相应的审批程序，并在印章使用台账完整登记用印内容、用印人等信息。

第四条　学会印章内控应遵循以下原则：

（一）分类管理原则。学会应安排专门部门负责印章的刻制申报、登记备案和监督使用等综合管理工作。办公室一般负责公章和合同专用章的保管，财务部负责财务专用章、发票专用章和法人专用章的保管。

（二）专人专柜保管原则。各部门必须安排专人专柜保管，存放于安全场所，做到随用随锁。

（三）分散保管原则。印章保管应注意规避职责冲突，法人专用章、财务专用章和公章不能由同一人保管。

第五条　学会印章业务流程包括印章的刻制、印章的保管与使用、印章使用监督三个业务环节。

第二章　印章的刻制

第六条　学会印章的刻制统一由办公室负责办理，其他部门不得刻制印章。刻制印章前，应由办公室经办人员填制印章刻制申请表，经部门负责人审核，秘书长办公会审批后，由办公室人员统一在公安机关指定的单位刻制并备案。

第七条　严格控制印章的刻制，禁止以同一内容、同一序号刻制多枚印章。

第八条　办公室在印章交付使用前，应在印章登记清册做好备查登记，并在内部下发印章启用文件，明确印章使用范围和使用时间。

第三章　印章的保管与使用

第九条　印章必须安排专人专柜保管，存放于安全场所，做到随用随锁。办公室负责公章和合同专用章的保管，财务部负责财务专用章、发票专用章和法人专用章的保管。负责保管的人员应建立印章保管使用清册。

第十条　印章保管应注意规避职责冲突，财务部负责保管的法人专用章与财务专用章应由不同人员保管。

第十一条　对分支（代表）机构印章要实施统一保管，并按要求填写和妥善保存印章保管使用清册。

第十二条　印章保管人长时间外出时，应报告部门负责人，经指定代理人后，移交有关人员代管，代管结束，代管人应将印章使用登记一并交回。

第十三条　印章的使用地在办公室内，任何人未经授权均不得擅自使用印章，各部门及分支机构需要使用印章或外借印章的，应由经办人填写印章使用申请表，详细记录用印人、用印事由、用印时间、印章交回时间等信息，经部门负责人审批后，到印章保管部门申请印章使用。

第十四条　印章管理人员应对印章使用申请表和用印文件认真审查，审核相关文件与申请用印内容是否一致，审核一致才可用印。

第十五条　严禁印章管理人员在空白介绍信、空白纸张、空白单据等空白文件上加盖印章。

第十六条　印章使用时要压在落款或其他文字上，不得盖在空白处，盖出的印章要端正、清晰、美观，便于识别。

第四章 印章使用监督

第十七条 学会应定期对印章使用的登记情况和印章实物存放情况进行监督和盘点，形成印章使用监督与盘点报告，若发现印章遗失或有印章造假的情况，应及时报告。

第十八条 秘书长办公会应对报告中发现的用印问题认真总结，督促相关部门和人员及时整改，并完善相关管理规定。

第五章 附 则

第十九条 本制度由××部门起草并负责解释，经理事会批准。

第二十条 本制度自××年××月××日起施行。原《×××管理制度》同时废止。

十四、财务报告内控制度基础框架

第一章 总 则

第一条 为规范和加强中国**学会（以下简称"学会"）对外投资内部控制，提高资产使用效率，保证资产安全完整，根据《中国科协所属全国学会财务管理指引大纲》等相关法律法规，结合工作实际，制定本制度。

第二条 本制度所称的财务报告，是反映学会财务状况、业务活动情况和现金流量等的书面文件。其核心是向财务报告的使用者反馈学会过去一段期间的经营活动与财务成果。

第三条 财务报告分为年度财务会计报告和中期财务会计报告。年度财务会计报告是以整个会计年度为基础编制；中期财务会计报告则是以短于一个完整的会计年度的期间（如半年度、季度和月度）为基础编制。中期财务会计报告的内容相对于年度财务会计报告可以适当简化，但也要包括中期期末财务状况和中期业务活动情况及其现金流量相关的重要财务信息。

第四条 财务报告由会计报表、会计报表附注和财务情况说明书组成。其中会计报表包括资产负债表、业务活动表和现金流量表。学会对外提供的财务会计报告的内容、会计报表的种类和格式、会计报表附注应予披露的主要内容等，由《民间非营利组织会计制度》规定。

学会也可以根据自身管理需要编制内部会计报表，其报告格式由学会自行规定。

第五条 学会财务报告内控的主要目标如下：

（一）确保财务报告严格按照《民间非营利组织会计制度》规定的基础、依据、原则和方法编制。

（二）保证财务信息及其他各种管理信息真实、可靠和及时提供，避免因虚假记载、误导性陈述、重大遗漏和未按规定及时披露导致损失。

（三）充分运用财务分析方法和指标体系，分析学会运营管理状况和存在的问题，为管理层的决策提供可靠依据。

第六条 学会财务报告内控应遵循以下原则：

（一）真实性原则。财务报告是依据真实发生的业务事项按照统一的会计制度核算、登记、汇总而成，以确保真实反映学会业务活动情况和财务状况。

（二）准确性原则。财务报告要以核对无误的会计账簿记录为依据，登记的数字要确保准确。

（三）完整性原则。财务报告体系中的各类报表应编制齐全，不得缺表、少表；在填写时，财务报表中包含的每个项目的数据除未发生者外，都必须填写齐全，不得遗漏，尤其要注意根据国家收支统一管理、全面反映财务各项收支的要求，将发生的有关收支项目全部编入财务报表中；除财务报表外，针对财务报表有关需要说明的事项，应编写会计报表附注和财务情况说明书，从而形成一份完整的财务报告。

（四）及时性原则。财务报告应按照国家会计制度规定的时间及要求按时编制，并按照政府部门、主管部门和其他财务信息使用者规定的时间及时报送。

第七条 学会财务报告业务流程包括财务报告编制、财务报告对外提供和财务报告应用。

第二章 财务报告编制

第八条 财务报告编制业务包括制定财务报告的编制方案、确定重大事项的会计处理、清查资产核实债务、结账、编制学会母体财务报告、编制分支机构或下属实体财务报告和编制合并财务报告。

第九条 学会编制财务报告所遵循的会计政策应符合国家有关会计法规和最新监管要求。学会应按照国家最新会计制度规定，结合自身情况制定学会统一的会计政策。学会应指定专人关注与会计相关的法规政策变化及监管部门的最新规定等，并及时对学会的内部会计规章制度和财务报告流程等作出相应的更改。

第十条 学会适用的会计政策和会计估计的调整，无论法规强制还是自愿，均应由财务部编写财务报告编制方案，由财务负责人审核，经秘书长办公会审批后执行。

第十一条 学会应建立完备的信息沟通渠道，将内部会计规章和财务流程、会计科目表和报表格式等相关文件及时有效地传达至相关人员，使其了解相关职责要求，掌握适当的会计知识、会计政策并加以执行。财务部可通过内部审计等方式，定期进行测试，保证会计政策有效执行；各部门应及时向财务部提供编制财务报告所需信息，并对信息的真实性和完整性负责。

第十二条 财务部应根据财务报告的报送要求，倒排工时，为各步骤设置关键时间点，并掌控各部门工作进度，及时提醒。

第十三条 财务部应对财务报告产生重大影响的重大事项予以充分关注。重大事项通常包括以前年度审计调整以及相关事项对当期的影响、会计制度的变化及对财务报告的影响、新增业务和其他新发生的事项及对财务报告的影响、年度内合并（汇总）报告范围的变化及对财务报告的影响等。上述重大事项应由财务部编写重大事项财务处理请示报告，由财务负责人审核，经秘书长办公会审批后执行。

第十四条 财务部应在编制财务报告前，组织财务和相关部门进行资产清查、减值测试和债权债务核实工作。其中包括：盘点库存现金、核对银行对账单和其他货币资金；核查与债权、债务单位的相应债务、债权金额是否一致；盘点存货、固定资产、文物文化资产等实存数量与账面数量是否一致，是否有报废损失和积压物资等；核查账面投资是否存在，投资收益是否按会计制度的规定进行确认和计量等。

第十五条 财务部应分析清查过程中发生差异的原因，取得合法证据，提出处理意见，报经秘书长办公会审批后，按《民间非营利组织会计制度》的规定作出会计处理。

第十六条 财务部编制财务报告前，应在日常定期核对会计信息的基础上完成对账、调账、差错更正等业务，确保财务处理符合《民间非营利组织会计制度》和学会制定的核算方法，然后实施关账操作。

第十七条 财务部应严格执行会计制度要求，将当期发生的交易或事项记录在当期，不得为赶编财务报告而提前结账，或把当期发生的交易或事项延至下期登账，不得先编财务报告后结账。

第十八条 如果在结账之后需要重新打开已关闭的会计期间执行调账工作，须填写反结账申请单，经财务负责人批准后进行。

第十九条 学会应当统一下属实体所采用的会计政策，使下属实体采用的会计政策与学会保持一致。下属实体所采用的会计政策与学会不一致的，应当按照学会的会计政策对下属实体财务报表进行必要的调整，或者要求下属实体按照学会的会计政策另行编报财务报表。

第二十条 财务部应当按照《民间非营利组织会计制度》规定的财务报告种类、格式和内容，根据登记完整、核对无误的会计账簿记录和其他有关资料编制财务报告，做到内容完整、数字真实、计算准确，不得瞒报、漏报或任意取舍。

第二十一条 财务部编制财务报告前应明确财务报告编制岗位的分工及职责。财务负责人负责制定财务报告编制分工表，确保报告编制范围完整；财务报告编制岗位负责根据财务账簿汇总编制财务报告，确保财务报告项目与相关会计科目对应关系正确，计算公式无误；财务负责人负责财务报告的校验审核工作，包括期初数核对、财务报告内有关项目的对应关系审核、期末数与试算平衡表和工作底稿核对、财务报告与财务报表以及财务报表表内、表间勾稽关系校验等。

第二十二条 学会设立的独立核算的分支机构和存在控制关系的下属实体，均需执行学会统一制定的财务报告编制方案、重大事项会计处理、清查资产核实债务、结账和编制单体财务报告等业务流程。

第二十三条 学会应当编制合并财务报告。财务部应依据学会最新的分支机构设立情况和下属实体股权结构图，按照《民间非营利组织会计制度》的要求，确定财务报告的合并范围。

第二十四条　学会持有对外投资，占被投资单位资本总额50%以上（不含50%），或者虽然占该单位资本总额不足50%但具有实质上的控制权的，或者对被投资单位具有控制权，应当编制合并会计报表。

第二十五条　学会的财务会计报告编制范围和审计报告审计范围应当包含所有分支（代表）机构的全部收支。内部独立核算的学会分支（代表）机构，应单独设置会计账簿，按照《民间非营利组织会计制度》和学会的要求进行会计核算，定期向学会报告收支情况，并在每一会计年度终了时将会计报表并入学会会计报表。

第二十六条　财务部负责收集、审核下级单位财务报告，并汇总出本级次的财务报告，其中内部交易事项和往来借款的合并抵消分录应由财务负责人审核。

第三章　财务报告对外提供

第二十七条　财务报告对外提供业务包括财务报告审核审批、归档保存和对外提供。

第二十八条　财务报告对外提供前须按规定程序审核。财务负责人应对财务报告格式的合规性，内容的真实性、完整性、准确性等予以审核，并签名盖章。

第二十九条　学会负责人应对财务报告整体的合法合规性予以审核，并签名盖章。

第三十条　学会对外财务信息披露属重大财务事项，应由会员（代表）大会或理事会（常务理事会）决策，并形成会议纪要。学会应定期向理事会（常务理事会）、监事会（监事）和会员（代表）大会报告财务状况，定期向中国科协报送年度财务报告。

第三十一条　学会财务报告应当依次编定页数，加具封面，装订成册，加盖公章。封面上应当注明：组织名称、组织登记证号、组织形式、地址、报表所属年度或者中期、报出日期，并由单位负责人和主管会计工作的负责人、会计机构负责人（会计主管人员）签名并盖章；设置总会计师的单位，还应当由总会计师签名并盖章。

第三十二条　学会应设置严格的保密制度，对能够接触财务报告信息的人员进行权限设置，确保财务信息安全。

第三十三条　学会对外提供的财务报告由财务部统一负责，经规定审批程序后由专人负责对外提供，任何人员不得私自提供，确保信息公开的财务报告数据真实、完整、准确。

第三十四条　学会的年度财务报告应在业务主管单位或民政部门规定的期限内对外提供，如没有明确规定的，至少应当于年度终了后4个月内对外提供。如果学会被要求对外提供中期财务会计报告的，应当在规定的时间内对外提供。

第三十五条　学会应建立完善财务信息公开制度。通过特定的媒介或方式，主动定期向社会公开财务信息，不得有虚假记载、误导性陈述或重大遗漏，保证信息公开真实、准确、完整、及时。

第四章　财务报告应用

第三十六条　财务报告应用业务包括财务分析、分析结果运用和监督改正。

第三十七条　财务部应定期编写财务分析报告，并通过定期召开财务分析会议等形式对分析报告的内容予以完善，以充分利用财务报告反映的综合信息，全面分析学会的运营管理状况和存在的问题，不断提高学会运营管理水平。

第三十八条　秘书长办公会应针对财务分析情况，尤其是存在的问题，组织相关部门负责人追溯问题原因，提出有效解决措施，必要时可以邀请外部专家共同研讨，属于管理制定缺失或不完善的，应及时增补或修订相关制度。

第三十九条　秘书长办公会应根据分析报告的意见，明确各部门职责，督促并跟踪责任部门的落实情况。

第五章　附　则

第四十条　本制度由××部门起草并负责解释，经理事会批准。

第四十一条　本制度自××年××月××日起施行。原《×××管理制度》同时废止。

附录2 内控制度编写的法规依据

【1】《中国科协所属全国学会财务管理指引大纲》。

【2】《关于中国科协所属全国学会进一步加强财务管理的若干规定》(科协办发计字〔2018〕22号)。

【3】《社会团体登记管理条例》(国务院令第250号2016年2月修订)。

【4】《中华人民共和国会计法》(中华人民共和国主席令第81号,2017年11月施行)。

【5】《〈民间非营利组织会计制度〉若干问题的解释》(财会〔2020〕9号)。

【6】《会计基础工作规范》(财政部令第98号2019年3月14日修订)。

【7】《会计人员管理办法》(财会〔2018〕33号)。

【8】《会计档案管理办法》(财政部、国家档案局令第79号2016年1月施行)。

【9】《中华人民共和国现金管理暂行条例》(国务院令第588号2011年1月修改)。

【10】《关于改革社会组织管理制度促进社会组织健康有序发展的意见》(中办发〔2016〕46号)。

【11】《关于规范社会团体收费行为有关问题的通知》(民发〔2007〕167号)。

【12】《关于规范社会团体开展合作活动若干问题的规定》(民发〔2012〕166号)。

【13】《关于加强社会组织反腐倡廉工作的意见》(民发〔2014〕227号)。

【14】《评比达标表彰活动管理办法(试行)》(中办发〔2010〕33号)。

【15】《中国科协财政项目管理办法(修订)》(科协办发计字〔2017

43号)。

【16】《中央和国家机关培训费管理办法》(财行〔2016〕540号)。

【17】《中央和国家机关会议费管理办法》(财行〔2016〕214号)。

【18】《在华举办国际会议经费管理办法》(财行〔2015〕371号)。

【19】《中央和国家机关差旅费管理办法》(财行〔2013〕531号)。

【20】《中央和国家机关工作人员赴地方差旅住宿费标准明细表》(财行〔2016〕71号发布)。

【21】《中央和国家机关外宾接待经费管理办法》(财行〔2013〕533号)。

【22】《社会组织举办研讨会论坛活动管理办法》(民发〔2012〕57号)。

【23】《民政部关于加强和改进社会组织薪酬管理的指导意见》(民发〔2016〕101号)。

【24】《关于加强社会组织专职工作人员劳动合同管理的通知》(民发〔2011〕155号)。

【25】《关于规范退(离)休领导干部在社会团体兼职问题的通知》(中组发〔2014〕11号)。

【26】《关于规范全国性社会组织年度财务审计工作的通知》(民发〔2015〕47号)。

【27】《社会团体分支机构、代表机构登记办法》(中华人民共和国民政部令第23号)。

【28】《中国科协所属全国学会分支机构管理办法(试行)》(科协办函学字〔2016〕246号)。

【29】《关于加强社会团体分支(代表)机构财务管理的通知》(民发〔2014〕259号)。

【30】《民政部关于贯彻落实国务院取消全国性社会团体分支机构、代表机构登记行政审批项目的决定有关问题的通知》(民发〔2014〕38号)。

【31】《中华人民共和国税收征管法》(2015年修定版)。

【32】《关于非营利组织免税资格认定管理有关问题的通知》(财税〔2018〕13号)。

【33】《大企业税务风险管理指引(试行)》(国税发〔2009〕90号)。

【34】《中华人民共和国发票管理办法》(2010年修定版)。

【35】《中华人民共和国发票管理办法实施细则》(国家税务总局令第25号)。

【36】《财政票据管理办法》(财政部令第70号2012年10月施行)。

【37】《关于取消社会团体会费标准备案规范会费管理的通知》(民发〔2014〕166号)。

【38】《关于进一步规范社会团体会费票据使用管理的通知》(财办综〔2016〕99号)。

【39】《公益事业捐赠票据使用管理暂行办法》(财综〔2010〕112号)。

【40】《关于进一步明确公益性社会组织申领公益事业捐赠票据有关问题的通知》(财综〔2016〕7号)。

【41】《中华人民共和国民法典》(中华人民共和国主席令第45号,2021年1月施行)。

参考文献

【1】郭葆春，社会组织财务管理［M］．北京：中国社会出版社，2016.4．

【2】张庆龙，新编行政事业单位内部控制建设原理与操作实务［M］．北京：电子工业出版社，2017.1．

【3】马军生，内控漏洞识别与财务应对［M］．昆明：云南大学出版社，2014．

【4】李素鹏，企业风险体系建设全流程操作指南［M］．北京：人民邮电出版社，2020.7．

【5】屠建清，企业内部管理与风险控制实战［M］．北京：人民邮电出版社，2020.8．

【6】侯奇峰，企业内部控制基本规范操作指南［M］．北京：人民邮电出版社，2016.5．

【7】姜涛，企业内部控制规范手册［M］．北京：人民邮电出版社，2017.8．

【8】方红星 王宏 译，企业风险管理——整合框架：2017年修订版/美国COSO制定发布［M］．大连：东北财经大学出版社，2017.6．

【9】张宜霞 译，企业风险管理——整合框架：应用技术/美国COSO制定发布［M］．大连：东北财经大学出版社，2017.4．